U0532651

并购增值

如何成功并购,实现增值

精通并购之道,实现高质量并购

THE SYNERGY SOLUTION

How Companies Win the Mergers and Acquisitions Game

[美]马克·L. 西罗沃
(Mark L. Sirower)
[美]杰弗里·M. 韦伦斯 著
(Jeffery M. Weirens)
姚约茜 译

中国出版集团
中译出版社

Original work copyright © 2022 Mark L. Sirower
Published by arrangement with Harvard Business Review Press
Unauthorized duplication or distribution of this work constitutes copyright infringement.
Simplified Chinese translation copyright © 2025 by China Translation & Publishing House.
ALL RIGHTS RESERVED
著作权合同登记号：图字 01-2024-4134 号

图书在版编目（CIP）数据

并购增值 /（美）马克·L. 西罗沃
(Mark L. Sirower),（美）杰弗里·M. 韦伦斯
(Jeffery M. Weirens) 著；姚约茜译 . -- 北京：中译
出版社 , 2025. 5. -- ISBN 978-7-5001-8184-2

Ⅰ . F271.4

中国国家版本馆 CIP 数据核字第 2025RV0141 号

并购增值
BINGGOU ZENGZHI

著　　　者：［美］马克·L. 西罗沃（Mark L. Sirower）
　　　　　　［美］杰弗里·M. 韦伦斯（Jeffery M. Weirens）
译　　　者：姚约茜
策划编辑：于　宇　龙彬彬
责任编辑：于　宇
文字编辑：华楠楠　田玉肖
出版发行：中译出版社
地　　　址：北京市西城区新街口外大街 28 号 102 号楼 4 层
电　　　话：（010）68359827；68359303（发行部）；
　　　　　　68005858；68002494（编辑部）
邮　　　编：100088
电子邮箱：book@ctph.com.cn
网　　　址：http://www.ctph.com.cn

印　　　刷：固安华明印业有限公司
经　　　销：新华书店
规　　　格：710 mm×1000 mm　1/16
印　　　张：25.5
字　　　数：257 千字
版　　　次：2025 年 5 月第 1 版
印　　　次：2025 年 5 月第 1 次印刷

ISBN 978-7-5001-8184-2　　　　定价：89.00 元

版权所有　侵权必究
中　译　出　版　社

推荐语

在2024年9月的"并购六条"发布后,中国的并购市场被激活,创新工具、资本结构与监管模式都在迅速调整,并购终于由"旁门左道"变为主流,成为新经济周期的驱动力。并购能否真正提升企业价值,需要历史的验证。《并购增值》给了中国企业家一个彼岸的学术样本,一个丰富的实战坐标。期待中国企业家和并购交易师们在实战中另辟蹊径,更上一层楼。

——王　巍
全联并购公会创始会长、金融博物馆理事长

《并购增值》是一本能成为经典的并购书籍。作者阐述了在复杂的并购过程中所必需的原则性和长期性,以期从每一笔交易中挖掘出最大价值,并巧妙地规避潜在的陷阱。我极力推荐这本书给那些有志于掌握并购艺术的领导者。

——鲍勃·斯旺(Bob Swan)
英特尔公司前首席执行官

并购是一场关于价值创造的博弈。近年来，并购已成为驱动企业增长和产业升级的核心战略之一。然而，并购成功的关键，从来不仅是交易本身，而且在于如何在复杂多变的市场环境中做出正确的决策，并在整合过程中真正实现协同效应。

《并购增值》正是这样一本破解并购难题、提升交易价值的实战指南。这本书凭借丰富的国际经验和实战案例，为中国企业提供了借鉴国际经验的实用工具，为企业高管、投资者和从业者把握并购机遇提供了深刻洞见。

——于　彤

一村资本总经理

《并购增值》是并购领域的百科全书。如果你打算只深入阅读一本关于并购的书，那么这本书可以成为你的首选。它融合了丰富、生动的实际案例，让读者不仅能触摸到并购的核心，还能洞悉真实并购案中的种种机遇与挑战。

——马克·利特尔（Mark Little）

森科能源公司总裁兼首席执行官

终于有一本关于并购和股东价值创造的权威指南问世。从精妙的并购策略到与投资者的精准沟通，再到整合和改革的每一个细节，《并购增值》都做了详细阐述。对于那些涉足并购舞台的首席财务官和高级管理层来说，这是一部不可多得的宝典。

——弗兰克·达梅里奥（Frank D'Amelio）

辉瑞制药有限公司首席财务官兼全球供应执行副总裁

《并购增值》包含了丰富的数据和详细的信息，对于审视并购提案、履行治理责任的董事们，以及那些成功执行这些策略的高级管理者们来说，它具有不可估量的价值和吸引力。

——斯科特·巴谢（Scott Barshay）

美国宝维斯律师事务所公司部主席

《并购增值》不仅是一本内容丰富的著作，更是一本深入探讨从始至终的并购策略开发及其成功执行的经典之作，包括实现和精确完成交易的艺术与科学。对于那些正在考虑步入并购领域或希望在此领域建功立业的人来说，《并购增值》是一本不可多得的实用指南。

——罗硕瀚

腾讯公司首席财务官

在过去1/4世纪的金融历史中，一直存在一个迷思：尽管许多并购活动最终导致价值流失，CEO和董事会却依然笃信"我们的交易将是不同的"。在《并购增值》中，两位并购领域的领军人物详细阐述了如何使交易真正与众不同。这本书对每位并购从业人员来说，都是不容错过的经典之作。

——拉古·桑德拉姆 (Raghu Sundaram)

纽约大学斯特恩商学院院长

资本市场的喧嚣背后，实现价值创造的并购案例极具解读价值。姚律师凭借其横跨中美法律体系的专业素养，以及经手数百亿跨境交易的实战积淀，为《并购增值》这本经典著作注入了独特的东方智慧。她这本双重文化视角下的译作，使得国际经验与中国实践形成了精妙的对话。这本书既可作为投行精英的案头工具书，亦可作为企业决策者的战略指南，相信每位读者都能从中获得超越交易本身的思想启迪。

——刘功润

中欧陆家嘴国际金融研究院副院长

献给我的女儿艾伦，你永远是我的掌上明珠。

——马克·L. 西罗沃（Mark L. Sirower）

献给我有生以来最热爱的并购事业，朱莉（Julie），以及我们的三个"协同效应"——塞拉（Sierra）、奥罗拉（Aurora）和斯凯拉（Skylar），1＋1＝5。

——杰弗里·M. 韦伦斯（Jeffery M. Weirens）

序　言

并购，作为全球商业战略的核心力量，持续展现其不可替代的地位。只要精心关注那些促成交易成功的要素，公司及其利益相关者，乃至整个经济体，都能从中收获丰厚的回报。这是一项充满挑战的任务，但完全在我们的能力范围之内。

拥有在德勤咨询有限责任公司从事并购实践及领导工作超过20年的丰富经验，并为公共和私人全球交易提供咨询，我深知规划、执行和实施一次成功并购的巨大的工作量。虽然许多交易在纸面上看起来光鲜亮丽，但成功的真正秘诀在于策略与成效的完美融合。并购涉及重大风险，因此从一开始就充分理解所有变动因素，并确保一切准确无误，这需要有卓越的领导力和执行力。

成功的并购有很多经验教训，但它们几乎都需要以信任为核心。说起来容易，但赢得信任却异常艰难。将两个实体合并以创造更优成果绝非易事，这需要责任感、信守承诺和开诚布公。开启一项重大交易，意味着要与你的董事会、投资者、双方员工、客户以及其他关键的利益相关者建立起坚不可摧的信任。

我与西罗沃、韦伦斯相识逾20载，在我负责德勤咨询业务期间与他们紧密合作。他们是并购领域真正的思想领袖，为德勤的客户在并购生命周期的各个阶段提供了无数次的咨询与支持，处理过数以百计的交易。

本书之所以成为一部重要著作，是因为它深刻揭示了并购这一复杂过程的本质。正如西罗沃和韦伦斯在书中描绘的那样，并购是一个过程，它们称之为"瀑布效应"——这一过程在交易达成前很久就开始了，因为企业领导者正在为公司刷新未来愿景。首席执行官（CEO）及其团队必须敏锐地捕捉市场的波动和机遇，把握并购不仅是达成交易，更是一连串精心引导和管理的步骤，以实现远大的成功愿景。这本书的宽广的视角和细致的建议，可以给各层次的收购者带来启发。

作者对那些酝酿并购的企业领导者提出了挑战性的问题：您是否真正理解出错时的风险和成功时的潜在回报？您的长期并购策略是什么，并且在评估目标之前，您是否已经完成了充分的准备工作以验证您的理念？当公开宣布交易时，您如何向各方利益相关者清晰传达此举在战略和财务上的合理性？在交易达成前后，您的组织是否已经为迎接种种挑战做好准备？您如何最大程度地预见员工与客户的要求以及他们面临的不确定性？本书不仅回答了这些问题，更提供了影响深远的启示。

本书堪称每位最高管理层领导者，以及所有有志于此的人士当下必备的并购宝典。无论您是寻求传统的并购以拓展市场和提升效率，还是为了弥补竞争力和客户满意度中的能力差距，这本书都将引领您

序　言

走向正确的交易之路，并极大提升您成功的可能性。从战略规划到估值，再到业务整合，以及确保无问题的首日（Day 1）及其后续发展，本书全面阐述了商业领袖需要理解的一切，关于战略举措对他们组织的意义，以及如何成功地筹划和实施这一举措，同时在整个过程中建立和维护信任。

本书提供了关于并购过程中的成功机制的深刻见解。它不仅是一本全面而实用的指南，更是对并购交易实操深入解析的手册。卓越的组织不仅注重文化、使命、员工未来和共同福祉，更重要的是，它们专注于满足客户的需求并交付成果。这些要素对于成功的并购交易至关重要，这使得这项任务变得更为复杂，但同样地，也更具深远的意义。

无论是您的第一次交易还是第一百次交易，本书中揭示的原则将帮助您实现更清晰的目标并专注于此。因此，您将能够更好地从整合过程中脱颖而出，拥有高效、可持续的企业文化，并培养出致力于公司长远发展和成功的员工。

浦仁（Punit Renjen）
德勤全球名誉 CEO

目
录

第一章　并购游戏

　　一、从过去到现在：事实与证据　005
　　二、并购游戏　012
　　三、解决之道　017
　　四、并购过程　019

第二章　我做好准备了吗

　　一、被动者状态：为避免失败而参与　028
　　二、成为准备充分的公司：追求胜利之道　030
　　三、亚马逊：为收购创建路径　033
　　四、从被动型公司到"随时待命"的收购者　037
　　五、收获成果　048

第三章　这靠谱吗

　　一、FDD：深度解析财务数字　057
　　二、CDD：答案蕴藏于市场之中　065

三、ODD：成本协同效应是否真实　078

四、结论　088

第四章　我们如何估值和定价

一、贴现现金流　093

二、恶作剧的邀请　096

三、你到底承诺了什么　099

四、当你愿意为目标公司支付溢价时会发生什么　105

五、延迟：投资者听到什么　108

六、将所有内容整合起来　110

七、重温大型交易案例　116

八、结论　121

第五章　他们会有理由欢呼吗

一、公告日的准则　127

二、投资者推介会关键测试　130

三、在实际案例中的三个问题：百事可乐收购桂格燕麦　139

四、为公告日成功的战术准备　142

五、挪威邮轮控股公司的公告日　145

六、结论　149

第六章　如何兑现我的愿景和承诺

一、整合规划：精髓要义　155

二、运营模式与整合方法：交易愿景的实现　161

三、IMO：推动整合计划的超级引擎 169

四、Ecolab 收购 Nalco 181

五、结论 183

第七章　如何实现我的愿景与承诺

一、组织设计：构建未来的正确结构、角色和领导层 187

二、协同规划：细节决定成败 196

三、Day 1的准备：从规划到执行 214

四、剥离业务和过渡服务协议 217

五、总结 219

第八章　梦想触手可及吗

一、过渡1：从IMO向日常业务的过渡 226

二、过渡2：从组织设计到人才选拔和劳动力转型的过渡 230

三、过渡3：从协同效应规划向协同效应跟踪和报告的过渡 236

四、过渡4：从清洁室向客户体验和收入增长的过渡 242

五、过渡5：从员工体验向管理和文化变革过渡 251

六、总结 259

第九章　如何规避协同效应的陷阱

一、股东价值风险 265

二、公司如何做出明智的选择 270

三、PMI 董事会资料包　274

四、达成溢价线与可行性框架　281

五、能力/市场准入矩阵和协同效应组合　288

六、"如何做"的案例　291

七、案例对比　293

八、结论　296

第十章　精通并购之道

一、成功并购的基本原则　304

二、实现承诺的艺术　315

附录1　并购中的股东回报　317

附录2　M&M 1961 和经济附加值的起源　338

附录3　经济附加值模型的发展　341

致　谢　349

注　释　353

索　引　375

第一章

并购游戏

曾经，并购如同耀眼的明星，闪耀着无与伦比的魅力。20世纪80年代浮夸的企业掠夺、垃圾债券及强制敌意收购，以及90年代互联网热潮下的股票大型交易使并购（M&A）几乎每天都占据新闻头条。

但故事逐渐走向了曲折。"协同效应"这个词逐渐失去了光环。

进入20世纪90年代初，杰出学者和顾问公司开始揭示一个事实：多数交易实际上损害了公司收购者的股东利益，有些甚至导致破产。[1] 1995年10月，《商业周刊》发表了具有里程碑意义的《反对合并的理由》一文，研究显示，高达65%的大型交易破坏了买方股东的价值。收购者常常为所谓的协同效应付出过高的代价，投资者也清楚这一点。[2]

遗憾的是，收购者在今天仍然频频觉得失望。

尽管如此，几乎没有其他的企业发展和增长工具能像一次重大收购那样，迅速而深刻地改变公司的价值及其未来的竞争格局。重大的并购交易是公司历史的关键转折点。尽管员工和客户的利益极其重要，但任何交易的成功最终都将像其他重大资本投资决策一样被评判：资本和资源的分配是否相较于竞争者创造了丰厚的股东回报？

即使到了今天，大部分重大收购仍未能兑现其承诺，反而损害了收购方的股东利益。尽管被收购公司的股东通常会因收购者支付的溢价而获益，但收购者的股东平均回报却远低于预期。收购者往往没有给投资者增持股票的理由，反而更多地提供了明显的抛售信号。投资者的最初市场反应，不论是正面还是负面，通常是对未来结果的可靠预测。收购常常失败，而投资者能够敏锐地觉察出其中的问题。[3]

问题归结为：为什么会这样？我们该如何应对？

我们认为，这些系统性的失败源于缺乏准备、方法论和战略。大多数公司并没有实际执行一套真正意义上的并购策略。它们未能深入思考，未能区分那些对它们至关重要的交易与那些它们根本不应触及的交易之间的差异——它们缺少清晰的优先级。这些公司急于投身竞拍中，或是聘请投行券商，后者提出了一些现成的收购目标和协同效应的美好承诺。团队在时间压力下迅速组成，尽可能地运营或进行商业尽职调查，同时 CEO 和投行券商商讨价格。他们在董事会面前展示这些交易，急于求得批准却往往忽略了协同效应的实际实现方式。隐含的威胁在于，如果董事会不批准这笔交易，可能未来就不会有更好的机会出现。一位知名 CEO 将其形容为"哇！抓紧机会！登上这辆并购快车"。[4]

公告日以一场精心策划、挤满记者和分析师的电话会议的形式到来，场面洋溢着激动和期待。

然后投资者将对此做出反应。对大多数公司来说，这是一个残酷的打击，收购方的股价会下跌——包括作为股东的员工在内的投资者立即感受到了痛苦。

尽管收购双方都付出了巨大努力，但投资者的反应通常非常精准。承诺的协同效应要么未能实现，要么至少没有达到使收购对价合理化的水平；员工不明白这笔交易将如何影响他们的未来；新公司变得一团糟,损坏了公司及其股东的重大价值,他们不太能弥补这些损失。

我们希望提高并购的成功率。本书旨在改变公司——包括管理层、高管和董事会——如何思考并拟定并购策略。从并购绩效问题的经济学基础出发,我们将指导收购者如何拟定和实施一套避免常见陷阱并创造真正的、长期的股东价值的收购策略。我们的目标不是使并购再次光鲜亮丽,而是让并购真正为收购者及其股东带来实实在在的成效。

一、从过去到现在:事实与证据

尽管有观点认为形势正在好转——公司及其管理层在评估并购和实现预期的协同效应方面表现得更佳——但我们的实证研究却表明,实际情况并未有明显好转。更重要的是,投资者持续密切关注收购方关于其重大交易的详细说明。

我们对马克关于20世纪90年代合并浪潮的里程碑式研究进行了更新(该研究曾成为《商业周刊》的封面故事),我们的研究结果支持这样一个论点:即使在过去几十年所面对的密集交易活动和所有的学习机遇之后,仍存在巨大的改进空间。[5]

让我们深入探索。

在研究中,我们从著名的数据源 Thompson ONE 和 S&P 的 Capital IQ 中提取了数据,检查了 1995 年 1 月 1 日至 2018 年 12 月 31 日期间宣布的价值 1 亿美元以上的 2 500 多笔交易。我们使用的是公开数据,以便任何人都能复核我们的研究结果。我们排除了在美国主要股票交易所无法追踪到收购方股价的交易。基于交易必须具有重大意义的考虑，我们排除了市值低于收购方市值10%的交易。最后，我们排除了在一年内宣布另一项重大收购的交易。

这最终产生了1 267笔交易的样本，涵盖了5.37万亿美元的股权价值和我们研究的24年间所支付的1.14万亿美元的收购溢价。在宣布的前5天，收购方的平均股权市值为93亿美元，卖方为38亿美元。卖方相对于收购方的平均市值为46%。这些交易无论如何衡量，对收购方来说都极为重要。平均支付的溢价为30.1%，即9.02亿美元。

我们通过11天的总股东回报（交易公告前5个交易日至交易公告后5个交易日）来衡量收购方在交易公告时的表现，并通过公告后一年（包括公告期）的表现来衡量。尽管一年时间似乎短暂，但首年对于兑现业绩承诺至关重要，因为它显示了这些承诺的可信度。[6]

我们检查了收购方的总股东回报（股价升值和股息）以及与其在S&P 500中所属行业同行相比的总股东回报，后者由Capital IQ划分。[7]我们报告了行业调整后的总股东回报（通常称为RTSR，即相对总股东回报）。

我们的发现是什么？我们的1 267笔交易样本的关键结果如下所述。

（一）收购方的表现平均低于同行

关于这些重大收购交易，收购方在交易公告期间的平均回报率为 $-1.6%$，其中60%的交易在市场中受到负面评价，40%则受到正面评价。一年后，这些收购方的平均回报率微降至 $-2.1%$，约56%的收购方在其行业中表现落后。与所有并购研究一样，结果存在较大差异，因此这些数据仅是平均值。[8]我们的总体结果无疑表明，由于

70%—90% 的交易以失败告终，我们应停止使用被广泛引用的并购表现统计数据。[9]

话虽如此，收购方在 20 世纪 80 年代和 90 年代的合并浪潮中的表现相当糟糕，近 2/3 的交易对收购方造成了价值损失。[10] 但在这里，我们也发现了一些鼓舞人心的消息。当我们将样本分为 3 个 8 年周期，涵盖 3 次合并浪潮——1995—2002 年、2003—2010 年和 2011—2018 年——我们发现收购方的负面交易反应从 64% 下降到最近一次并购浪潮中的 56%，初始市场反应也从 –3.7% 提升到几乎为零；然而，一年期回报仍然面临挑战，在最近的 8 年周期中为 –4.2%（详细数据和研究结果请参见附录 1）。

尽管这可能是一个积极的迹象，但我们仍未完全摆脱困境。直白地说，尽管平均而言，并购可能略有改善，但总体上仍然是"稍微没那么消极"。

让我们深入挖掘这些平均结果，以获得更深层次的洞察。

（二）初始投资者反应持久且具有预示未来回报的意义

许多观察人士认为，股市对交易公告的反应只是短期价格波动，不能预测未来的成功或失败。一位著名的 CEO 在一项重大收购公告的当天公司股价下跌近 20% 后曾说："你不会通过短期股价来决定并购，也不会以此来评估并购的成功与否。"

为了探讨初始投资者反应并不重要的说法，我们将初始反应分为积极反应组合和消极反应组合。如果市场反应不重要，那么两个组合都应趋于零。但实际情况并非如此。一年后，由 759 笔交易组成的消极反应组合，其初始反应为 –7.8%，得到了更强烈的负回报（–9.1%）。

由 508 笔交易组成的积极反应组合,初始回报率为 +7.7%,维持了较强的正回报(+8.4%)。更详细的观察显示,初始消极交易中有 65%仍然是消极的,而初始积极交易中有 57%在公告一年后仍然是积极的。因此,虽然积极的开局并不保证未来的成功,特别是如果公司随后没有兑现承诺,但消极的开局很难扭转,将近 2/3 的交易在一年后仍然是消极的。对于使用股票作为交易货币的消极反应交易而言,情况甚至更为严峻:初始消极的所有股票交易中,将近 3/4(71%)在一年后仍然是消极的。[11]

所以,初始市场反应确实很重要。

(三)在良好开局后交付结果将获得巨大回报,反之亦然

最初表现积极的交易,其实际回报明显优于最初表现糟糕且持续消极的交易,我们称之为"持续差距"。在公告后的一年里,收购方最初对投资者产生了负面反应,且持续被消极对待的收购方,公布的平均回报率为 -26.7%;而那些交易最初获得并且继续获得积极反馈的收购方,公布的平均回报率为 +32.7%,持续差距(或回报差异)接近 60 个百分点。

初始投资者反应不仅非常重要,而且对收购方来说将产生非常重要的长远影响。

图 1-1 展示了收购方回报的一般模式。这些发现并非偶然。投资者的反应是对未来的有力预测——基于以前的预期和公司提供的关于交易的商业智慧的新信息。那些真正交付并展现出能够兑现承诺的收购方长期表现非常出色;那些朝着负面预期发展的收购方表现极差。差距是巨大的。

第一章 并购游戏

	所有交易				全部现金				全部股票			
	交易数量	交易百分比	公告回报	1年回报	溢价	交易数量	交易百分比	公告回报	1年回报	溢价	交易数量	交易百分比	公告回报	1年回报	溢价
持续积极	290	23%	8.0%	32.7%	26.6%	89	35%	8.6%	36.2%	27.6%	92	20%	7.3%	31.1%	22.5%
最初积极	508	40%	7.7%	8.4%	26.9%	146	57%	8.1%	12.6%	28.6%	160	35%	8.1%	7.2%	23.3%
全样本	1 267	100%	−1.6%	−2.1%	30.1%	257	100%	1.8%	3.8%	31.1%	451	100%	−2.9%	−5.7%	28.2%
最初消极	759	60%	−7.8%	−9.1%	32.2%	111	43%	−6.4%	−7.8%	34.5%	291	65%	−8.9%	−12.8%	30.9%
持续消极	495	39%	−9.0%	−26.7%	33.8%	69	27%	−7.1%	−29.1%	36.6%	207	46%	−9.9%	−27.4%	32.8%

图 1-1 收购方的股东回报

回顾过去，持续积极和持续消极投资组合的初始市场反应（分别为 8.0% 和 –9.0%）非常接近整体初始积极和消极投资组合的公告回报。持续表现者的随后表现在很大程度上取决于收购方证实了投资者最初的感知。

这引导我们提出一个对本书其余部分至关重要的问题：基于这些数据，你更愿意从积极的投资者反应开始，还是从消极的投资者反应开始？请参见下方"并购中的股东回报"，以获取更多信息。

并购中的股东回报

- 并购溢价很重要。在整个样本中，对目标公司支付的平均溢价为 30.1%，初始消极回应组合支付的平均溢价为 32.2%，初始积极回应组合支付的平均溢价为 26.9%。毫无意外，持续消极表现的公司支付的平均溢价为 33.8%，而持续积极表现的公司支付的平均溢价仅为 26.6%。持续消极回应组合与持续积极回应组合在全部现金和全部股票交易中的溢价差异更为显著（全部现金交易分别为 36.6% 与 27.6%，全部股票交易分别为 32.8% 与 22.5%）。

- 现金交易表现远优于股票交易。全部现金交易（占 20% 的交易）明显优于全部股票交易（占 36% 的交易）。在公告期，全部现金交易的回报率比全部股票交易高出 4.7%（分别为 1.8% 与 –2.9%）。此外，57% 的现金交易获得了积极的市场反应，而只有 35% 的股票交易获得了积极的市场反应，一年内，现金交易在市场上表现优于股票交易

9.5%，即现金交易相对于同业表现高出3.8%，而股票交易相对于同业表现低5.7%。这一发现再次证实了广泛报道的关于股票交易表现不佳的结果。这种对比还表现在样本中46%的股票交易受到了初始和持续的消极回报，而现金交易仅有27%。混合交易（即现金和股票的组合）在公告期的回报为-2.1%（只有36%获得积极回应），在一年内的回报为-1.9%，与1 267笔交易的总体样本的持续分布相似（更多细节请参见附录1）。

- 出售方是并购交易的最大受益者。尽管平均而言，买方损失了，但卖方的股东从交易公告前一周到交易公告后一周的时间内，获得了平均20%的同业调整回报。这与因为买方的股票和组合交易受到负面市场反应而导致的负面效应降低了实际上卖方获得的回报金额的平均公告溢价30%形成了鲜明的对比。

- 并购交易在宏观经济层面创造价值。并购创造了经济价值。我们基于交易公告前后11天的同业调整美元回报，为买方和卖方分别计算了一个指标。平均总股东增值（TSVA）简单来说是买方和卖方的美元回报之和。尽管买方平均损失了2.85亿美元，但卖方获得了平均4.69亿美元的同业调整回报，对于所有交易而言，TSVA为1.84亿美元（全现金交易的TSVA为3.33亿美元，全股票交易的TSVA为1 100万美元）。TSVA在三个时期内

> 有所改善，从第一个时期的几乎零增长到最后一个时期的 4.24 亿美元，而且这些增益大部分归卖方所有。
>
> 我们还根据买方和卖方的总市值计算了 TSVA 百分比。总体而言，我们发现基于市值综合变化的公告时（TSVA）约为 +1.45%。现金交易的综合回报率为 +3.73%，而股票交易的综合变化率为 +0.07%，差异很大，混合交易的回报率为 +2.05%。

二、并购游戏

这怎么可能呢？大家现在都知道不应该为并购支付"过高"的对价，并购需要具备"战略意义"，企业文化需要"谨慎管理"。但是这些陈词滥调是否有任何实际价值呢？它们到底意味着什么？支付溢价真正意味着什么？从根本上说，什么是"协同效应"？

并购领域的通常情形如下：一家公司决定通过收购来实现增长，不是因为它有一个成熟的增长点，而是因为股票市场正在大幅上涨，同行业的许多其他公司正在宣布交易并引起关注。或许顾问进行了令人信服的演示，潜在的收购方之所以购买，是因为自然增长正在趋缓，而 CEO 对这笔交易产生了兴趣。

当买方进行并购交易时，它们参与了一项独特的商业赌博，支付了一个预先的溢价，以获得潜在结果的某种分配——协同效应。如果

第一章 并购游戏

买方不能充分理解他们在前期所做的业绩承诺，或者没有能力兑现这些承诺，或者协同效应是虚幻的，他们从一开始就注定失败——投资者可以并且确实会在公告时识别出这一点。

让我们从一些简单的例子开始，以说明这一观点。

想象一下，在纽约市格林威治村的一个美丽街区上，有一间你真正想要拥有的公寓。当然，它很贵，但你真的想要它。你和所有朋友都认同，住在那里比住在现在的地方更好。而且，这间公寓经装修后，你认为你可以将100万美元的评估价增加至少25%。不幸的是，你正在与一个消极的卖家打交道，他要价150万美元。但你已经花了很多时间寻找合适的地方，而只有这个地方非常适合你。此外，你所有的朋友的公寓都比你现在居住的那个好多了。

你是否继续以150万美元的价格进行交易？这取决于你是否认为改善公寓对你来说值得花费25万美元。因为即使你进行了你认为可能的改进，即使它们增加了评估价值的25%，你在购买时也将永远损失25万美元。

或者假设你刚刚抵达拉斯维加斯，这是你计划已久的一次旅行。你已经读过关于赌场游戏的所有书籍，你确信你会大赚一笔。在去赌场的路上，一个吸引人的酒店的员工引你到一个房间里玩一个非常特别的游戏。你被提供了以下的收益分配方案：抛掷一枚硬币，其中正面（H）= 2万美元，反面（T）= 0美元，玩这个游戏需要你花费9 000美元。因此可得：

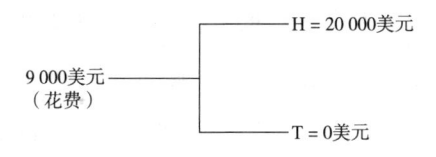

```
                  ┌─── H = 20 000美元
9 000美元 ────────┤
（花费）          └─── T = 0美元
```

你停顿了一会儿，意识到根据平均法则，如果你能玩这个特殊的游戏 100 次，你可以赚很多钱——10 万美元。也就是说，无论你赢还是输，你都要付费玩游戏，你期望赢 50 次，净收益为（50×2 万美元）-（100×9 000 美元）= 10 万美元。另一方面，你也意识到可能在平均法则发挥作用之前，只玩了几次你就被击垮了。

从这里我们可以学到的是，在支付游戏费用之前，我们必须清楚地了解收益分配。

这些例子说明了并购如一场游戏。并购溢价是预先支付的，我们可以确定。实际的并购后整合（PMI）将在未来的某个时候产生一些不确定的支付流或实现的收益，抑或协同效应。高管需要考虑这些支付（协同效应）在不同情景下的可能性，因为他们可能对二十一点的玩法比对特定收购有更多的了解。因此，归根结底，并购是一个传统的财务预算问题。但是，并购是高管及董事会必须理解的特殊问题，理由如下。

首先，买方事先支付了一切——目标公司股票的全部市场价值加上溢价——甚至在他们"碰触轮盘"之前。没有试运行，没有试错，而且与其他资本投资（如研发）不同，除了剥离之外，没有办法停止投入或转移资金。最重要的是，所有这些资本的成本是从一开始就计时的。因此，拖延将增加成本。没有重新来过的机会。

其次，当买方支付溢价时，他们正在承担已经存在的绩效问题，并创造了一个全新的问题——一个从未存在过的问题，也是没有人曾经预期过的问题，对于那些已经存在的资产、人员和技术来说。换句话说，买方有两个业绩问题：第一，他们必须实现市场已经期望的来自买方和目标公司的所有盈利增长和业绩；第二，满足并购溢价所暗示的更高目标。实现这些新的业绩通常要求需要一套增强的能力,在买方试图产生协同效应时,竞争对手不会坐以待毙。将两家盈利、管理良好的企业合并在一起,并不会像魔术一样创造战略性的收益,因为竞争对手一直存在,客户可能不会看重新的优势。

这就得出了可衡量的协同效应的明确定义:超出独立预期的业绩提升。将预先支付的溢价与全新的业绩问题结合起来,我们对收购方所创造的价值有一个直观的看法,即交易的净现值(NPV):

$$NPV = 现值(协同效应) - 溢价$$

换句话说,假设你没有毁掉这些业务,并且能够实现已经预期的所有独立增长价值,只有在你能够至少在溢价上实现资本成本回报时才会创造价值。支付溢价的高管承诺要交付比市场对两家独立公司的当前战略计划所期望的更多。

最后,一旦收购方开始密集整合——这对于实现承诺的必要协同效应至关重要——他们将提高退出和解除失败交易的成本。关闭总部、整合IT系统、整合销售团队并减少员工人数,这都是昂贵且耗时的逆向操作。在这个过程中,收购方可能会冒险不再关注竞争对手,或者失去应对竞争环境变化或不断变化的客户需求的能力。

并且,不仅股东可以在不支付溢价的情况下轻松进行分散投资,而且支付更高的溢价不一定会产生更高的回报或更多的协同效应——换句话说,回报与赌注的大小并不成比例。

这些交易的独有特征综合在一起,构成了马克所称的"协同效应陷阱"的三个部分。高管必须努力避免以下情况。

1. 未能理解业绩轨迹已经反映了两家独立公司的股价。结果是，收购方经常将协同效应误认为是投资者已经预期的绩效改进。协同效应是在该基本情况轨迹之上的改进——只有在交易的结果下（"如果不是因为交易"），才能实现的成本节约或盈利增长。将协同效应与基本情况混淆将在整个过程中困扰你和你的员工。

2. 未能从竞争和财务角度考虑协同效应。如果竞争对手可以轻松复制合并公司的"优势"，那么协同效应是不可能产生的。它们不是因为你的认同而成为优势，你的客户也必须认同。实现协同效应意味着通过更具差异化和可捍卫的立场进行高效的竞争。此外，协同效应并不是免费的，实现这些好处可能会有高昂的一次性成本和持续成本。我们将此称为"协同匹配原则"，因为你必须将好处与实现它们所需的成本相匹配。那些一次性成本和新的持续成本实际上是溢价的附加部分。

3. 未能理解支付预付溢价所固有的业绩承诺。当你支付溢价时，你正在为之前不存在且没有预期的全新业绩挑战签字——在已经存在的预期之上。收购方必须充分理解他们正在做出的承诺以及实现这些新的业绩改进所需的能力、资源和原则。请记住，从第一天开始，所有这些新资本的成本时钟已经在嘀嗒作响，无论你是否准备好交付。

从股东价值的角度来看，结果很简单。请将其视为一张经济资产负债表。当你为目标公司的股权提出要约时，你将向该公司的股东发放现金或股票。如果你发放的现金或股票数量超过你所有资产的净值或现值（未完全实现协同效应），你只是从一开始就将价值从你的股东手中转移到了目标公司的股东手中。这就是你公司的经济资产负债表保持平衡的方式。这是收购决策的 NPV——预期的效益现值减去支付的溢价——市场试图评估的内容。这就是精明的资本家会降低收购者的价格，同时目标公司的价格会因为溢价要约而上涨的原因。

由于他们未能了解协同效应陷阱并预料到这些复杂性，收购公司往往会支付过高的价格——远远超出实际值。错误的分析往往已经融入公司用来评估交易的计算中。顾问让它看起来轻而易举。他们将目标公司定位为一个独立实体。然后，他们通过将两家公司结合起来形成协同效应的形式：促进收入增长、降低资本成本、通过规模实现效率提升——完成了！正确的价格出来了，他们就开始整合这两家公司。

然而，在收购企业的并购历程中，倘若他们确实设有这样的流程，经常会潜藏许多失误。这些失误往往导致所谓的协同效应不复存在，或在估值模型中被过度夸大，而交易目标本身可能从一开始就不理想。因此，缺乏严谨流程的结果便是：目标公司的估值开始趋同于其他并购交易的定价模式。正是在这个过程中，毁灭价值的潜在因素逐渐浮现。

三、解决之道

但是问题是：并不是所有的收购都是不可行的，思虑不周或执行不善的收购才是不好的。高管可以通过在并购方面进行重大投资来实现有价值的增长。但这也意味着高管必须理解为什么并购是独特且有风险的，以及开始将资本视为珍贵的奢侈品。CEO 必须回答这个问题：他们和他们的高管团队是否已经做好了适当的战略准备、仔细的估值，以及具体的协同效应，并且是否已经做好了交易后的规划，以获得使用这笔珍贵的资本的权利。

赢得并购游戏需要大量的工作和严明的原则，涵盖了从考虑估值问题、竞争对手的反应、员工期望和不确定性，投资者和员工的沟通，到设计新组织等各种复杂问题。这是如此多的公司失败，以及投资者如此怀疑的根本原因。

正确进行并购需要一定的艺术和科学。我们将指导你如何部署和执行一个并购策略，避免公司陷入陷阱，并教你如何在支付溢价时正确传达你所做的绩效承诺，实现那些承诺的协同效应，管理变革并建立新的文化，以及创造和维持长期的股东价值。

我们通过研究、创新和艰辛的经验来解答这些问题。我们在并购方面拥有50多年的经验，遇到过从数十亿美元的收购到资产剥离等各种情况。我们曾在幕后协助公司部署并购策略，进行检查以测试交易理论，为公告日做准备，并协助进行合并整合。

我们写这本书是为了帮助那些计划将并购作为其增长战略一部分的公司。这本书应该能帮助高管们准备并理解将并购纳入战略的复杂性，从制订他们最重要的潜在交易列表到理解整个过程以及如何增加成功的可能性——并履行他们对股东、员工和客户所做的承诺。与此同时，它也适用于那些负责进行尽职调查和协同效应规划，成功完成合并工作并实现承诺结果的工作管理人员，甚至适用于那些在公告日才首次了解这个过程的人。

本书提供了围绕并购问题的综合视角。它为正在考虑并购的人提供了基础背景，教导他们需要考虑哪些问题，如何分析这些问题，并如何有效地执行。它还向那些已经开始进行并购的人展示了如何最大限度地提高成功的机会。

以下五个基本前提指导了我们的思考,这些也应该成为高级管理层和董事会在将并购作为成功增长战略组成部分时的准绳。随着我们继续深入,这些前提将变得更加清晰。

1. 成功的收购必须使公司既能够击败竞争对手,又能够回报投资者。

2. 成功的企业增长过程必须使公司能够同时找到好机会和规避坏机会。

3. 有准备的收购方(我们称之为"时刻准备"的公司)不一定是积极的收购方——他们可以耐心等待,因为他们知道自己想要什么。

4. 良好的 PMI 无法挽救一个糟糕的交易,但糟糕的 PMI 可能会毁掉一个好(即战略合理且定价符合实际)的交易。

5. 投资者聪明而警惕,也就是说,他们可以从公告日起就发觉考虑不周的交易,并会跟踪结果。

四、并购过程

本书提出了一个独特的框架流程,包括将读者从公告前的战略引导,一直到理解收购溢价,以及如何理解向投资者做出的业绩承诺,再到公告日,最终到如何履行向投资者做出承诺(见图 1-2)。

换句话说,本书在一个全面的方法论中涵盖了整个并购过程,适用于公司多个层面,为读者提供了工具,用以区分明智的收购与考虑不周的收购,有效地向众多利益相关者传达经济情况,执行并最终创造价值。

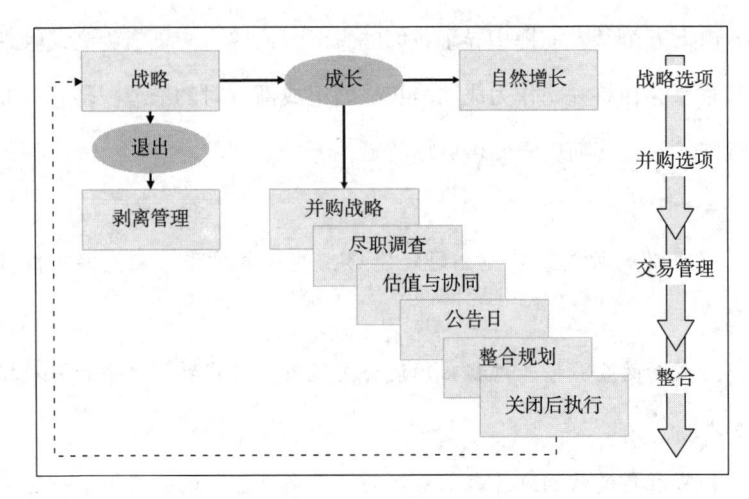

图 1-2　并购过程

本书将围绕一系列问题进行讲述，这些问题涵盖了每个阶段的内容。从第二章"我做好准备了吗"开始，并指出，大多数公司都是被动的——只是在应对摆在面前的交易——而不是主动地列出其最重要交易的观察清单。第二章论述了为什么以及如何进行准备，包括战略和治理，为本书的其余部分铺平了道路。

第三章则提出了"这靠谱吗"的问题，探讨了三种尽职调查：财务、商业和运营。尽职调查往往被视为没有必要，或仅仅是对审计财务报表的简单审查。然而，我们认为，一个以投资理论为基础的、深入见解的尽职调查过程，不仅可以帮助你评估潜在交易的价值，识别可能的整合障碍，还可以指导你何时应当放弃。

第四章讨论了估值的含义，提出了"我们如何估值和定价"的问题。该章展示了一个基于经济附加值（EVA）这一被广泛接受的概念，它在理论上正确，是一种直接的估值和协同方法。首先以独立公司的形式分别审视收购方和目标公司，以了解投资者已经预期的绩效轨迹。其次，使用以支付目标公司股票的全市值（同时假设负债）以及收购溢价的方式分配的新资本，展示了收购方承诺的年度改进，以及溢价如何转化为税后净营业利润的必要改进，即协同效应。这是投资者可以并且会自行进行的计算。

在第五章中，我们面临这样一个疑问："在公告的那一天，他们是否有理由欢呼？"投资者的初步反应将奠定一个基调，这将深远地影响所有相关方。当重大并购交易被推向市场时，它们往往被精心策划，成为收购方与目标公司高层的一次盛典。然而，收购方不仅要将公告日视为庆典，而且应将其视为一场周密安排的展示，其核心目的是向所有利益相关方明确传达交易的价值。

第六章和第七章组成了一对，用以解决交易交割前的计划问题。它们专注于揭示如何巧妙规避因规划不当而酿成的混乱，并探讨如何借助交易的势头，振奋团队士气、激发客户热情，并为向投资者呈现成果奠定坚实基础。第六章"如何兑现我的愿景和承诺"中的第一部分展示了如何在交易交割前进行整合管理，以实现交易战略的承诺。该章特别关注整合管理办公室（IMO）的角色，这是一个负责整合工作的临时架构，其管理模式既自上而下，亦自下而上。

第七章"如何实现我的愿景与承诺"中的第二部分探讨了整合的核心领域以及如何为 Day 1 做准备。在这里，我们关注的是在绝大多数的 Day 1 前的整合结构中典型的跨职能领域，由 IMO 监督：组织设计、协同规划、沟通和员工体验，以及 Day 1 准备。[12]

第八章提出了"梦想触手可及吗"并专注于交易交割后执行团队的核心任务：从闭环前的工作流程过渡，目标是尽快使整合后的业务实现正常运行，并朝着实现协同目标的方向前进。交易闭环后的执行时间越长，管理层实现初始交易理论中详细价值的可能性就越小。在一个毫不留情的市场中，这不仅可能导致盈利预期的调整，还可能导致管理层失去在交易闭环前实现财务结果的能力。

第九章"如何规避协同效应的陷阱"提供了一些工具，可以帮助董事会发现那些可能会导致负面市场反应的交易。它还为董事会提供了一个通用框架，将推动更有见地的关于潜在重大交易的讨论。这些工具将有助于缩小管理层的看法与投资者可能在市场之前的看法之间的差距。如果没有这些工具，董事会将无法回答一个基本问题：这笔交易将如何影响我们的股价，以及为什么会这样。

最后，第十章通过回顾并购框架流过程，为本书画上完美的句号。在并购中一旦出错，你不仅会在公告日目睹股价的下跌，还将在难以割舍的收购困境中煎熬多年。通过深入阅读本书，你将摆脱这种艰难局面，化身为一位准备周全、能够洞察并购正确价值的收购者。

第二章

我做好准备了吗

成功的并购始于一个准备充分的收购者——这意味着专注于一个"随时待命"的观察清单，关注最关键的交易，并将并购策略融入公司更广泛的战略愿景和优先事项中。有准备的收购者会做出艰难的选择，为他们珍贵的资本规划一个深思熟虑的策略，并基于一个清晰的战略进行收购，即如何在选定的市场中竞争并取得胜利，以及如何以难以被竞争对手仿效的方式赢得客户的青睐。

然而，绝大多数公司缺乏明确的并购策略——它们不清楚自己真正追求的是什么。相反，它们只是在被动应对。虽然高管团队已经围绕增长和并购的许多想法进行了讨论，但他们并没有就他们的并购计划的具体目标达成共识。他们未能深入挖掘那些对自身业务至关重要的交易，也未曾正视那些他们本不该浪费时间去考虑的其他交易。他们缺乏明确的优先顺序。

设想一个假设性案例，我们称之为"家园科技"，这是一家在政府 IT 服务行业中迅猛发展的公司。自 1975 年成立以来，家园科技于 2011 年上市，当时营收约为 5 亿美元。通过内部增长和数次小型收购，家园科技已成功发展到 20 亿美元的营收，并实现了可观的股东回报。如今，家园科技的 CEO 查斯·弗格森（Chas Ferguson）正准备宣布他打算在 3 年内使公司营收翻倍，并已委托一位投行券商为他寻找能够帮助实现这一目标的潜在收购对象。董事会已经批准弗格森开始对公司引进的交易进行尽职调查。

但这个看似熟悉的场景中隐藏着什么问题呢？尽管初衷良好，家园科技及其董事会却不自知地正步入那些被动型公司的轨迹——这些公司常犯的致命错误是，将它们的非自然增长策略外包给投行券商或其他外部机构，而只是对这些机构提出的交易提案做出反应。

除非运气极好，否则家园科技很可能会像其他许多被动型公司一样，执行一项或多项让投资者失望的重大资本投资——这些交易在公告时向投资者传达出明显的卖出而非购买的信号。

在合并浪潮期间，这类错误尤为常见，经验不足的公司急于参与收购游戏，或有经验的公司急于寻求更多或更大的交易，从而极大地改变其风险配置。这就是所谓的"波浪形态"形成的原因。有时，公司仅因为所在行业的其他许多公司开始追求交易，就盲目推向并购，它们的投行券商则警告它们，如果不加入，可能会失去机会（请参见下文"被动型行为的常见误区"）。显然没人愿意看到《华尔街日报》的报道中说，"在世界发生变革之际，查理却只是坐视不理"，但这种压力很少带来积极的结果。这些未做充分准备的公司由于缺乏成熟的增长策略，往往导致失败。

更为严峻的是，当被动型公司出价却未能成交一两笔交易，且它们失败的尝试被公之于众时，它们会承受更巨大的压力去完成某项交易。卖家特别青睐这些被动型公司，因为这些公司的重大战略决策实际上已由他人代为做出。

准备充分的收购者与被动型公司截然不同。这些公司已经发展出了一套严格的流程，能够有效地识别有价值的机遇并规避明显的不良选择，从而达成成功企业发展的主要目标——超越竞争对手并且回报投资者。它们通过一个精心策划的战略选择过程来为并购资本设立议程。它们拥有众多选择。

　　成为一个准备充分的收购者是本章的核心内容。但在此之前，让我们继续聚焦于被动型公司，正是因为通过理解这些公司为自己所制造的问题，我们才可以探寻出深刻的洞见和解决之道。

被动型行为的常见误区

　　合并浪潮伴随着一些常见的误区，这些误区往往支撑了许多基于反应的不幸决策。以下是过去几十年中的一些典型案例。特别对于董事会成员而言，在听到以下任何一种说法时，应牢记守护股东利益的重要性。

- "初始市场反应并不重要，我们的眼光要放长远些。宣布交易时，收购方的股价总是会下降。"但实际上，好的交易并非如此。负面市场反应预示着坏消息——这反映了投资者对公司传递给市场的信息的评价。

- "文件上的财务数据看似无懈可击，但我们未能妥善处理文化差异。"这种对过去交易失败的解释变得极为普遍，以至于"文化差异"常被归咎为一切错误的根源。很多最终失败的交易本可以预见，而优秀的文化管理很少能救赎那些本质上经济效益不佳的交易。

- "好的交易必须增加盈利。"盈利的增加或减少与股市对

> 交易的评估之间几乎没有关联。① 股价是每股收益（EPS）乘以市盈率（P/E）比率，短期内 EPS 的增长很容易被市盈率的下降所抵消——市盈率是衡量长期盈利增长预期的一种指标。
>
> - "如果我们不进行这笔交易，我们将成为无人问津的局外人。"对你的股东来说，由于担心将来没有更多选择而将资金投入收购从来都不是一个好选择。这种逻辑是完全缺乏准备的信号。
>
> - "从头开始构建将消耗我们更多的时间和资金。"尽管这可能是事实，但它可能一开始就不是合适的业务或投资选择。

一、被动者状态：为避免失败而参与

被动型公司通常会可预见地提升交易前的成本和风险，并显著降低其交易的预期价值。在一个重要层面上，被动型公司与战略思维背道而驰。

这些公司往往将它们最重大的资本投资决策外包给第三方，这些第三方通过带给被动型公司潜在的交易来有效推动其增长策略。它们放弃了选择权——它们没有选项。它们探讨了许多想法，但并没有明确的目标或优先事项。没有这些优先事项，被动型公司无法创建或

---

① David Harding and Phyllis Yale, "Discipline and the Dilutive Deal," Harvard Business Review, July2002, https://hbr.org/2002/07/discipline–and–the–dilutive–deal.

维持一个活跃的交易渠道。因此，它们面前的每个潜在交易可能对某位高管而言都至关重要，使得整个过程变得更多是政治性的而非战略性的。由于 CEO 无法明确他们在接下来的 12—18 个月中想要追求的 20 个最重要的交易，他们实际上没有一个清晰的并购战略。

被动型公司不是由商定的投资组合优先级或能力需求来推动寻找目标，而是相反——它们从一个潜在交易出发，倒推出它们的战略优先级。换句话说，这些公司让交易驱动策略，而非策略驱动交易。它们倾向于专注当前手头的交易，而不是持续考量所有可能的选择。

孤立地看，一项交易可能看似有吸引力，但与其他潜在的并购对象相比，可能并不是最佳选择。这就像仅因第一次约会看似合适就选择结婚一样：虽然可能成功，但概率并不高。这种错误通常会自我放大。迷恋于眼前的交易，被动型公司经常陷入确认偏见的泥潭——管理层可能会忽视或辩解出现的负面信息，并寻找证明他们正在做正确事情的积极证据，即使在对并购对象进行彻底评估时也是如此。

从谈判的角度看，被动型公司很难放弃交易，因为它们没有更好的替代选择。没有最佳替代谈判协议（BATNA）的交易使得被动型公司更容易被卷入交易热潮，急于签署协议，全力得到顾问的支持和确认偏见的加持，因为没有其他选择在考虑范围内。结果是：缺乏原则和替代方案的情况下，内部对目标估值趋同于与其他类似收购的定价水平，重点在于被动方为完成交易必须支付的价格，而不是当前这笔交易应该支付的价格。并购对价偏高和赢家的诅咒变得不可避免。

被动型公司还未能充分考虑可能影响实现其支付价值的潜在的运营模式和整合问题。有些交易的整合过程比其他交易更加复杂和艰巨。然而，由于被动型公司逐个处理交易，它们错失了区分可能更有效创造价值的交易的机会。更为严重的是，由于尽调的紧迫性，这些公司往往在对目标企业的运营策略了解甚少的情况下完成交易。因此，它们不仅面临夸大协同效应的风险，无法证明高溢价的合理性，而且大大增加了在追求不太可能实现的协同效应过程中损害目标公司独立业务增长价值的风险。

选择错误的公司只会在两家公司作为独立实体已有的问题之外，制造更多新的运营问题。难怪表现不佳的买家往往成为吸引人的收购目标。还有证据显示，企业剥离带来的财富增值可能来自对以前并购错误的纠正。[1]

更重要的是，当被动型公司因外部人士推荐的交易而做出反应，或急于投身竞标时，它们浪费了本可以用来寻找更合适机会的宝贵时间和资源。这是因为管理层必须对提出的并购机会进行广泛而昂贵的尽职调查，尽管许多交易本不应进入讨论范围。仔细的尽职调查虽然有助于避免糟糕的交易，但并不能帮助公司找到适合的交易。

问题的核心在于：被动型公司在尽职调查过程中大部分时间都在努力避免误报（接受本应拒绝的交易），从而增加了漏报的风险（拒绝可能更优质的其他交易）。当一家公司对单一机会做出反应时，它实际上已经排除了其他可能更佳、未被考虑的选择。它们陷入了一个持续的"为不败而战"的局面中，讽刺的是，这反而增加了它们失败的风险。它们难以向董事会解释为何放弃了其他机会。

二、成为准备充分的公司：追求胜利之道

成功的并购和企业发展不仅仅是避免经济上不合理的交易那么简

单。准备充分的收购方拥有一套系统流程，使他们能在规避糟糕交易的同时，发现创造价值的机会。这包括减少误报和漏报的风险。

准备充分且始终处于活跃状态的收购方不仅仅是为了不输，还有积极追求胜利。他们充分运用自己的选择权，通过为并购资本设置一个周密的议程，为并购注入战略上的完整性。尽管他们可能借助外部顾问来更深入地了解不断演变的行业格局，但他们绝不会将自己的战略外包出去。准备充分的收购方将资本视为珍贵的资源——它昂贵而值得小心对待。最重要的是，准备充分的收购方拥有清晰可识别的并购策略。他们明确自己的目标，清楚自己将如何创造价值。

追求胜利意味着建立一个战略流程，使你可以回答以下五个关键问题。

1. 并购在我们公司的增长战略中扮演着怎样的角色？
2. 我们想要收购哪些公司或部门，背后的原因是什么？
3. 我们不想收购哪些公司或部门？
4. 我们不希望竞争对手收购哪些公司或部门？
5. 无论这笔交易是否完成，我们接下来计划进行哪些交易？

高管团队应能够明确向他们的业务负责人传达对交易的兴趣程度。他们清楚地知道并购将占公司增长的 10%、30% 或更高的比例。他们能够与董事会深入讨论在未来 12—18 个月内（或在迅速变化的市场中，在更短的时间里）他们关注的最关键目标，并能描述他们几乎或完全不感兴趣的目标及其原因，以此避免当这些目标变得可行时浪费时间和资源。他们同样会考虑竞争对手可能进行的对他们的业务有影响的交易，竞争对手可能会试图以牺牲他们为代价产生协同效应。在他们因竞争对手的行动而决定加入竞拍之前，他们需要先评估这将对自己造成多大影响，然后才能打开银行金库进行防御性交易。此外，无论他们是否完成某个特定交易，那些以赢为目标的收购者都会对接下来可能进行的交易有所规划。

这五个问题进一步引发了一系列问题，促使领导团队进行内部和董事会层面的讨论，并进行分析以达成共识，确定优先事项。这同样有助于避免或至少减弱内部政治。这是一个值得深入思考的重点。被动型收购者可能因为内部政治而遇到麻烦，因为缺乏明确战略的交易往往会有一个内部支持者，他们热衷于"赢得"该交易。由于缺乏评估交易好坏的优先事项或标准，这些内部支持者可能会通过管理团队——一个对并购在公司发展或其他交易中发挥的作用缺乏共识的团队——推动他们的交易。

准备充分的收购者不会将交易视为孤立事件。他们考虑的是他们观察清单上的交易所代表的资产组合，以及如何逐步构建这些组合，从而扩展他们现有的核心业务或利用自身的自然能力创造出有竞争优势的新业务。换句话说，那些追求胜利的公司已经确定了最具前景的路径，并沿着这些路径寻找市场上最重要的资产。这些路径可能专注于特定的产品、服务、客户细分市场、终端市场应用、新兴技术，或者是竞争对手难以模仿的特定服务方式。

设想家园科技的CEO查斯·弗格森面前摆着一个包含100个交易的清单，其中有些与核心业务相关，有些在相邻领域，还有一些可能成为家园科技未来的新业务。如果查斯深入挖掘这个清单，它就像一种罗夏墨迹测验，他会看到众多不同的战略路径。对家园科技而言,这可能意味着优先考虑像国防部、中央情报局或联邦调查局这样的主要政府客户细分市场,或者是在家园科技的政府IT服务组合中优先考虑的业务,如安全基础设施或军事系统工程(我们稍后会详细说明)。

也许没有哪家公司比亚马逊更能展示发展路径。

三、亚马逊:为收购创建路径

亚马逊最初作为杰夫·贝索斯(Jeff Bezos)在家中车库里创办的早期互联网图书零售商,其背后的战略雄心让人难以想象,正因此亚马逊才成为如今的巨头公司。对于从1994年以来的任何人来说,这家公司几乎是难以辨认的。尽管亚马逊仍然销售图书,但它已经扩展到了一系列看似不相关的领域。通过150多笔交易(87笔完全收购),包括在前10笔交易中花费近200亿美元,从电子商务到Kindle、亚马逊网络服务(AWS)、杂货、Alexa和联网家居等,收购在多个战略路径的发展中发挥了核心作用。[2]

在发展初期,亚马逊投资那些表面上看起来与其业务不相关但有着未来增长可能性的公司。例如亚马逊在1999年收购了Homegrocer.com 35%的股权,以在食品领域试水,但直到2017年亚马逊才凭借以137亿美元收购了Whole Foods才被公认为真正进军杂货和食品零售行业。华尔街分析师通常难以理解这种方法:例如知名投行公司派杰证券的一名分析师评论称,像AWS这样的业务是对其赢利能力的干扰。[3]

某些尝试已经产生了成熟的产品或业务线,比如Kindle和AWS。其他一些则作为发展技术或市场的立足点,例如人工智能(如TSO

Logic)、家庭自动化产品（如 Echo 和 Ring）、医疗保健、媒体或零售投资（如印度的 Aditya Birla 和 Witzig）。

学习能力和对高度战略性收购的偏爱使亚马逊得以渗透并引领许多商业和消费类别，记者布拉德·斯通（Brad Stone）称之为"万物商店"。亚马逊最初的图书在线销售商业模式，为其将买家和卖家汇聚在一起的超级扩展平台奠定了基础。自 20 世纪 90 年代末以来，它将产品重点从图书扩展到了一系列零售商品，通过自然增长（例如运营其他电子商务平台，如 CDNow）和并购（例如 Back to Basics Toys 用于寻找难以找到的玩具，Woot 用于电子和家居用品，Quidsi 用于婴儿和儿童看护，Zappos 用于鞋类，Shopbop 用于服装）获得支持。

除了添加新类别外，亚马逊还造福了其平台的发展，最初是作为一个双边在线交易市场，通过为外部供应商提供自助式商家平台并让他们访问其数百万现有客户，使其获益，这些客户可以访问大量新的供应商。这些新供应商迅速超越了亚马逊，通过 Bibliofind 和 Exchange.com 获得最初的罕见和绝版的图书类别，这些类别更接近于亚马逊最初的核心业务——图书销售。

从那里开始，亚马逊沿着许多路径扩展，并不总是成功，但始终以有重要战略意义的视角进行收购。亚马逊拥有进入外围领域的蓝图，有时会在相邻市场中持股，这些市场在最初的收购和投资几年后会产生收益。

以 Kindle 的开发为例，其历程可追溯至 2004 年，当时杰夫·贝索斯和史蒂夫·凯塞尔（Steve Kessel）召集了一支由经验丰富的硬件、软件和计算机工程师组成的团队，创建了秘密研发部门 Lab126。通过并购与硬件开发相辅相成的企业，尤其是 Mobipocket——一家拥有适用于手持设备的电子阅读器软件的电子书出版平台，Kindle 在短短三年后便问世。Kindle 不仅代表了一次创新，还使亚马逊得以增强其平台的网络效应，而且实际上，拥有 Kindle 的亚马逊用户的年消费额比未拥有 Kindle 的用户高出 55% 以上。[4]

亚马逊的并购策略根植于几个关键的指导原则。首先，它确定了具有增长潜力的业务模型和发展路径，然后评估进入这些领域所需的能力。其次，它寻找具备必要能力的公司，并根据特定标准评估其目标。这意味着亚马逊始终在评估数十个目标，而不是固守一个交易或对别人提出的交易做出反应。

这是一个关键点：亚马逊将并购战略作为其整体增长战略的核心部分。无论是通过全额收购还是少数股权投资，亚马逊的并购都专注于支持和持续不断地利用其核心能力，包括用户体验、更低的成本结构和看似无限选择的更低成本。

这种方法——以用户为中心的业务模型，通过驱动与亚马逊现有资产相辅相成的交易的搜索，同时对未来进行一系列投资——在 25 年的时间内，将公司从在线图书零售商转变为多方面的在线市场（客户、商家以及对商家和客户的融资资源），再到一系列不同但途径相关的顶级参与者，包括云服务、食品生态系统和家庭连接。

亚马逊在开发 Alexa 的历程中，清晰地展示了对这些原则的精妙运用。Alexa，这位亚马逊的虚拟助理，在 2014 年伴随 Echo 系列智能音箱的问世而登场。亚马逊的秘密研发部门 Lab126，早在 2010 年便着手筹划 Echo 的开发。作为其核心界面的 Alexa，是一位以声音唤醒的助手。为了实现这一创新，亚马逊必须给 Lab126 的硬件注入人工智能的力量，赋予其从执行文本到语音转换、语音识别和自然语言处理等高级功能的能力。

亚马逊在 2011 年并购了 Yap（这是一家专注于将口语转化为书面文字的语音转文本公司）。随后在 2013 年，亚马逊又收购了 Evi（一家英国人工智能公司，其软件能处理并反馈用户的语音请求），以及 Ivona（一家具备将文本转换为语音技术的波兰公司，使 Echo 能发出自然语音）。正如《连线》杂志所报道的，亚马逊最初打算借助 Evi 的技术来开发一款基于人工语音的电子书阅读器。这一初步构想后来演变成创造一个新平台的大胆设想，该平台由 AWS、语音识别和高质量语音合成技术共同驱动，且与一款价格亲民的专用硬件相辅相成，终于孕育出 2014 年底面世的配备 Alexa 的亚马逊 Echo 智能音箱。[5]

Echo 为亚马逊开启了进入千家万户的大门，并使其在家庭自动化领域——迅速发展为连接家庭生态系统——与苹果展开了激烈竞争。这一成就得益于亚马逊通过一系列收购带来的产品矩阵。亚马逊分别在 2017 年收购了 Blink（安全摄像头制造商），2018 年收购了 Ring（智能门铃公司），以及 2019 年收购了 Eero（网状 Wi-Fi 路由器制造商）。

亚马逊这一案例生动展示了并购策略若施行得当，便能使企业加强并拓展其商业模式，实现跳跃式的超越自然的增长。更为关键的是，并购是一项持续的努力，涉及确立优先级和做出战略性选择——决定哪些自主开发，哪些通过收购来实现。这需要对市场中众多公司及其能力有清晰的认知，并追寻那些能使企业以竞争对手难以仿效的方式赢得用户喜爱的资产。亚马逊明确了自己的发展路线和追求的交易目标，并定期回顾一系列可选方案。

一言蔽之：成功的并购很少是一次性的努力。准备好"随时待命"进行并购的公司可以耐心等待，不一定需要积极行动，因为它们了解市场格局，知道自己想要什么以及原因。

发现和优先考虑交易对象需要做大量的工作和花费大量的时间，但会产生许多好处。正如一位《财富》排名 50 强的高管告诉我们的："你看得越多，你发现得越多；你看得越多，你学到的东西就越多；你看得越多，你就越能测试你的策略。"

好消息是：你不必像杰夫·贝索斯和亚马逊一样令人印象深刻，但是该公司通过收购扩展其核心业务并从根本上进行转型的示例——从在线书店到 AWS 和联网家居——应该让你了解明确的、"随时待命"的并购战略是什么样子，以及与作为被动型公司相比，其外观和感觉完全不同。

四、从被动型公司到"随时待命"的收购者

最成功的收购者往往也是最有原则的。像迪士尼、百事可乐、艺康化工和亚马逊等经验丰富的收购者，在达成交易之前，会仔细探索它们的战略替代方案和收购机会，并量化它们创造价值的潜力。它们明白哪些业务应该进行自然发展，哪些应该出售，哪些将受益于通过收购实现增长。它们通常是最有可信度的买家，能够支付最高的价格，因为它们知道自己在寻找什么，以及如何整合被收购的资产。最终，通过并购实现有价值的增长是整体企业和业务的优先事项战略的结果，通过定期而坚韧不拔地追求一系列最重要的交易来实现。

很少有公司可以在收购经验方面与亚马逊相媲美。但是，缺乏经验并不是成为被动型公司的借口。为了避免成为并购狂潮的受害者，

每个希望通过收购实现增长的公司都必须首先审视自己,确定自己是一个被动型公司还是一个"随时待命"的准备充分的收购者。在开始或加强并购战略之前,希望成为有准备的公司必须将该过程视为一个转型过程——一个动态的变化。这是一个持续的过程,通过在市场中不断地对齐、学习和执行,以在并购中获得胜利。

无论经验如何,这个转型过程都涉及四个主要步骤,以回答我们之前关于如何获胜的问题。

1. 对自身和竞争对手的并购评估。
2. 在战略路径和优先事项上使高层团队保持一致。
3. 列出一份涵盖所选的发展路径的潜在收购国标的总体清单。
4. 对优先观察名单进行战略筛选和详细分析。

(一)自身和竞争对手的并购评估

在业界,杰出的表现者往往通过其给投资者带来的回报来衡量成就,因此,构建一套有效的并购战略,首先需要评估市场如何给公司估值,以及公司如何塑造投资者的信念。这实质上意味着要深入理解它们目前的运营价值和未来增长潜力(本书将在第四章对此进行深入分析),以及市场价值和投资者期待所描绘的增长路径。若发现自然增长轨迹与市场预期存在差距,那么并购便可能成为缩小这一差距的关键。公司层面的增长预期可以细化到各个业务部门,以此来明确差距和优势,并为并购在各业务单元中可能扮演的角色排出优先级。

一些发展路径和沿这些路径的具体交易可能在实现管理层愿景与满足投资者期待方面远优于其他路径及交易。鉴于资本成本高昂,进行这样的评估应成为业务部门通过并购实现增长的基本要求。

评估竞争对手的战略意图也很重要。并购战略像一场三维国际象棋比赛，不仅包括企业自身的能力和增长计划，还包括竞争对手从过去的交易中表现出的战略意图。从过去几年竞争对手所做的并购交易中往往可以学到很多，从地理位置、能力、规模、产品或服务提供等方面，以及针对的客户细分市场。我们称之为"竞争对手信号"——它们过去的行为通常会预示着优先清单上的下一个收购目标。准备充分的收购者将更好地了解相对于竞争对手在市场上通过最大投资决策发出的信号，这个行业是如何发展的以及竞争对手如何努力取胜。它还突显收购者和一些竞争对手会在同一交易上展开争夺的情况。

表2-1显示了收购者通过观察竞争对手交易的模式以及绘制自己的交易，向竞争对手和投资者发送关于下一步可能发生的事情的信号。最终，本章的示例公司家园科技需要在哪些领域进行并购做出选择。准备类似图表为收购者在罗列优先事项（例如客户关注点、能力、业务、地理位置等）时需要做出的选择奠定了基础。

（二）将高层团队与战略路径和优先事项对齐

在考虑任何收购机会之前，高级管理层和董事会必须就重要的战略选择达成一致意见，为业务的方向定下基调。这些选择包括在行业竞争和未满足的客户需求的背景下，实际的增长愿景以及最有利可图的增长机会。管理层必须决定要为哪些客户细分市场、终端市场、地理区域等提供服务，使用哪些产品，以及如何以竞争对手不容易复制的方式进行服务。

表 2-1 家园科技并购战略

分类		反情报行动	战略和战术情报系统	情报行动支持	信号情报系统生命周期工程	通信系统与基础设施支持	安全软件工程	关键基础设施保障	信息保障	保密与安全架构	计算机取证与分析	网络监控与分析	人员安全调查服务
	空军												
	陆军												■
	国防情报局												
	国防信息系统局								■				
	国防部办公室												
国防部	海军												
	国家地理空间情报局												
	国家侦察办公室			■									
	国家安全局										■	■	
	中央情报局											■	
	国土安全部												■
	国务院												
	国家航空航天局												

续表

分类		信息技术						系统工程			
		系统集成解决方案	企业系统管理	知识管理	应用开发	企业消息/协作软件	网络技术	系统工程服务	测试与评估	研究与开发	独立验证
	空军										
	陆军								■		
	国防情报局										
	国防信息系统局										
	国防部办公室										
国防部	海军										
	国家地理空间情报局										
	国家侦察办公室										
	国家安全局					■					
	中央情报局										
	国土安全部										
	国务院										
	国家航空航天局										

这样的分析需要评估公司的竞争优势和劣势，以及为在目标市场上取胜所需的能力设定优先级。高管必须考虑如何引导投资者相信他们的增长前景以及实现这些前景的战略和投资。重大资本投资，如收购，往往会让投资者感到困惑，不知道公司在追求除了变得更大之外的其他目标。

一个真正的危险是，在高层团队没有形成共识，个别成员可能出于纯粹的政治原因支持一项交易。如果没有共同理解收购将发挥何种作用，某人热情洋溢的投资交易提案可能会推动进程——但通常会导致令人失望的结果。

大多数董事会和管理团队抱怨他们很少花时间讨论他们长期希望业务达到何种状态。董事会成员普遍不满于他们花了太多时间谈论当前和最近的问题，而不是专注于未来的增长。这些短期问题很重要，但它们可能使董事会和管理团队无法设定并定期更新前瞻性的愿景和战略。

没有这种愿景，很难回答是通过自然增长还是通过收购来实现增长目标，或者两者的平衡。董事会与高级管理层之间必须定期讨论这个问题。这个过程有助于确定收购的理由——特别是优先路径——以及沿着这些路径筛选潜在收购目标的初步标准。如果一个收购突然出现，那么至少会有一个战略背景可以决定是否值得花时间进行评估。对过去收购的成功和失败进行审视，将为讨论行业演变和未来战略调整提供宝贵的借鉴。

企业领导者都会对与其核心业务相邻的路径有自己的喜好，所有这些都需要进行辩论和测试。收购者必须意识到，今天的邻近领域可能是明天的核心领域。虽然邻近领域可能是增长的有吸引力的领域，但收购者可能会打开一扇通往全新竞争对手的大门，这些竞争对手不会坐以待毙，而是会在收购者试图通过他们的努力产生协同效应时采取行动。

桂格公司于 1993 年收购 Snapple，这是一个经典案例。当桂格宣布计划将 Snapple 打造成环境饮料市场的重要竞争者时，这暗示着它需要从可口可乐和百事那里争夺更多的货架空间。几乎在一夜之间，可口可乐和百事就启动了超越 Snapple 整体营销预算的巨额营销活动。为了避免这种突然的冲击，预测竞争对手的反应至关重要，这也是任何并购战略的核心。

同样，亚马逊也面临着确定其可能遭遇新竞争对手的路径范围的挑战，涵盖从销售其他消费品到电子阅读器，再到零售杂货和网络服务等多个领域。亚马逊展现出耐心和投资资本的意愿（包括通过并购和研发），进入当时邻近的核心市场。然而，从长远来看，对用户的深度关注始终指引着其战略决策。亚马逊的领导层坚信，在其服务的任何市场上，持续不懈的用户关注将带来持久的竞争优势。这一点在很大程度上已被证实，使亚马逊得以在各个领域领先，并在网络服务等领域抵御住微软、IBM 等强大竞争对手的挑战，例如 AWS 在市场份额上相对于其他公司的领先地位。正如贝索斯所言："如果我们能让竞争对手专注于我们，而我们自己专注于用户，最终我们将走向成功。"[6]

此外，缺少明确且一致认可的并购战略优先事项，而是一开始就有"诸多增长方案"，将在尽职调查过程中引发复杂的战略问题，届时设定你想要在市场上测试的清晰假设也将面临重大挑战。经常有人会疑惑，负责尽职调查的团队是如何让这类交易到达这一阶段的。

(三)列出已选定路径上的候选公司清单

管理层应展开广泛的搜索,随后在其重点核心或相邻行业领域中列出一份全面的收购候选名单,这些领域是公司决策层决定要追求成长和竞争的战场。此举旨在确保无遗漏地探索每一种可能,并在此过程中不断吸取教训。其最终目标是对所有相关玩家了解透彻,确保外界难以提出管理层未曾预见的机会。

当所有主要玩家逐渐显现在连续的搜寻中,且新兴业务减少时,管理层可以对其初步名单的全面性抱有信心。下一步是审视那些将促使未来决策的关键信息——对名单进行有效分类并赋予其实际意义。在这个阶段,只需搜集关于这些公司的最关键信息:规模、地理位置,以及它们是上市公司、私有企业还是大型母公司的子公司。随着过程的深入,那些仍在考虑范围内的公司的更多相关信息将被发掘。

这不是一次性的过程。随着时间的推移,竞争对手可能会在名单上收购公司,新兴公司会出现,正在进行交易的高速增长的公司可能会成为你的同行竞争对手,就在你的眼前。如果你以前从未做过这种事,你可能会对你的优先市场中存在的所有潜在目标感到惊讶。当你盯着这份名单时,甚至在开始筛选之前,你会看到一些可能从未考虑过的机会组合。这都是学习过程的一部分,为接下来如何筛选这些潜在目标做好了准备。这些机会组合代表了你即将筛选的路径上的不同并购策略。

关于路径的一点说明。在探索并购路径时,管理层应当广泛搜集信息,并构建一份包含优先选择的核心或潜在相邻行业中的候选名单。如果不在早期明确这些领域的优先级,你将面临众多潜在目标和复杂的多路径选择的混乱局面。虽然在不同路径中识别各类参与者以了解存在的并购策略是有益的,但更为重要的是,你应尽早确定优先事项,否则将不可避免地遭遇一系列可预见的难题。许多不成功的并购案例展示了一连串分散且未整合的交易,这揭示了高层团队在并购战略上的不一致。

关键在于认识到路径并非筛选标准。大多数公司在核心业务、相邻业务和新业务中都有多条可追求的路径,但在开始搜寻和区分各种目标之前,应先做出决定,明确你想参与的领域以及你所具备或需要的竞争优势。

路径和特定筛选标准都是战略性的选择。但如果在优先确定核心业务或潜在邻近领域的广泛战略路径之前,你就开始筛选大量目标,那么路径问题终将浮现。如果在筛选过程中,有人对提出的目标发出战略上的疑问,例如"这里的战略是什么",这通常意味着你面对的是一个缺乏明确战略的目标,而非一个团队能够理解和清晰表达的明确战略。

将路径与筛选标准混淆将在之后引发一个问题,即是否已经完成了建立战略优先事项的工作。我们将这个常见问题称为"现在支付或以后支付"。也就是说,如果你不早日做出艰难的选择,那么你最终将对完全不同的战略所代表的交易进行争论。更糟糕的是,如果没有进行优先排序,你可能会发现自己陷入了那种更有权势的高管所推动的他们偏好的交易的政治过程中,而这些交易可能并不符合公司的最佳利益。

(四)战略筛选和候选名单的选择

一旦确认了机会的范围,准备充分的收购者必须设置更加详细的战略性筛选标准,以缩小候选名单的范围。虽然并购战略有助于发展优先增长路径,但目标筛选的作用在于在这些路径内过滤交易,以构筑优先并购对象的投资组合。

这一过程远非简单的机械操作。过去那种简单列出例如100家特种化学公司,然后基于从公司规模和地理位置到不需要的业务等因素"设置"9个筛选标准的日子已经一去不复返。在这种做法中,每个标准根据其感知重要性被赋予不同的权重,然后由初级分析师对每项交易进行1—10的评分。接下来,便得到了一份简短的候选名单。

然而,问题在于,只需稍微调整权重或评分,就可能得到一份截然不同的名单。这给我们的重要教训是,这并非筛选的正确方式。人们不可能事先掌握所有必要信息来选择标准——也就是战略性选择,尤其是对于那些从未经历过此类过程的人来说更是如此。筛选本质上是一个设定战略和运营决策的有组织过程,随着名单的缩减,这些决策的精细程度也相应提高。

对于许多高管来说,这往往是整个流程中最具挑战性的部分,因为它涉及实施一系列关于所需资产的艰难选择,这些资产被认为是竞争和成长所必需的。不得不承认:做出选择是困难的,因为这意味着筛掉了一些看似有吸引力的选项。管理层可能会就选定路径上的战略优先级展开辩论。但实际上,这些筛选标准是重要的战略性决策,它们有助于高层管理和董事会理解为何一开始就确定了特定的优先目标,以及为什么其他目标没有入选。基于共识的标准筛选出不适合的目标,同时识别合适的目标,正是这一流程的核心所在。

根据业务的广泛战略需求,最初的筛选可能是基于大小或地理位置的;随后的深入筛选可能涉及特定的产品线、客户群、研发和制造能力、设施位置以及管理团队经验等关键要素。设置这些筛选标准迫使高层管理人员重新审视并精炼他们的战略优先顺序。他们经常会对在处理广泛目标的过程中所获得的关于市场格局的深刻见解感到惊讶。此外,这一努力有助于通过阻止不合适的对象进入考虑范围,来降低进行错误交易的风险。

在筛选过程的后期,随着对剩余候选对象更详细的资料的搜集,合并后整合的难易程度开始成为讨论的重点。这时,可以识别出潜在的过渡风险,如文化适配度、未解决的劳动或供应商合同、地理或客户集中度、分销差距和管理层深度,以区分不同的交易,并识别出最有可能创造价值的机会。未在早期评估整合风险和机会,就几乎不可能进行复杂的财务分析,包括对协同效应潜力的概率估计和预期时机。充分准备的收购者会在筛选过程中开始考虑这些因素。不同的交易将面临不同的整合问题,这些问题直接影响尽职调查和估值,最终决定一个候选对象是否应继续被考虑。

投行券商擅长提出表面上看似基于市场或目标增长所能吸引人的潜在交易。这些目标可能看起来吸引人,但对于收购者来说,往往并不现实,因为它们可能不符合企业共识的战略需求,或者整合起来可能极其复杂。在进入更精细的筛选后期,区分最佳匹配的交易时,这种区别变得至关重要。

这一过程的成果是形成了一份精选的观察名单,其中列出了最具吸引力和可行的收购候选对象,每个候选对象均配有详尽的资料档案,等待更深入的尽职调查评估。即使在限缩过范围的观察名单中,每个目标也各自代表着一种略有不同的战略,带来不同的优势和机遇。

此外，观察名单还可以按照交易策略进行分组——先列出较大的平台交易，再列出较小型交易，或者顺序相反。创建观察名单还提供了一个机会，使企业能够轻松培养和更新其并购渠道及制订更广阔的并购计划，以应对竞争环境的变化、新兴的潜在颠覆者和行业内其他交易的完成。

有时，这一过程可能需要深入的讨论和热烈的辩论，但在引导公司明确寻找目标和确定竞争上有意义的因素方面，这是无可替代的。最终，管理层将获得更加全面的竞争格局视野，清晰地了解为客户创造价值所需的关键要素，以及其业务的真正优先事项。此外，这一过程将使高层管理人员能够向董事会、投资者和员工提出更加合理、可信的收购方案。至此，应该已经很明显，那些一次只专注于一个交易的被动型企业无法进行有效的选项比较。

五、收获成果

成为一个有准备的收购者（即一直处于"随时待命"状态的公司）不单是执行一个项目，更是经历一次深刻的转型。处于"随时待命"的状态意味着，作为你并购战略的一部分，你将构建出一个更为优化的优先目标渠道。这使你能够通过避免关注不适当的交易来节约大量资源。你将主导自己的并购流程和时间线，而不是受制于他人（如卖方或竞争者）的安排，这意味着你在完成交易时不太可能被迫急促行事。你将能够辨识出哪些拍卖最关键，哪些应当避免，以及为何避免。在估值和谈判之前，你就可以提出尽职调查和整合的问题。通过这一市场洞察过程，你可以重新评估增长路径和替代交易。

同时，你还将在董事会中建立起信誉，并有效地推动目标通过筛选流程。最终，你将构建一个更加坚固、全面的投资理论，在尽职调查（详见第三章）中进行验证。

即便是最有经验的收购者，他们的支持团队可能遍布整个业务部门，通常也只能完成渠道中的10%—20%的交易。许多目标可能不会轻易销售。这一低转化率凸显了始终保持"随时待命"的状态和拥有充足明智的备选方案以及完整充足的渠道的重要性。你最终将拥有一个代表深思熟虑的战略而非考虑单个交易的理想资产组合。

换句话说，你将在并购中主动追求胜利，而不只是避免失败。

那些经历我们所描述的流程的管理团队不必成为活跃的收购者。他们可以保持耐心，因为他们已经发展出了充分的备选方案。他们可以与观察名单上的多方主体进行谈判，寻求最佳价值，并在深入了解这些候选者的同时做出明智的决策。在2000—2002年和2008—2009年的股市大跌后，这些公司处于有机会寻找有价值的交易的绝佳位置。

定期观察这个过程还可以使管理层追踪竞争对手所做的交易，并更好地考虑竞争对手正在发出的关于增长目标的信号以及他们打算如何竞争。因为他们有一个明确的观察名单，列出了重要的竞争目标，管理层还将了解竞争对手可能会完成或试图完成的交易，并立即做出回应。

成为一个有准备的收购者需要在组织的多个层面努力，但这些努力肯定会帮助每个层面的人更成功地履行自己的职责（见前文"关于并购流程治理的一点说明"）。最重要的是，一个始终保持一致的"随时待命"的管理团队是成功企业发展过程中的命脉，这将给投资者在交易公告中购买股票提供强有力的理由，并将在长期内增加股东回报。

董事们坚持在获得任何机会之前就有文件化的战略并购流程，这可以避免在CEO宣布重大交易道路上遇到最后一道障碍，并因此能够更有说服力地履行他们的受托职责。设定和实施并购流程的业务的企业高管可以满意地表示，他们所做的任何交易更有可能成功。与此同时，股东们可以高兴地看到，在一个复杂而快速变化的业务中，他们的公司将如何前进并变得更加机敏。

真正的并购战略是关于创造价值而不是只做交易。它也是一个宏观教育的过程，迫使你重新思考你的战略。它是一个高层团队对齐的过程，推动战略优先事项的定期讨论。它还增加了与投资者、员工和董事会的管理可信度的多样性。

即使拥有了涵盖数个优先目标的动态观察名单，潜在的收购者若缺乏管理整个并购生命周期的明确规则和实践，也难以成功促成这些交易。如果没有正式的治理，具有影响力的高管可能推动对公司不利的交易。而其他可能性更高的交易，则可能在有机会展示其价值之前，就已被充满冲突利益的委员会所否决。程序和评估标准的不一致会引起混乱，导致业务部门的高管由于知道他们的努力可能徒劳无功而放弃提出交易。

与任何治理流程一样，理想的做法是清晰定义并购流程中每个阶段的范围，明确每个阶段所需的关键参与者，确立召集这些利益相关者的流程，保证在每个阶段中传递必要的知识，明确决策权和责任，以及为这些决策设定合理且稳定的标准。

紧迫的任务是建立一个有效的组织架构、具备能力的领导层，以及特定的流程。这些因素将共同支持一个每个人都能遵循且可复制的并购流程："这是我们处理交易的方式。"成功的收购者都拥有一个完善的并购操作手册,所有参与者都遵循这些指南。

例如并购战略始于 CEO、高级执行团队、公司发展部门以及业务单元领导和董事会。他们共同审视并购在公司整体战略中的作用,这一过程有助于统一执行领导层对风险偏好、并购对公司增长的适当程度和目标等关键问题的看法。这些指引为确定公司及业务层面的优先路径打下了坚实的基础,并为后续筛选收购目标及交易渠道的发展设定了初步标准,这可能会涉及来自业务部门的额外专业人员,因为他们会专门为特定交易设计商业案例。

每个后续阶段均依赖于前一阶段的分析。新加入的利益相关者将在前期参与者的工作基础上进一步发展。每个交易前的阶段之间设有明确的决策节点,以确定是否继续或终止该交易。

收购者需要确定并购活动的集中化程度。公司层面与业务部门管理层各自的具体角色和责任是什么？谁掌管交易模型？各阶段的报告关系如何？需要什么样的人才以及这些人才需要具备什么能力？哪些阶段需要外部支持,且由谁来决定？

并购流程本身需要具备特定的程序和决策权,这些程序和权利覆盖了活动的全程。交易理论中需要解决哪些关键问题？在进入下一阶段之前,需要何时以及从何处获得批准？各阶段之间需要进行哪些知识传递,在保密的同时需要什么人介入参与？领导必须在什么时候与董事会进行接触,他们要关注什么问题？

虽然这些问题和疑问看似简单,但实际上它们是不可或缺的。通过设定清晰的流程、明确的角色与责任,并与并购战略的共同目标保持一致，公司可以监控竞争对手的并购活动，并维持一个定期更新的活跃交易渠道。在整个流程的每个阶段确保所有权和责任，结合基于并购增长论点一致评估标准，将帮助收购者避免陷入政治游戏，使其能够专注于完成最重要的交易并创造价值——这是始终保持"随时待命"状态的最终成果。

第三章

这靠谱吗

卖方习惯于将一个光鲜亮丽的未来图景摆在买方面前——这一点并不出乎意料。他们这么做的理由非常充分：大多数公司的市场价值很大程度上依赖于对未来增长的期望。然而，收购方必须直面一个真相：当前业务的稳定性和盈利增长在未来充满了不确定性。

因此，收购方在考虑付出的成本时，必须深入评估公司当前的运营状态和未来独立运营的增长潜力，因为他们将为这两者多付一笔溢价。重要的是要意识到，当收购方参与此类交易时，他们其实是在为一系列潜在的成果预先支付了溢价——这些协同效应将使合并后的公司在内部运营上更加高效，以及在市场上实现更快速、更高盈利的增长（这一切都源于这次交易）。除此之外，为了回应投资者的期待，收购方必须在他们投入的资本上实现至少等同于资本成本的回报。

在尽职调查时，我们的目标是揭开目标公司的神秘面纱，识别其财务、商务和运营层面的问题，以及任何可能的风险信号。通过这一过程，我们不仅能够构建出基于合理假设的估值模型，还能提前识别出那些在整合过程中必须妥善处理以实现交易价值的问题。尽职调查的终极追求是验证交易的投资逻辑，探索价值创造的逻辑以及价值实现的方式。它应成为我们向董事会，最终向投资者展示的有力依据。

我们的经验表明，虽然成功的收购者很少对他们放弃的定价过高的交易感到遗憾，但他们不希望在尽职调查期间错失有价值的机会而让交易流向他人。我们的方法致力于增强报价的合理性，提升对最高出价的自信，并尽可能减少潜在的风险。

那些始终保持准备状态的收购者，通过对他们观察名单中的交易进行定期的尽职调查，能够逐渐深入理解行业格局、高管人才、市场趋势以及客户需求的变化——这些知识远远超越了手头的特定交易——他们能够将这些洞察应用于提升整体业务运营和持续的企业发展策略中。相比之下，那些反应式的收购者，面对突如其来的竞标机会时，常常发现自己被迫在有限的时间内做出决策，因而承受更大的压力以确保决策的准确性。无论是哪一种收购者，本章节都将提供有价值的指导。

尽职调查过程常被视为一种帮助收购方"感到放心"的重要手段。一个彻底的战略性尽职调查，能够帮助收购方建立进行交易的信心，更能在必要时给予他们放弃的勇气。这一过程能够帮助评估潜在交易是否提供了值得付出的盈利增长和价值，同时避免了将独立评估中现有的收入或成本改进轨迹与潜在的协同效应混为一谈。尽职调查为战略愿景提供坚实支撑，同时也为新合并实体的运营模式和整合计划铺垫基础。它对来自收购方和目标公司高层，以及推动交易的顾问们的假设提出挑战，并要求阐明假设成立的先决条件，以证明交易确实具有战略意义，及其为何值得投入所需资金。

财务尽职调查（FDD）会回溯过去，通过消除会计上的偏差，获取公司业务基线的更真实视角。而商业尽职调查（CDD）和运营尽职调查（ODD）则展望未来，分别考查当前业务的稳定性、收入增长的可能性或成本结构的改善潜力。这三个方面在当下交汇，共同描绘出目标公司的立体画像——既展示了其过去的表现，又评估了其未来维持当前业绩的能力、增长潜力，以及在新所有权下可能实现的成本与收入协同效应。

当然，还有一些重要的技术性和操作层面的税务问题，这些问题同样值得探讨——它们本身就足以构成几章的内容。战略性买方的税务尽职调查旨在揭示"壁橱里的骷髅"，如潜在的遗留税务风险，以及这些风险如何在交易中进行定价。[1] 交易前的税务尽职调查还关注结构调整以在合并后的企业中实现价值，包括实现某些法律实体合理化、整合和重新定位供应链，或建立更优化的知识产权布局等税务效率机会。

总结来说，FDD、CDD 和 ODD 旨在测试支撑交易价格所需的商业模型。要点是：并购完成后的会议不是构建这一模型的适当时机，也不是恰当场合。

一、FDD：深度解析财务数字

FDD 旨在提供一个关于目标公司业务的视角，这一视角可能与经审计的财务报表所反映的不同。这项工作往往需要深入探究，甚至解构某些会计规则。虽然这些规则对于目标公司的日常经营可能是合理的，但它们并不总是真实反映业务的实际趋势，如一次性事件、会计政策的变更及跨期调整等。通过识别那些非经常性或非现金项目，或与核心业务无关的项目，收购方能够对盈利质量（QoE），即利息、税项、折旧及摊销前利润（EBITDA）进行评估，以获得一个针对目标公司的、指标化的且规范化的业务焦点画像。

纠正历史销售数据、运营费用趋势、营运资金和资本支出（CAPEX）需求，有助于确立更准确的起点或基线。这不仅使收购方能够明确评估目标管理层预测中所使用的关键假设，而且能够基于这些假设构建更可靠、可验证的收入和 EBITDA 预测。

在缺乏恰当的 FDD 的情况下，财务会计的微妙差异可能会被忽略，这将限制收购方对业务运营的规范化理解，以及为其他尽职调查工作流程提供一个一致且可信的基准。例如如果收购方高估了目标公司独立 EBITDA 的基线，可能导致错误估计交易倍数，从而使新合并的公司难以实现交易假设所预期的增长和协同效应。

尽管公司财务报告经过审计和认证，但是仍可能存在潜在风险。财务会计包含诸多判断，例如对准备金的估计、收入确认的时机和方式，这些判断对报告的利润有重大影响。审计的目的是确保管理层按照通用会计准则（GAAP）呈现公司财务业绩，但经审计的财务报告并不会解释收购方可能感兴趣的重大问题。审计是对数字的认证，而 FDD 则深入解释这些数字背后的逻辑。审计验证结果，FDD 则揭示背后的原因。

可以这样想：购买一家公司的过程与购买一座房子并没有多大的区别。你可以选择放弃，也可以尝试调整你的出价，或指出那些你可能希望通过合同进行调整的具体问题。

FDD 的另一大用途是揭示那些潜在的、收购方可能原本未曾意识到的风险。毕竟，卖方并没有义务透露他们所知道的一切信息（而且卖方可能也不知道所有情况）。这些潜在风险可能是由交易触发的，例如即将到期的集体谈判协议、雇佣或租赁协议中的控制权条款，或是受监管养老金计划所需的更高资金需求。对于收购方来说，最好在问题成为意外之前就了解这些情况。

FDD之所以意义重大，是因为它能够揭露某些异常情况，提供对目标公司财务绩效的深层理解，这可能为初步报价后的谈判提供有力的武器。例如目标公司过去财务绩效的趋势可能与其乐观的前景预测不一致。这也为CDD和ODD对未来收入和成本的前瞻性评估奠定了坚实的基础。

FDD对于不同的人可能有着不同的含义。但其核心是FDD专注于解答三个关键问题。

1. 我们是否对这些数字充满信心——它们准确吗？
2. "规范化"的损益表和资产负债表看起来如何？
3. 经过尽职调查调整后的数字向我们展示了什么？

（一）数字的准确性如何

FDD虽然无法像审计那样保证运营结果和财务状况的完全准确性，但收购方通常会因为另一组专业财务团队细致审查了详尽的财务数据而感到放心。经验丰富的尽职调查团队揭露会计错误或估计超出界限的情况并不罕见。另外，审计通常会设定一个重要性阈值，低于此阈值的已知或可能的不准确陈述不会被更正。尽管管理团队和审计人员可能认为这些误差无关紧要，但在交易情境中，收购方可能会有不同的见解。

（二）何谓"常规化"的损益表和资产负债表

确认数据的准确性是一回事，但了解它们所揭示的当前业务状况又是另一个层面的问题。FDD 的关键在于"规范化"盈利——剔除非常规的盈利（收入或支出），有时甚至会解构会计规则，以更真实地反映业务的基准，从而便于预测。FDD 提供了一个视角，关注目标公司的"核心"持续运营，最终加强你对持续收入（可信性和可重复性）以及增长预测的信心。

例如目标公司的收入确认方式、准备金的估计或费用资本化政策是否与同行有所差异？管理层是否采取了与行业标准不同的更激进的策略？

洞悉核心业务的发展趋势及其发展至关重要，然而，收购方或许需要穿透大量会计"假象"。一位经验丰富的收购者这样表达："我们花费了大量时间来解读会计规则。会计规则有时候会使我们偏离现金流的真相，而有时候更接近现金流的盈利分析才能揭示底层运营的真实面貌。"

尽管存在多种调整类型，收购方必须意识到以下构成 FDD 绝大部分的重要调整。

跨期调整。这可能包括从一年到下一年的准备金调整或估值变化，这些变动在后续调整时可能会扭曲损益表。FDD 为你提供了一个独特视角，允许你在事后重新审视财务报表，并采用一致的会计处理方法，从而消除因前期的估计或政策变动可能导致的盈利波动影响。[2]

例如，假设目标企业在 2016 年为一笔巨额应收账款设置了坏账准备，但这笔款项在 2018 年实际上被收回。在此情况下，2016 年会因坏账费用而承受过重负担，而 2018 年公司将因为收回该笔应收款而从该准备金的逆转中获益。FDD 让你能够深入理解这些跨期变动的影响。

或者，设想你面临一个潜在的专利诉讼风险，这要求你在损益表上记录一笔费用，并在资产负债表上记录1 000万美元的负债。如果你在后续年份胜诉，你将逆转这笔负债，并因此在损益表上直接体现出1 000万美元的正面效果——仅因为赢得了官司。如果不将这些期外调整考虑在内，你可能会对这些趋势产生误解。

一次性收入与一次性支出。这可能包括一次性客户销售，例如公司因竞争对手的事故而"获得"了一位新的大客户，并能以人为高价向其销售产品。然而，这部分收入并不具有持续性，一旦竞争对手恢复生产，这部分收入就会消失。更加令人担忧的是，在剔除这次一次性销售后，进一步审查可能会显示目标公司的订单储备不足：实际客户续订率正在下滑，且没有足够的积压订单来支撑增长预期或弥补关键客户的流失——实际的趋势是负面的，而非正面。

另外，公司可能会产生一次性支出，这些费用要么与其核心业务无关，要么属于异常情况。如果一家公司进行重组，它会记录下重组预留的费用，因此，收购方若想评估一个"规范化"的支出结构，就需要排除这些费用。典型的一次性支出还包括大额诉讼费用、非常规损失、与债务或股权融资相关的交易成本、并购交易费用或一次性奖金等。

将这些一次性支出包含在内可能无意中压低报价，就如同包含一次性收入可能导致过高的估值，进而导致报价过高一样。

非现金调整。这类调整是为了将特定损益表项目调整至现金基准。主要有两个原因促使你可能希望这么做。首先，在确定用于偿还债务的自由现金流（FCFs）时，通常会在GAAP报告的营运结果和现金流之间存在实质性差异,你希望了解这些差异。某些非现金调整在债务契约中是被允许的,收购方希望确保早日了解这些调整,以优化可用的杠杆。其次,运营现金流可能是增长趋势的更好指标。

常见的非现金调整项包括基于股权薪酬、商誉减值、未实现的盈亏、账面记录与实际现金租金支出之间的差异,或是因收入确认延期而产生的差异。剔除这些非现金项目不仅能够提供更透明的现金流视图,还能够更准确地把握运营比率或增长趋势。举例来说,通过将收入视为预付款来进行现金基础评估——在会计规则要求延迟确认时——可能会让你更清晰地把握销售增长和势头,特别是在高增长的企业中。

在稀释每股收益可能很重要的情况下(对于上市公司),非现金费用可能对每股收益产生负面影响,这通常被称为"每股收益拖累"。假设你计划支付1亿美元购买一家企业,其净有形资产的公允价值为7 500万美元,剩余的2 500万美元被记录为1 500万美元的商誉(最终将经历减值测试)和1 000万美元的无形资产(有10年使用寿命)。在这10年中,每年将有100万美元的摊销费用影响损益表,造成与基础业务运营无关的每股收益下降,这可能会导致出价低于合理水平。对于那些目标公司从交易中摊销项目的情况也是如此,收购方希望查看目标公司在没有这些会计费用的情况下的业务状况,就像没有进行交易的企业一样。

规范表现形式和经常性收益调整。这些调整旨在调整企业的盈利数据(即 EBITDA),以更准确地反映其在重大变革中的盈利潜力。

举个例子,规范表现形式调整可能涉及根据近期收购活动的影响对 EBITDA 进行调整。假设目标公司5个月前完成了一次附加收购，收购方会希望将其呈现为一直拥有该附加资产。如果该次收购的EBITDA在收购前7个月达到2 500万美元，收购方将把这个数字加入目标公司报告的数值中，从而评估其全年盈利潜力。

经常性收益调整有时颇具争议，但它们是评估企业盈利潜力的有效工具。假设目标公司经营着医生诊所，平均而言，每家诊所在运营3年后的EBITDA为50万美元，新诊所需要时间才能成熟，而一家一年前开业的诊所目前只有15万美元的EBITDA。经常性收益调整将展示15万美元与50万美元预期之间的差异。因此，虽然报告的EBITDA为15万美元，但是我们可以按照诊所已达到其最终经常性收益50万美元来考虑。这是一个判断后做出的决定，如果这样做，我们希望确保我们没有应用一个将双重计算预期增长的估值倍数。

科技公司在过去10年倾向于订阅收入模型。因此，分析这些基于订阅业务的重复收入变得更加重要，以了解它们当前的每月重复收入（MRR）。在尽职调查期间，应当重点分析客户流失率和保留率，以评估这类企业的MRR稳定性。准确评估MRR——即公司预期每月赚取的可预测收入——可以让收购方把握月度趋势和增长势头。此外，对于快速增长的业务，收购方可能选择进行经常性收益调整，这种情况下最近的MRR将表明比过去12个月记录的收入更高的收入基准。

资本支出与营运资本调整。企业需要资本支出（CAPEX）用以维护与保持运营，以及用户增长和建立新工厂。目标公司可能进行了非持续性的一次性资本项目，或者推迟了资本支出的情况，这可能导致其设施维护欠佳。在考虑自由现金流时，评估历史上非经常性或推迟维护的资本支出至关重要，以便在预测中包含必要的现金投资。

对营运资本的审查和调整,使收购方能够深入理解净营运资本（NWC）的趋势,包括季节性和周期性变化,这些变化受到客户和供应商行为的驱动（例如更迅速的付款要求、客户支付延迟或为了确保及时交付而提高库存水平）,或拟定减少 NWC 并在收购期间提取现金的策略,从而有效提升资产负债表的表现。

优化 NWC 的评估是 FDD 流程中的常规组成部分。比如如果以高性能基准来看,一家公司可以在 9 000 万美元的 NWC 下运营,而当前目标公司拥有 1 亿美元的 NWC。通过改进库存管理或提升应收账款的回收效率,如果能将 NWC 减少 1 000 万美元,便可将这 1 000 万美元现金从业务中提取,作为股息发放,或者重新投资于新的资本项目中,从而有效减少新投资的需要——实际上降低了交易的总成本。此外,因为你认为可以通过降低 NWC 来减少投资资本,那么你将获得更多的自由现金流和经济利益（由于在较低的资本成本下保持相同的运营利润;第四章将进一步探讨）——有效地让你在必要时具有更强的支付能力。

NWC 的评估也使收购方能在 NWC 购买价格调整机制时,定义和量化一个规范化的 NWC "目标"。这代表了收购方对交易中卖方需要交付的 NWC 数量的期望。如果在交易完成时交付的 NWC 高于或低于该数值,调整机制将导致购买价格相应调整。

（三）数字能告诉我们什么

通过尽职调查调整后的数字,我们得以洞察业务当前运营的核心。在收购方尝试预测未来之前,必须确保自己是从一个坚实的基础出发。通过精确校正这些数字,他们能够最大限度地减少在估值模型中累积误差的风险。

例如如果未调整的数据显示 40% 的利润率和 6% 的历史年增长率，而经过调整后的数据因一次性的非周期性支出而显示 47% 的利润率，但增长率仅为 3%，这两种调整对估值和对未来预测的影响都是巨大的。如果收入增长和利润率被过分美化，收购方可能会错过其在所有后续年份所依据的预测，从而从一开始就过高估计了目标公司的独立价值。

汇总所有信息，有助于做出继续投资或停止投资的决策，明确你愿意支付的最终价值，指导如何在购买协议中加入所需的保护措施，为债务融资策划贷款方案，以及为保险保障设置承保流程。[3]

关键在于：你需要明白你是在购买未来。剔除一次性或非常规事件并重新评估收益的原因，在于你需要用今天业务的真实情况来指导未来的预测。若缺乏适当的 FDD，你可能会忽略财务会计的细节，限制了收购方发展出精确预测未来收入和利润所需的运营理解。FDD 让你从准确的数字出发。你期望趋势成为你的盟友。

二、CDD：答案蕴藏于市场之中

CDD 是并购战略自然而然的后续步骤——通过市场情报和分析验证交易的投资理念。它回答了交易的增长战略是否有可能创造价值的问题。CDD 深入探讨收购方对目标公司作为独立实体的收入组成（即价格 × 数量），包括循环收入和未来增长预期，以及收购方通过协同作用设想的收入增长机会。正确的 CDD 可以用于验证关于市场机遇、目标公司在市场中的地位，以及收购方在估值假设中所设想的关键假设。

如果进行得当，CDD 不仅能为估值模型提供坚实依据，还能为整合规划提前提供洞见，包括提升市场进入策略和潜在的收入协同效应。如果收购方发现目标公司的前景并非最初想象的那样光明，CDD 还能够有效地放缓"立即抢购"的冲动。[4] 在这个阶段，收购方将评估那些他们几乎无法控制的投资理念要素，如客户偏好的变化、竞争对手动向以及市场趋势所带来的助力和阻力。鉴于所有估值的起点都是收入预期，忽视对商业机会的尽职调查可能给估值带来灾难。那些急于进行或完全相信自己对业务了解程度而放弃仔细 CDD 的收购方将错失对即将为之付费的战略进行最后一次压力测试的机会。

CDD 迫使收购方正视市场、客户以及目标公司相对于竞争对手的能力和位置的真实状况，以及这些真实情况如何影响他们估值假设中的收入预期。收购方可能不愿意面对这些现实，但他们必须测试他们的假设，以防止偏见的产生——这种偏见可能源自目标公司的数据和预设、乐观的新市场策略，或者来自完成交易的内部压力。正如我们常说的，所有的答案都隐藏在市场之中。

CDD 的核心是检验声明和信念——这既包括目标公司管理层在其演示中提出的声明，也涉及他们向投资者传达的关于公司业务稳定性和增长潜力的信念。此外，CDD 深入探讨了收购方对于如何通过与目标公司的结合在市场上创造额外价值的设想。收购方是否彻底了解了市场及目标公司占据更多市场份额或通过定价策略和产品优化来实现更高利润率的潜力？他们对市场的界定或其规模估计是否精确？目标公司的增长预期是否现实？相对于其竞争对手，目标公司在增长上的定位如何？最终，收购方与目标公司是否因能以新的方式服务于客户——这些方式未曾有过且难以被模仿——而共同创造出比单独存在时更多的价值？

回答这些问题，意味着要识别并检验目标管理层商业计划中的关键假设，以及检测收购方预测的合理性——尤其是对于陷入竞拍的收购方来说，这个时间可能非常有限。CDD 还能够揭示和评估以前未被认识到的问题和对交易成功构成威胁的风险，这些问题和风险必须被解决和规避才能成功完成交易。

（一）CDD 的要素

执行 CDD 涉及三个主要的工作范畴，这些工作范畴为目标公司的商业前景和合并实体的机会提供了视角。

1. 市场规模、增长和趋势的市场分析。
2. 目标公司的竞争地位、客户行为及偏好。
3. 收入增长的机会。

市场分析深入探讨了可寻址市场与实际可服务市场的规模与增长潜力，包括新兴技术与竞争对手、市场中新战略与商业模式的演变、政府法规的变化，以及利润率的稳定性。

通过主要研究定位与客户分析，揭示了客户及非客户的关键购买标准和行为模式，分析了目标公司相对于其竞争对手在各个相关竞争维度上的位置以及这一位置随时间的变化、切换动态、支付意愿、品牌价值、渠道力量及其演变，以及客户关系的稳定性。

如何获取所有答案：主要研究

尽管二手研究，即购买报告，是获取一些商业信息的明显途径，但质量不一的通用报告对所有人都可用，因此它们不太可能成为一个具有优势的信息来源。揭示市场秘密的关键在于主要研究——这是CDD的秘密武器。与多样化的市场参与者交谈将揭示有关目标公司业务的重要见解。有效的主要研究将为可服务市场规模、可寻址市场规模、竞争定位、切换动态、重复收入、市场份额、市场进入策略和增长前景的分析工作提供见解。

根据我们的经验，主要研究包括三个部分：假设开发、访谈和调查设计，以及执行和综合。

1. 假设开发

由于需要涵盖广泛的领域，开发可测试的假设有助于确定你将与谁交谈，可能需要进行哪些调查，以及你需要问什么问题。一些收购方可能在其核心市场进行收购，可能对市场动态有很强的掌握。对于他们来说，CDD的范围可能是了解目标公司客户基础的稳定性。一些收购方可能正在进入新的市场、地理位置或其他相邻领域，需要更彻底地评估市场和目标公司的定位。假设不应该是一份事项的清单，而是对公司估值的实质性影响的事项。例如常见的待测试假设是"目标公司认为在未来5年内，其增长将超过市场增长的X%"

或"目标公司认为其产品 Y 的领先地位是可维护的"。

2. 访谈和调查设计

访谈问题的设计旨在测试你的假设,并会在整个项目中不断完善。调查的设计旨在迅速接触更大规模的目标群体,并获得定量和更详细的见解。

确定哪些人可以有意义地回答与交易相关的问题非常重要。这些人通常包括当前客户(实际决策者)、从目标公司切换或决定不购买的客户、未来潜在客户、渠道合作伙伴、竞争对手、目标公司的现任和过去的员工以及行业专家。随着访谈的进行和你的了解增加,你将能够完善问题,关注需要验证的最重要问题,并充分利用你的时间。

3. 执行和协同

执行始于寻找和接触最重要的潜在候选人。寻找候选人的选项包括收购方的联系网络,由目标公司管理团队直接协调安排与关键客户的访谈、第三方会议组织者以及第三方尽职调查顾问进行有针对性的匿名接触。收购方使用调查问卷(或针对消费者的购物者拦截技术)来接触更广泛的客户和非客户受众,以获取对正在测试的假设具有统计意义的见解。

重要的是要从访谈中获得确切数字或现有数字(市场规模和趋势的估计)的验证,以及关于市场动态、竞争差异和

> 客户对目标产品的看法的可引用评论。在不误导的情况下，你试图获取通过二手资源无法获得的信息。熟练的访谈者将建立一种互动关系让对话自然而然地发生，而不是死板地按照访谈指南进行提问。
>
> 　　主要研究访谈应为客户、非客户和其他市场参与者提供表达他们想法的平台，而不仅仅是对预设问题的简单回答。交易团队应充分利用公司在其产品和服务品牌管理中已经完成的客户接触，并避免"从未有人问过我"的问题。访谈和调查应提供足够的信息，以确认或完善原始假设，或者强烈引发问题的警示信号。

　　如果进行得当，前两个领域的分析将提供大量的数据和洞见，这对于评估收购方是否能够实现收入增长机会（第三个领域）并与目标公司一起为客户创造新价值至关重要。是否存在改善目标公司市场进入战略的机会？是否由于整合能够带来更好的地理覆盖、交叉销售或满足客户需求的新产品或服务，从而产生潜在的收入协同效应？这些都是竞争对手难以轻易复制且客户愿意为之付费的。

　　最后一点：无论你在业务运营中对市场有多么了解，许多公司并不通过持续的研究来积极重新评估他们的市场。即使他们这样做了，如果没有充分接触市场的所有相关部分（现有客户、流失客户、潜在客户及竞争对手）以获取答案，他们的研究实际上可能会加剧他们对客户、产品、市场及自身优势的偏见。

　　重新评估市场以及事物如何变化是一个了解客户偏好、技术演进和能够更好或不同地为客户提供服务的新兴参与者的绝佳机会。即使他们在行业内经营已久，聪明的收购方也会测试他们对商业机会变化速度的理解。例如即将到来的技术变革可能会重新塑造市场。亚马逊通过强大的数字化、直销客户和客户亲近度以及分析能力打破了传统零售巨头的格局，这是一个典型的警示，提醒公司不要忽视市场和它们认为的优势。

（二）CDD 的核心见解

目标公司运营的市场——与所有市场一样——常常处于快速变化和发展之中。CDD 旨在揭示这些市场的真实情况以及目标公司如何在其中运作和竞争的深刻见解，包括市场规模与增长趋势、产品满意度与分销能力、竞争定位，以及客户关系的稳定性。这些要素综合起来，能为评估目标公司的独立价值提供依据，同时也让我们更清晰地理解如何利用现有或新产品采取差异化的市场策略。下面，我们将逐项深入分析。

市场规模与增长。准确衡量市场规模——当然是总体规模，更重要的是，目标公司当前能力所能覆盖的市场部分及其目前的增长速度为战略规划和价值评估提供了关键信息。

要准确把握目标公司市场份额的趋势，首先需要了解目标公司当前能服务的市场规模——即其可服务市场。尽管这似乎显而易见，但目标公司往往更倾向于强调总可寻址市场——通过拓展新的（或更优的）能力或市场接入可能服务的市场，而不是实际可服务的市场。换言之，卖方倾向于宣传一个超出公司通过现有产品和地理布局能够服务的更广阔的市场规模。他们可能会突出其总可寻址市场的复合年增长率（CAGR），这个增长率可能远高于他们目前实际能服务的市场细分的CAGR。

让我们探讨两个实际案例。首先，我们被邀请对一家西班牙食品公司进行评估，该公司拥有稳定的收入基础，但目标公司大力宣传着其所在的900亿美元西班牙食品市场及其无限的增长机遇。深入分析后，我们剥开了它们真正服务的市场层次：它们实际运营的美国的15个州、被它们视为目标客户的特定族裔（多米尼加、波多黎各和古巴人），以及它们最具竞争优势的食品类别（例如冷冻食品）。目标公司乐于将整个市场描述为一个900亿美元的机遇。然而，我们的分析揭示，这实际上是一个介于50亿—60亿美元的机会，远低于目标公司所声称的可服务市场规模。

其次，我们代表一个大型工业客户进行评估，目标是全球备用发电机组市场的规模和增长。基于初步的报告，客户认为存在着超过150亿美元的市场机遇。但是，当我们通过燃料类型（如柴油）、商业最终市场和功率输出等因素细化市场特定信息后，发现可寻址市场规模不到70亿美元，几乎比最初的估计少了55%。此外，针对不同地区的具体分析揭示了按地区和最终市场的预期增长轮廓不同，比如在亚太地区，数据中心和电信客户是推动最显著增长的客户群。

为何这些分析至关重要？市场规模估计用以确定目标公司在其当前可服务市场中实际占有的份额——市场份额。其在可服务市场中的份额往往大于在其可寻址市场中的份额（即在拥有额外能力或市场准入时）。你认为目标公司更可能会夸大还是低估它们的市场份额？结果表明，目标公司倾向于低估自己的市场份额或夸大市场规模，从而表现出更大的增长空间。这类发现揭露了目标公司增长潜力可能被过度估计的情况，导致估值超出了实际合理的水平。

深入理解实际的可服务市场还能提供目标公司市场份额动态的视角——它是如何变化的？如果目标公司正在增加或减少份额，了解背后的原因至关重要。如果目标公司的预期增长率高于其可服务市场的增长率，你需要明白它预计如何赢取市场份额。这不仅能推动交易的战略和整合预设，也有助于估值的确定。此外，这也引发了对于新的能力组合和市场接入能否扩大可服务市场或增加可寻址市场规模的重要思考。

产品满意度和分销能力。评价目标公司的产品是否符合客户期待及其原因，以及它们扩展分销渠道的能力，是评估过程中不可或缺的一环。虽然大多数问题都可以找到解决方案，但如果客户视产品为次品或对品牌不感兴趣，那便构成了根本性问题。目标公司的产品或服务是否在满足客户的偏好和购买标准上胜过竞争对手，客户是否愿意持续为之付费？目标公司是否具备足够的当前分销能力，以支撑其市场的增长需求？虽然客户满意度和分销能力听上去似乎是显而易见的要素，但它们异常重要，经常被其他如营销、广告或缺乏合格销售代表等问题所遮蔽，而后者相对容易解决。

提升产品的优势或吸引力，并在面对竞争时提升需求和建设分销能力，不仅代价高昂，而且耗时并充满巨大的执行风险。尽管如此，收购方可能具有强大的分销网络，这一点与目标公司的产品结合起来时，有可能成为协同效应的一大源泉。

竞争定位和市场格局的动态变化。深入分析目标公司的竞争地位，可以揭示它成功服务于哪些客户细分和地区（以及它未能服务的地区），以及它相对于竞争对手的客户价值主张——揭示了它如何参与市场竞争以及胜出的原因。这还意味着需要理解目标公司同行的定位——它们与目标公司有何不同，以及目标公司如何区分其产品或服务。目标公司的市场定位，以及收购方的定位，直接关系到收购方保持及增加市场份额的能力，以及通过合并实现潜在收入增长的可能性。

竞争定位是动态变化的。定位可以是经过精心选择的，目标公司在此基础上努力建立优势，通过提供超越竞争对手、更符合客户需求的产品或服务（以客户愿意接受的价格）来满足客户。或者，定位可能是由于竞争力量、技术变革及客户需求和偏好随时间的变化而形成的，目标公司可能未能预见或应对这些变化。换句话说，目标公司在某些市场细分或地区可能展现出强劲的增长态势，而在其他领域则可能显现出定位的减弱。如若分析得当，这将构建出一幅随时间变化的动态定位图景。

我们接受了一个客户的委托，去深入研究全球最大的工业产品制造商之一，其产品广泛应用于家庭、个人护理和制药领域。近年来，该目标公司退出了利润最低的细分市场，却未在如制药这样高利润的领域进行创新。随着时间的流逝，该客户发现自己处于一个两难的境地。情况日益严峻：在美国市场，遭到低端竞争者的侵蚀；在欧洲和亚洲市场，则面临来自中国竞争者的挑战；全球范围内，由于缺乏研发投资，难以进入高增长、高利润的细分市场。简而言之，其市场定位极其糟糕，四面楚歌。许多潜在的收购者可能会因为这一潜在的灾难而选择回避。虽然目标公司处于不利定位，但通过广泛的初步研究，我们发现其与1 000多名工业客户中的许多都保持着长期关系，并且更重要的是，这些客户希望目标公司能够继续存在，以维持市场的价格竞争。没有这项研究，收购方就无法充分了解自己在客户心中扮演的额外角色。

收购方可能会发现，目标公司在满足客户需求方面比竞争对手做得更好，且价格更具吸引力，这意味着它们有理由继续采取当前的商业策略。另外，收购方也可能发现目标公司未能针对关键客户群体进行有效定位，这意味着实现预期增长需要进行重要的投资和关注，或需要收购方提供补充的能力和市场准入。

收购方应准备好讨论目标公司相对于其全球同行的前景，以及在收购方控制下，这种情况在未来几年内将如何发生变化。重要的是要认识到，一些因素可能在很大程度上不受收购方的控制，但对于评估目标公司的当前地位和增长潜力至关重要。

目标客户关系的黏性。探究目标公司客户关系的黏性对评估其循环收益和增长潜力至关重要，这包括了解它与主要客户的长期合作及这些关系的成长。尽管目标公司可能定位不佳，面临增长挑战，但它的救命稻草可能在于与客户建立的深厚"黏性"关系。这些客户可能渴望目标公司存活下来，以保持市场价格的竞争性，正如我们之前提到的工业产品案例所展示的。客户黏性——客户关系的稳定与发展——构成了循环收入的核心，并为未来增长及交易完成后新产品的交叉销售提供了平台。

黏性的推动因素多种多样。客户可能因品牌、服务水平或质量，或是他们与销售团队的关系而重视某品牌，并可能对价格变化不敏感。尽管他们可能会考虑切换供应商，但对于工业客户而言，切换过程可能既耗时又成本高昂，切换的好处也可能不明显。深入了解切换动态，尤其是切换成本、切换的简易度，以及在何种条件下客户会进行切换，是评估业务稳定性和增长基础的关键。

值得注意的是，客户黏性具有双刃剑效应：一方面，黏性关系可能有助于维持市场份额；另一方面，它也可能使从竞争对手那里夺取份额变得更加困难。较小的客户黏性可能提供夺取市场份额的机遇，前提是提供了正确的市场产品，或可能指示出需要关注的潜在弱点。如果客户不倾向于离开竞争对手，那么你的可服务和可寻址市场可能比预期更难以开拓。[5]

同样重要的是了解那些非客户——无论是已经转投其他品牌的客户还是从未成为客户的潜在客户。这有助于收购方洞察目标公司未能触及或至少未成功触及的市场细分，进而明确实际可服务市场的规模，更深入地评价客户黏性，理解客户寻求替代品的原因，以及揭示某些竞争对手如何取得更好的表现（关于技术如何支持 CDD 的更多信息，请参见下文"数据分析在 CDD 中的作用"）。

通过综合四个关键领域的洞察——市场规模与增长潜力的准确评估、产品满意度与分销能力的深入了解、竞争地位及市场演变格局的细致分析，以及客户黏性与转换动态的探索——我们能够为合并后的市场策略提供新的思路。这些洞察构建了一个全面的事实基础，便于重新考虑目标公司的市场进入策略并规划初步整合策略。此外，借助 CDD 在市场上发掘的信息，收购方能够确定结合目标资产后的收入增长机会。

数据分析在 CDD 中的作用

数据分析可以从客户购买行为、价格和销量趋势、社交媒体情绪、地理空间映射等各种数据中为 CDD 提供好处。人工智能工具和方法，如自然语言处理（NLP）和机器学习，可以以前所未有的方式更好、更快地提供洞见和预测。

最初使用数据分析的目标是更快地获得答案。现在，它专注于通过寻找可能被忽视的联系和统计相关性，从而更深入地理解影响当前和未来产品收入的客户行为和需求驱动因素。

例如利用自然语言处理分析社交媒体帖子和产品评论可以帮助理解用户公开表达的内容。这有助于解释客户行为和关键购买标准，以及它们对特定产品或服务的过去销售的影响，同时提供比仅依靠客户调查获得更广泛的视角下的未来行为和需求的洞见。

机器学习可以根据匿名信用卡数据的统计分析和并发的外部因素或事件，预测特定产品或服务的未来价格和销量趋势。地理空间分析可以构建市场渗透和竞争压力的本地化图景，例如在零售或医疗保健等领域通过使用美国人口普查局的客户集中度、供应商位置和当地社会经济数据。

当强大的分析能力使我们能够找到客户行为和竞争定位的替代指标，以提前提出有依据的商业假设，收购方可以使用更有针对性的初步市场测试来测试那些重要的假设。

通过整合两家公司所带来的潜在收入协同效应，归根结底是市场进入策略改变的成果。从多个潜在来源评估收入协同效应，如交叉销售、跨地域销售基础设施的利用、向双方客户提供他们之前无法获得的新整合产品包，或提供新的产品或服务。在交易筹备阶段，为共享具有竞争敏感性的信息，设立清洁室是至关重要的（第六章将进一步讨论清洁室）。每个协同效应来源都伴随着成本，因此必须将此类分析与ODD和实现成本紧密联系起来。

收购方需要考虑以下几个关键问题：目标公司的产品组合如何与收购方现有产品相互补充？收购方或目标公司现在是否有能力渗透到以前难以触及的客户群体或地区？在核心及邻近市场中，是否存在基于现有产品不同应用的未被挖掘的机遇？因组合而能解决客户哪些长期问题，从而提高黏性？收购方如何通过新的或更具吸引力的产品更好地满足变化中或未被满足的客户需求？

CDD为目标公司描绘了一个动态画面，展现了客户对其的看法、其可服务和潜在可寻址市场的规模、当前定位，以及增长和收入协同效应的机会。总的来说，CDD确认了目标公司当前业务的稳定性及其基于当今已知信息的增长潜力，并揭示了未来可能面临的挑战或机遇。

三、ODD：成本协同效应是否真实

ODD是一种对目标公司运营的全方位的深度审视，同时也是测试从当前状态向未来状态的潜在转变——为了实现交易价值并帮助"支付交易费用"所必需的第一步。

为什么这一步至关重要？因为收购者购买的不仅是目标公司的现金流、产品或服务、市场地位及客户关系，他们还接管了目标公司的运营模式及其上游和下游对生产和分销的输入，这些都是成本结构的驱动因素。此外，他们还将接手目标公司宣称已在实施的任何成本削减计划——当然，你可以选择只是相信他们的说法。

ODD 覆盖了当前运营模式的效率与可扩展性、成本协同效应的实现（包括实现成本协同效应的规模、时机和复杂性）以及对目标公司正在进行的运营计划的有效性评估。这涉及评估目标公司销售、一般与行政（SG&A）费用的效率、商品销售成本（COGS）和运营策略。ODD 还能揭示可能危及商业案例和挑战交易估值的运营问题。

但在这里，我们特别关注的是实现成本协同效应。收购方通常依靠高层次、自上而下的假设——来自基准数据或其顾问——来识别随后纳入估值的成本协同效应。目标公司的投行券商经常会提出一个被视为"神奇的 10%"作为成本协同效应的目标，但对这一断言的支持往往有限。尤其重要的是，需要区分潜在的成本削减是来自交易产生的协同效应，还是来自目标公司声称的尚未实现的正在进行的成本转型过程。

然而，收购方经常对交易后预期的运营改善未能如预计那样显著，或比预期需要更长时间和更高成本来实现感到惊讶。此外，未能实现预期的成本协同效应容易使对客户关注和收入增长计划的推进延后，为竞争对手的行动留出空间，进而影响收入协同效应的实现。

ODD 同样涵盖人力资源和信息技术等关键领域。这些领域之所以重要，是因为收购方需要全面了解与薪酬支付转型及其他信息系统更改或福利计划一致性等问题相关的成本和复杂性。但由于它们的技术复杂性，我们在此不展开深入讨论。

（一）ODD 的实际要素

专注于成本协同效应的 ODD 围绕三个核心进行分析，这些分析旨在揭示目标公司未来的成本结构以及合并后实体的潜在机遇。

1. 对收购方及目标公司核心运营的成本与人员编制进行基线设定及基准对比分析（包括对部门剥离所涉及的实际独立成本）。

2. 目标公司声称正在进行的持续成本削减计划的可行性评估。

3. 从下至上进行的协同效应分析，包括一次性成本、潜在相互依赖性及协同效应的时间安排。

ODD 要求收购方与目标公司之间展开紧密合作与深度交流。核心在于访问数据——无论是目标公司的还是收购方自身的内部数据。收购方常常会意识到，访问自家内部数据实际比预想的更为复杂，这可能拖慢需要双方信息的分析进程。构建彻底的 ODD 并评估潜在协同效应所必需的基础，包括采购数据、产品定价、详尽的功能成本与人员构成等内部数据。

同时，鉴于交易前迅速获取目标数据的重要性，建立一个快速、简单、可跟踪的数据请求流程对于避免延误至关重要。对请求数据进行优先排序，可以使目标公司管理层优先关注提供最关键的信息。尽职调查团队应该保持同步，避免向目标公司重复请求提供相同的数据。

进行成本（及收入）协同效应的自下而上分析，常涉及接触目标公司的敏感信息，如潜在的采购节约中的供应商定价、潜在的劳动节约中的员工薪资、入职日期和离职政策，或潜在跨销售行动的定价与客户信息。管理团队可以利用清洁室来处理这些信息的保密性问题，并避免潜在的反竞争问题（第六章将进一步探讨）。因为保密至关重要，收购方的尽职调查团队应尽可能保持精简，在初步谈判期间涉及的职能负责人尽量少。在不同职能代表参与不切实际的情况下，外部顾问可以帮助弥补专业知识空缺。无论如何，随着尽职调查的深入进行，必须协调地引入领导力量，以确保收集到他们的见解。

经验丰富的收购方在尽职调查期间不仅寻求通过当前业务整合实现的成本协同效应，还会寻找可能影响价值的更广泛的转型机遇。"边交易边转型"可能包括将非核心业务运营外包到海外、采用机器人流程自动化（RPA）、利用卓越中心处理大量低价值交易，或向基于数字云的 IT 基础设施迁移。

（二）自上而下与自下而上

如果没有从零开始假设并逐步构建的自下而上的 ODD，收购方将不清楚协同效应可以在哪里或如何实现，协同效应的持续速率是多少，以及实现协同效应需要的一次性和持续成本是什么。这样一来，收购方就会错失机会来评估与目标公司运营匹配的风险，以及实现协同效应的时机和复杂性，这在自上而下的视角中会形成运营盲点。特别是在收购一个业务部门时，这种情况尤为明显（参见下文"剥离业务的 ODD"）。如果在 ODD 过程中不理解供应商关系、合约以及整体运营模型的成本结构（包括劳动力和非劳动力成本），收购方将不得不将这些任务推迟到对股东做出承诺之后的整合阶段，而没有测试收购方将如何实际处理业务的假设。

这并不意味着自上而下的 ODD 没有价值。实际上，它是一个开始。基于对收购方和目标公司的损益表及行业基准的初步审查，设定协同效应目标是重要的一步，清晰地了解双方按职能划分的人员配置也同样关键。此外，它还有助于基于行业交易数据或过去的经验来验证估计。尽管它是一个有用的起点,但仅此是不够的。

收购方经常低估那些看起来容易实现的成本削减——那个自上而下的"神奇的10%"。但这种忽略可能对实际价值的实现和管理层的可信度产生巨大影响,尤其是当这些协同效应未出现或延迟时。因此,意外和不必要地延迟实现协同效应——所谓的价值泄露——可能会给投资者造成沉重的代价,并对那些负责实现这些协同效应的员工造成困扰。

为什么会这样?这个情形很常见。当收购方需要迅速启动围绕地理位置、人员配置和职能对齐的关键整合规划时,执行团队会迟钝地意识到,预期的成本削减尚未经过全面测试,相关的决策还未做出。那么,通常接下来会发生什么?整合团队不得不去进行那些本应在签约前就完成的自下而上的尽职调查,导致整合进程放慢,给员工带来混乱和不安。接着,就会浮现出对交易真实价值及其整体投资理念可信度的质疑。

协同效应捕获的ODD提供了更多价值。它采用自下而上的方法,让管理层早期参与,以确定哪些具体成本可以减少,或可能出现需要与收益相抵消的不协同效应。例如尽管关闭一家公司总部可能带来显著的成本节约,但可能需要在剩余的总部租用额外的、更昂贵的空间。这样的尽职调查可以帮助提供或验证对估值至关重要的信息,并围绕新的运营模式早期促成整合一致性,为合并后的业务服务。你可能最终会得到相同的"神奇的10%"的数字,但你将明白节省的具体路径及其成本,以及实现这些节省所需投入的具体金额。

实际上,来自两家公司充分数据支撑的自下而上的成本协同效应尽职调查,通常会得到与自上而下分析不同的结果。通过理解两种方法之间的功能性差异的驱动因素，可以获得重要的发现，这有助于确定优先改善业绩、实现协同效应的领域，并按功能设计初步整合路线图，尽早识别各种相互依赖性。

（三）通过数字化捕获协同效应的尽职调查

自下而上捕获协同效应的尽职调查包括五个关键步骤：构建一致的成本和职能基准；分类并确定协同效应机会的优先级；量化每个机会的具体收益、成本和责任人；建立新的财务模型；以及按职能设计捕获协同效应的整合路线图，其中包括初步识别执行顺序和相互依赖性。

1. 构建一致的成本和职能基准。收购方的尽职调查团队应从收集两家公司最近的损益表数据和数据室信息入手，以全面审视整体情况，并通过剔除一次性、非周期性成本来规范财务报表。团队可以利用这些信息建立一个一致的基准，将合并损益表中的人力和成本池对应到如财务、人力资源和营销等特定职能区域。这里至关重要的是理解并评估目标公司已提出的成本削减措施，将其从未来的基准中除去，并识别由目标公司当前进行中的计划［比如企业资源计划（ERP）云迁移项目］带来的复杂性和依赖性。

2. 分类并确定协同效应机会的优先级。团队成员应初步假设那些可以快速实现的协同效应，如全职等效人员（FTE）的优化、公司保险、上市公司成本及审计费用，以及管理层开销。同样重要的是关于协同效应的假设，比如IT和客户关系管理（CRM）的整合、供应链和物流的效率化，以及公司设施和客户服务站点的优化。

3. 按职能领域细化并量化协同效应及其实现成本。通过与公司高管和职能部门领导进行深入访谈，收购方应识别出所有职能支持领域内的重叠部分，以便落实协同效应。这一过程有助于从零开始构建新组织，明确哪些人将负责执行这一计划。这一步骤的其他关键包括计算实现协同效应所需的成本，如遣散费、解除租约费用、供应商过渡费用及其他一次性退出费用，还有合并可能带来的持续运营成本潜在增长。在共享竞争敏感信息时，将需要设置清洁室。收购方还会尝试识别可能在初步分析中被忽视的额外管理成本（显然，目标公司在数据室中提供的信息越多越好）。

4. 建立新的财务模型并阐释与初始假设的差异。收购团队可以依据自下而上的成本削减及成本实现估算，来构建一个新的财务模型和相应的损益表，作为交易包的一部分向董事会展示。模型应明确指出与最初自上而下分析相比的所有偏差——无论是正面还是负面。

5. 设计捕获协同效应的整合路线图。整合路线图初步勾勒了新组织为实现交易预期商业成果应如何运作的轮廓。设计这样的路线图——包括里程碑、相互依赖性和可能的瓶颈——是至关重要的步骤，它将在预交割阶段的规划中为组织提供指导。尽管合并后组织的最终构想可能会随着交易过程中新信息的整合而变化，但一个初始路线图为整个组织提供了宝贵的参考框架，以便专注于成果并优先处理最需要关注的领域。

通过遵循这些步骤，收购方应该能够超越仅仅基于投行券商提供或过往行业经验的自上而下的成本削减假设。这要求对目标公司的成本削减计划的可行性进行评估，以确保协同效应不会与已预期的削减重复计算，并考虑到这些计划的相互依赖性。这一流程进一步鼓励相关管理层从最初就参与其中，提供反馈，并做出承诺。通过针对特定成本削减目标所需的规模、时间和投资进行压力测试，旨在构建一个能够适应各种情况和应对新披露信息的灵活财务模型。

确定具体协同效应计划及其责任人后，高层管理更早地将注意力集中在新的终态运营模型、客户服务及收入维持和增长上——这是任何收购活动的关键。

一个全面的自下而上 ODD 成本协同流程不仅使收购方能够确定成本协同效应机会的规模，还让其能够探讨成本与收入协同效应之间的关系及其张力，其中通过成本削减来提高利润率可能会削减过深，从而无法实现收入协同效应的预期。

这也意味着，由于收购方的职能领导提供了他们的见解（尽管可能需要一定的推动），他们将更加投入。他们也将对实现目标所需的时间、资源及可能需要在合并后的组织中管理的复杂性有更清晰的认识。目标是最大限度地减少交易签署后的价值泄漏。

彻底的 ODD 还有助于快速启动整合路线图的设计，避免在你拟定整合策略、从签约到交割的规划，以及你的未来运营模式出现后续混乱（我们将在第六章和第七章中进一步探讨）。最后，ODD 是另一个绝佳的机会，即使你最终不进行这笔交易，也可能获得对收购方当前运营有益的洞见。

（四）剥离业务的 ODD

购买卖方的某个业务部门带来了额外的复杂性，需要精确理解该部门的实际运营成本、分离成本，以及随业务一起转移或不转移的支持结构：直接成本、已分配和未分配成本，还有在签约前后需要与卖方协商的过渡服务协议（TSAs），同时还要在从签约到交割的过程中推进该部门的整合规划。因此，剥离业务在整合中引入了一层额外的风险和复杂性，收购方必须确保在部门分离期间维持业务连续性，并且在他们能够估算通过协同效应实现改进的机会之前了解总体成本基础。

收购方必须清楚地了解他们将从母公司获得什么资源，比如面向客户的前台人员（销售队伍和客户服务）和后台支持（IT、财务、人力资源、法律）。你可能会思考，如果我无论如何都打算将这个部门整合到我的系统中，为什么我还需要关心所有的这些呢？例如如果你正在购买一个拥有30 000名员工的部门，你是否具备足够的能力通过现有的人力资源信息系统（HRIS）和当前的管理团队提供所有必要的人力资源支持？或者，如果该部门遍布17个全球地点，涉及17种不同的税收体系、17个司法管辖区和17种不同的货币，你可能需要一个比现有系统更加强大的财务规划与分析（FP&A）和财务系统。在考虑如何整合和管理这一业务时，这些考虑因素至关重要。

当收购方明白自己即将获得哪些资源时，他们需要确定维持该部门作为独立实体运营所需的全部成本，包括直接成本、分配成本和未分配成本。直接成本指的是直接关联到该部门并纳入其中的成本（如该部门的财务、IT、法务、人力资源合作伙伴、制造、供应链与物流、销售与营销），这些成本被记入部门的损益表中。分配到部门损益表中的成本来自母公司提供的共享服务的收费，如企业财务规划与分析、财务管理、企业IT和法务、审计以及监管合规，但分配的成本可能包含运营业务不需要的费用，或可能被低估，从而导致估值超过了合理范围。收购方需要进行自己的评估。未分配成本，通常与全球品牌支持或公司总部相关，是部门从母公司接收但可能未直接计费的服务成本。收购方需要全面了解这一成本结构及其将在何种程度上整合该部门，然后才能估计潜在的协同效应。

收购方还必须估算将目标业务从母公司分离所需的一次性成本，包括终止现有合同，如与母公司 ERP 系统的合同，以及从母公司 ERP 系统中分离的数据（涉及部门客户、员工、财务和监管报告），这些数据必须在逻辑上和物理上进行分离，并迁移到新的介质。这些成本是除了常规的一次性整合成本——如 IT、品牌重塑、设施扩展、标识更新和遣散费用——之外的额外费用。

交易的复杂性和风险由所提出剥离业务在其母公司中的根深蒂固程度决定。通常，整合度与对母公司的企业功能或其他业务部门的依赖性越高，剥离过程就越复杂。我们发现，依赖性越高，低估完成分离和整合以实现所需功能所需的成本和时间的风险就越大。

硬性依赖包括知识产权、混合 IT 和 ERP 系统、设施托管，以及共享人才库，但还存在一些更加柔性的依赖，比如与供应商的主采购条款、通过母公司执行的销售合同，以及基于现有法律实体结构而得到的转让定价制度下的税收优势或收入。这正是可能需要 TSAs 来维持业务连续性，使其在被整合到收购方的同时完成分离的原因。收购方需要明确这些 TSAs 所需的成本及其持续时间，而提供这些 TSAs 的卖方则期望能尽快结束它们，因为他们并不打算提供服务以帮助另一家公司经营他们过去的业务。

一旦一次性和持续成本、复杂性以及保证业务连续性的相关问题得到妥善处理，收购方便可以评估如何整合他们即将购入的资产，以及与收购方自身业务之间的改善机会和协同效应。这可能涉及在规模较小的市场改变进入市场策略，或由于成为一个比原母公司更大的企业而获得的规模效益，如在采购、设施重叠和供应链组件（如运输、仓库）方面的优势。

我们还发现，被出售部门的领导层中存在明显的"代理冲突"。很多人对母公司有深厚的情感，并对自己在新格局下的角色感到两难。因此，还需要考虑包括对人才、其文化身份和与收购方组织的兼容性的定性评估，因为关键人才可能面临流失风险。

四、结论

CDD、ODD以及FDD相互融合时，它们能够共同提炼出更加深刻的洞察力。每个环节都有助于描绘一个完整画面，但需要将这些碎片拼合起来。收购方可以将尽职调查过程中的发现作为对其最初投资理念和估值的反馈，进而反馈到更广泛的增长策略中。这些尽职调查过程也将有助于交易完成前的准备工作——为未来的整合以及价值捕获计划提供信息。

通过一个初步的整合路线图，明确了成本与收入协同效应主要来源的规模、时间、复杂性和一次性成本（即我们在第一章中探讨的协同效应匹配原则），收购方将更有力地向其董事会展示业务案例，并支持估值模型中的假设。

我们将在第四章看到，尽职调查紧密对应于我们所称的"当前运营价值"和"未来增长价值"，以及为了证明溢价和交易总价的合理性所需的业绩提升。

第四章

我们如何估值和定价

估值，这个并购领域讨论的不变核心，犹如一块基石坚固地立于其中。谁也不愿意为一桩交易支付过高的价格，但是，现有的证据不断地挑战着传统估值方法的有效性，尤其是对于那些依赖贴现现金流（DCF）的方法。诚然，DCF 深植于金融理论和实践之中。如果使用得当，可以让人列举出对未来及商业案例的具体看法。

然而，对 DCF 的误用却可能引领我们步入可预见的迷雾之中。因此，我们提出一个"理智的检查"——在收购者出价时，他们所依据的假设，以及交易交割时他们所承诺的，无论最终评估的价值如何，都应经过这一检查。一旦收购者确定了交易，目标公司的价值便成为定数，而唯一的变数则是收购者自身的股价，这一变化从他们宣布交易的瞬间，基于提出的报价，开始波动。投资者非常精明，他们会立即根据所获得的信息做出反应。

让我们从一个经典案例开始。

在最近一宗大型并购案中，收购者慷慨地提出 100 亿美元的溢价和 5 亿美元的税前成本协同效应。然而，他们却遗漏了一个关键的细节：何时能全面实现这些协同效应（甚至何时开始）的时间表，或是实施这些效应的明确方案。在这一刹那，投资者以大约 8% 的资本成本为标准，迅速算出了 100 亿美元溢价的真实代价。这个简明的计算透露出一个事实：收购方必须实施的改进——远超两家独立公司所能达成的——应当足以弥补 100 亿美元溢价的资本成本。缺乏一个包含足够协同效应的计划，表明收购方无法达成此目标，还暗示他们的股价也在公告日即刻暴跌，跌幅几乎等同于整个溢价金额。[1]

我们明白，财务课程可能不是你的最爱，但投资者能在短短几秒内完成这些计算，而且他们无须深入了解你的细致估值。因此，清楚地认识到你所做的承诺至关重要，尤其是在你提出显著溢价的时候。

估值应成为推动整合战略的最终商业规划。但现实中，它往往演变成一团混乱的假设。收购方迫切需要一种更加精准、直接的方法来评估他们当前的运营价值、双方公司预期的未来增长，以及为了证明支付溢价的合理性所需的额外周期性业绩。

在本章里，我们展示了一个理论上精准且直接的方法，这一方法深植于广泛认可的经济增值（EVA）理念之中。我们首先独立地审视收购方和目标公司，探寻投资者所预期的业绩轨迹。随后，我们利用为支付目标公司股份的全市值（同时承担其债务）加上收购溢价所分配的新资本，细致描绘出收购方所许下的年度改善承诺，以及这些承诺如何转化为税后营业净利润（NOPAT）的显著提升。支付溢价催生的必要协同效应和新的业绩挑战，不仅将成为整合策略的推动力，同样也铺就了与董事会和投资者进行理性沟通的基础。

你可能会说："拜托，不要再写一章关于如何正确使用 DCF 估值公司的内容了。"毕竟，快速在亚马逊上搜索可显示，在过去 30 年里已经有超过 75 本关于 DCF 估值的书籍。任何在商学院学习过的人都已经学会了资本预算，以判断一系列现金流是否会在必要的资本投资上提供所需的回报率。

几乎每个人都可以告诉你，公司的估值需要对未来一段时间内的自由现金流（FCF）、增长率、加权平均资本成本（WACC）以及基于永续增长率的终值（TV）等因素的假设来构建一个DCF估值模型。

然而，我们的初衷并非传授估值技巧。我们的目标是，使用DCF这一熟悉且流行的工具作为起点，引入EVA方法——可以称之为DCF的"镜像"。我们将展示，使用EVA方法是如何直观且简单地阐释收购方在以溢价购买公司时所做出的业绩提升承诺。我们的方法类似于一种理智的核验，将DCF或任何估值过程的结果转换为所需的协同效应或超出两家公司原本独立预期所能达成的业绩提升。换句话说，我们追求一种简明的方式，来理解收购方管理层对其自家股东所做出的隐性承诺，即他们愿意为目标公司股东支付溢价的决心。

本章略带技术色彩，虽不至于过于深奥，却依旧涉及一定的技术细节。但这是绝对值得的。我们将细致探究其数学原理，因为这对于洞悉投资者对特定交易价格的预期和更有效地与他们沟通协同计划的策略至关重要。在这里，我们汇集了丰富的金融智慧，这些概念和工具将有助于对交易估值进行严格的压力测试，并且更为重要的是，帮助深入理解向股东所做的承诺。

一、贴现现金流

DCF估值是并购及通用估值的核心，因为它具有若干显著优势。DCF迫使人们关注那些驱动自由现金流的关键元素：收入、运营成本、现金税负以及对运营资本和固定资产（体现在资本支出中）的投资——这些投资将助力合并后的预期增长。DCF方法灵活多变，能够随着收购方对未来情景的变化假设而调整。该方法还强制考量

WACC 或所评估资产的风险类别。

同时，DCF 估值也可视为一种隐性的商业规划。它是你对企业未来增长和盈利能力的年度展望，以及为实现战略愿景所需的定期投资。你必须记住，整个合并计划都建立在承诺之上——对包括股东和员工在内的各方利益相关者的未来业绩承诺。如果你对支持这些承诺的商业计划缺乏深入理解，那么在解释交易逻辑时，你可能会面临挑战。

在运用 DCF 方法对目标公司进行估值时，实际上包括两大核心评估：第一，目标公司的独立价值，即综合评估当前业务及其增长潜力的价值，正如任何精于价值投资的人士所做的那样；第二，预期协同效应的规模和实现时机，指的是超越独立运营模式预期的运营增益，以及为达成这些协同效应所需的一次性及持续成本。因此，收购方实际上是在构建两种商业方案：一是针对目标公司作为独立实体的价值基础案例，二是围绕着溢价的前期投资，叠加所有净协同效应。

在收购方与目标公司的谈判过程中，任何价格的调整都暗示着 DCF 模型的输入假设正在发生变化——可能是轻微下调的 WACC、在第五或第六年略微增长的收入，或是为支撑增长而稍减的营运资本投资等。只要这些假设的变化合情合理，那么这些调整都是可行的。

使用基于企业价值（EV）/息税折旧摊销前利润（EBITDA）或 EV/销售额等"倍数"方法来估值的交易，通常被认为比 DCF 更加客观，因为它们基于相关可比公司的价值进行评估。[2] 相比之下，DCF 估值可能会受到"情人眼里出西施"般的主观性影响。尽管如此，任何基于市场平均倍数的估值都隐含了一系列需要折现回该数值的现金流。当然，这些方法也有自身的问题，例如使用错误的倍数。

在实际操作层面，投行券商们遵循一套看似严谨的程序，通过查看可比上市公司的各种企业价值或市盈率倍数、先例或可比并购案例的倍数以及 DCF 来对估值进行三角定位。然后，他们绘制一张"足球场"图表，展现每种方法的假设范围，从而根据这三种技术得出最佳价值区间（见图 4-1。）

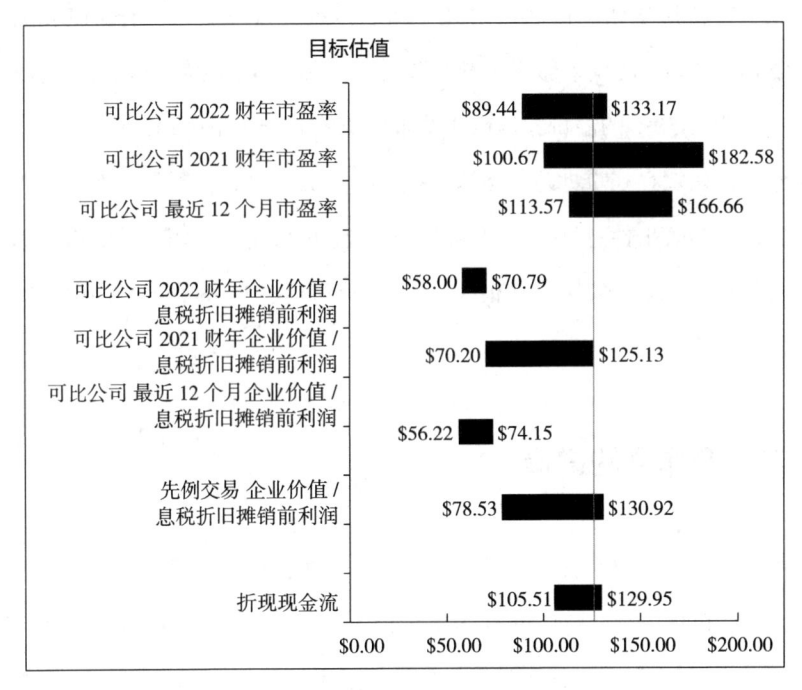

目标估值

可比公司 2022 财年市盈率	$89.44 – $133.17
可比公司 2021 财年市盈率	$100.67 – $182.58
可比公司 最近 12 个月市盈率	$113.57 – $166.66
可比公司 2022 财年企业价值 / 息税折旧摊销前利润	$58.00 – $70.79
可比公司 2021 财年企业价值 / 息税折旧摊销前利润	$70.20 – $125.13
可比公司 最近 12 个月企业价值 / 息税折旧摊销前利润	$56.22 – $74.15
先例交易 企业价值 / 息税折旧摊销前利润	$78.53 – $130.92
折现现金流	$105.51 – $129.95

图 4-1 "足球场"图表

但问题在于：卖方的投行券商们也在执行同样的流程——只是他们对 DCF 估值的关心程度较低，虽然他们也会进行一番评估。卖方，尤其是他们的董事会，渴望获得一份显示公司获得合理或"公平"价格的"公平性意见"。最终，他们期望的溢价将基于近期交易先例的评估以及可比公司（通常在其 52 周高点时）的估值。显然，这成为谈判的基准，因为若出售价格低于这个基准，卖方的董事会可能因未获得"公平"价格而面临诉讼。

这在很大程度上源于 1985 年具有里程碑意义的史密斯诉凡·高尔科姆案（Smith v. Van Gorkom），该案例规定公共公司的高层管理人员和董事因未就公司适当售价做出明智决策而可能承担个人责任。在特拉华州最高法院对凡·高尔科姆和环联公司（Trans Union Corporation）的董事做出不利判决时，法院认为，尽管环联公司的股东将获得 50% 的溢价，但由于董事们未能充分了解公司的内在价值，他们被认定存在重大疏忽。这对投资银行界而言，无疑是一次重大机遇，因为公平性意见——以及基于可比上市公司和先例交易的市场基准倍数——如今实际上在很大程度上决定了收购方为完成交易必须支付的价格。[3]

二、恶作剧的邀请

鉴于长期以来大型交易的表现令人失望，常常是因为支付过高的价格，再加上被广泛认可的 DCF 估值方法，这引发了一个问题：到底哪里出了问题。一个合理的回答是，DCF 恰恰是支持市场倍数估值方法的理想工具。换句话说，DCF 是恶作剧的邀请，也是本末倒置的完美模型——即你不得不支付的价格。

这是怎么实现的呢？DCF 估值的使用看似简单，却对模型中细微的变量变化极为敏感。这些变化往往被推至预测期结束时的膨胀终值，尤其是在协同效应方面。更重要的是，对于那些决心要完成交易的 CEO 来说，他们很容易隐藏对未来收入增长、利润率持续性或投资需求的乐观假设，并将协同效应与原有的增长预期混为一谈——这些细节只有最专业的分析师才能察觉出来。我们还发现，被推迟到后期的协同效应往往失去了紧迫性，很容易被忽视。

例如考虑具有5%增长率的FCF（见表4-1）。为简单起见，我们使用一个五年模型，其中基于"永续增长"的终值（TV）为$TV_5 = FCF_6/(c-g)$，其中c是资本成本，g是FCF的预期增长率。我们展示了一系列可以导致广泛的估值范围的资本成本和c-g差值。例如在7%的资本成本下，仅将永续增长率从2%调整为3%（或c-g差值从0.05调整为0.04）产生的估值将从2 383.6百万美元上调至2 861.3百万美元，增加了20%，这可能被用来证明更高溢价的合理性。

表4-1 DCF估值敏感性分析

公司总自由现金流（百万美元）							
2020A	2021	2022	2023	2024	2025	2026	
100.0	105.0	110.3	115.8	121.6	127.6	134.0	
敏感性分析							
项目		目标价值					
c-g差值		0.02	0.03	0.04	0.05		
终值	—	6 700	4 467	3 350	2 680		
资本成本	9%	4 802.4	3 350.8	2 625.0	**2 189.5**		
	8%	5 020.1	3 500.0	2 740.0	2 283.9		
	7%	5 250.0	3 657.6	2 861.3	2 383.6		
	6%	5 493.0	3 824.0	2 989.7	2 488.8		
	5%	**5 750.0**	4 000.0	3 125.0	2 600.0		

显然，对未来五年或十年进行预测充满挑战。预测本身就是一场充满不确定性的游戏，而这正是其中潜藏的风险所在。一个引人注目的警示是，当收购方提出不实际的运营利润率提升或低估为支持预期

新收入增长所需的资本支出时。这在模型中通常表现为利息和税前利润（EBIT）的大幅增长，而不伴随必要的投资。这样的结果是：由于永续期内自由现金流被过分夸大，估值因此被极大地提高，隐藏在一个膨胀的终值之中。这就展示了本末倒置是何等轻而易举的事情。

在并购背景中，市场已经对目标公司进行了估值，同样也对你的公司进行了估值。因此，问题常常源于收购方关于运营收益超越已有增长预期的假设——也就是协同效应。你的投行券商会指出完成交易所需的溢价，因此，即便是准备最充分的收购方在向模型输入数据时也必须保持谨慎。归根结底，你所支付的溢价代表着对一个未来商业案例的承诺。如果你投入了如此多的资本，却未能实现商业目标，那么你将辜负你的股东和员工的期望。

这正是为什么DCF可能是恶作剧的邀请，因为轻易地隐藏那些导致"价值"大幅波动的假设，并支持任何所需的价格以满足卖方和达成交易，是如此诱人而简单。收购方至少不应将协同效应的假设与目标公司或收购方作为独立实体的价值和增长预期混为一谈。这是制造恶作剧的真正起因，以及随之而来的不可避免的过高支付。

我们并不是说不要使用DCF——事实恰恰相反。DCF作为一个被广泛接受且理论上正确的方法，能确定你应该愿意为一项资产支付的最高价格，以在该投资上获得资本成本回报。如果正确使用并对目标公司在你的管理下的前景保持现实的审慎，DCF是一种有效的资产估值方法，可以避免你为一系列特定预测期内的自由现金流支付过高的价格。DCF的核心是一个商业规划，展示了在必要的营运资本和固定资产投资后，为推动增长计划而可用于投资者的现金流量。

这是问题的核心：当你构建DCF估值模型时，你输入的数字虽是假设,但当你购买该公司时,这些数字便成了承诺。

还有另一种方法,可以视为DCF的等效反射,它揭示了当你为一项收购支付特定金额时,你究竟承诺了什么。这是一种简化手段,将通过折现的自由现金流系列得出的价值转化为与每个时期资本成本相对应的等效周期性收益。我们追求的是一种方法,能从DCF中提炼出价值(或一系列价值),剥离所有复杂的假设,并将这个价值转换成一连串可衡量、可追踪的年度业绩提升,这些提升反映了收购方以特定价格达成交易所做出的承诺。

三、你到底承诺了什么

沃伦·巴菲特曾关于并购发表过名言:"投资者总能以常规价格购买蟾蜍。但如果投资者支持愿意支付双倍价格亲吻蟾蜍的公主,那么这些吻最好能产生真正的惊人效果。"他的观点十分明确:由于投资者可以自行进行多元化投资,无须支付溢价,因此协同效应必须被视为并购结果的改进——"如果没有交易就不会出现。"支付溢价只会提升运营业绩的标准(或许巴菲特的说法更为精辟)。这对于私有公司的收购或业务部门剥离同样适用,就像公开市场的目标公司一样,唯一不同的是,收购方没有公开市场估值(他们必须自己进行评估)。[4]

因此,超越独立预期的运营收益(即协同效应)必须是超出原有预期的业绩改进。在已有预期之外明确协同效应的期望需要一种将价值分解为已知和预期部分的方法。这种方法能够展示一个前瞻性的视角,明确地表明业绩标准被提升了多少。这种方法应该能够解构公司的总价值,把它分解为当前业务的价值(不考虑改进)、独立业务当前的改进预期，以及为全面证明即将支付的价格和溢价所需的额外改进。

尽管DCF模型能够适配商业规划，即便在执行过程中严格遵循原则，并且在交易中深入理解目标公司整合将如何产生效益，它依然存在一个针对交易而言的显著缺陷：关键输入项，即FCFs，并不能作为评估周期性经济运营业绩的可靠指标。这是因为根据其定义，FCF在发生之年即扣除了整个投资成本，而非将投资成本平摊到通过资本支出获得的资产的使用期限。也就是说，DCF，尤其是FCFs，无法直接展示收购方是否在每一期通过他们对交易的投入或承诺创造经济价值。

经济附加值的计算

收入

−运营费用

=营业利润（EBIT）

×（1−税率）

=税后营业利润（NOPAT）

−资本成本（投资资本×WACC）

=经济附加值（EVA）

FCF作为周期性价值创造的衡量标准的不足，可以通过采用EVA的概念来弥补。EVA计算为税后营业净利润减去相当于该时期投资资本乘以加权平均资本成本的资本成本。与FCF不同，EVA有效地将许多公司投资资本化，而不是将其作为费用处理，并通过分配之

前描述的资本成本来对管理层进行问责。EVA 基于经济利润的理念,即当公司不仅覆盖其运营成本,而且还覆盖资本成本(即投资者所期望的回报)时,便创造了价值。[5]

幸运的是,EVA 提供了一种与 FCF 相对的,但又具有等效性的视角。由于新投资的现值对于 EVA 和 FCF 是相同的,EVA 的折旧费用和资本成本的现值正好与 FCF 中的初始投资成本相等。因此,未来 FCF 的现值与未来 EVA 的现值加上初始投资资本相等(我们需要将初始资本加回,以抵消 EVA 对初始资本的收费,这个收费并不影响 FCF)。基于将 EVA 视为经济利润的观念,即投资资本创造的价值,对市场价值的重构可以概括为以下公式:

市场价值 = 投资资本 + 未来 EVA 的现值

EVA 特别适合于业绩测量和评估,因为它使我们能够将公司市场价值拆解为已知和预期的各个组成部分。我们可以通过将所有未来 EVA 的现值分为两部分来实现这一点:第一,保持公司当前 EVA 的现值(即其永续价值),这是我们已知的部分;第二,超出当前 EVA 的预期 EVA 改善的现值,这些改善将被持续实现。

无须担忧,我们并没有引入一种复杂的新估值观念。事实上,这两种方法——DCF 和 EVA——都是在 1961 年的著名《商业杂志》文章《股息政策、增长和股票估值》中由诺贝尔奖得主弗兰科·莫迪利安尼(Franco Modigliani)和默顿·米勒(Merto Miller)共同开发并被证明是等效的。莫迪利安尼和米勒被亲切地称为 M&M,他们是金融学术领域的巨人,他们的著名方程 11 和方程 12 被金融学学生广泛研究。方程 11 是 DCF 模型,而方程 12 是他们所称的"投资机会方法"(IOA),为 EVA 方法奠定了基础。实际上,M&M 认为这种方法从考虑收购的投资者角度来看最为自然,因为它提供了一种基于新投资的回报是否超过其资本成本的价值观点(参见附录 2)。[6]

M&M 的方程 12 在 EVA 的背景下提出了一个实用的公式。将起始资本及 EVA 的两大要素——净营业利润后税和资本成本——纳入 M&M 的 IOA 方程,导出了以下基本的 EVA 公式。这个公式将总市场价值分解为其已知和预期的部分[7](关于 EVA 公式的更多细节,请参见附录 3)。

$$\text{Market Value}_0 = \text{Cap}_0 + \frac{\text{EVA}_0}{c} + \frac{1+c}{c} \times \sum_{t=1}^{\infty} \frac{\Delta \text{EVA}_t}{(1+c)^t}$$

其中,Market Value$_0$ 是公司今天的总市值(股权加债务);Cap$_0$ 是开始的账面资本(或总资产减去非计息流动负债);c 是所需的资本成本回报,也就是 WACC;EVA$_0$ 是开始的 EVA 即(NOPAT$_0$–Cap$_{-1}$×c)或前一年的 NOPAT 减去前一年的资本成本;ΔEVA$_t$ 是投资者对年度 t 中 EVA 改善的预期,即今天的预期。请注意,这正是我们刚开始讨论的内容,只是我们将市值分解为今天可以测量的部分和未来改善的预期部分。

前两项之和,即开始的资本和常数现值 EVA(资本化的当前 EVA,其永续价值),可以被视为"当前运营价值"(Current Operations Value,COV)。表达式的其余部分,第三项,可以被视为"未来增长价值"(Future Growth Value,FGV)。我们将 FGV 表示为预期年度 EVA 改善的资本化现值,这些改善将为投资者今天给予公司的增长价值回报一个资本成本回报。我们将预期改善的现值进行资本化,因为我们假设每个改善都会永久保持。重述我们之前的市值表达式,现在我们可得出：

市值 = 初始投资资本 + 资本化的当前 EVA + EVA 改善的资本化现值

因此，今天的市值可以被表达为我们今天所知的业绩以及未来预期的改善，即：

$$市值 = COV + FGV$$

因为投资者预期获得与公司总市值相等的资本成本回报，所以他们期望在 COV 上获得与资本成本相等的回报，并且在 FGV 上也期望获得与资本成本相等的回报，因为他们同时购买了这两者。仅仅维持当前的经济绩效，即当前的 EVA，并且没有提供任何 EVA 的改善，将只能提供足够的 NOPAT 来获得 COV 上的资本成本回报，但在 FGV 上将根本没有回报。总之，FGV 意味着投资者预期 EVA 将会有所改善。

例如假设你正在购买一个市值为 20 亿美元，初始投资资本为 10 亿美元的公司，具有 1.2 亿美元的重复 NOPAT 流，10% 的 WACC 和 2 000 万美元的当前 EVA。为简单起见，我们假设与前一年相比没有资本变动。我们可以得出：

20 亿美元 = Cap_0 + Capitalized Current EVA_0 + Capitalized Present Value of Future EVA Improvements

10 亿美元 = 10 亿美元 + 2 000 万美元 /0.1+8 亿美元

10 亿美元 = 12 亿美元 + 8 亿美元

在这个例子中，我们的 COV 是 12 亿美元，FGV 是 8 亿美元。维持 2 000 万美元的当前 EVA（1.2 亿美元 −1 亿美元的资本成本）只能提供足够的 NOPAT 来获得 COV 上的资金成本回报。[8] 公司需要产生足够的 EVA 增量（ΔEVA），以证明市场目前所授予的 8 亿美元的 FGV 是合理的。有很多种方法可以实现这个价值。

例如在极端情况下，如果你能够通过重大的成本削减努力在当前年度内提供8 000万美元的EVA改善，并且永远保持这个改善，那么你肯定可以证明超越今天的当前业务价值的增长价值。从我们上面的EVA方程中，使用简化的符号，我们有：

$$\text{Market Value} = \text{cap}_0 + \text{EVA}_0/c + [(1+c)/c] \times \sum \Delta \text{EVA}_t /(1+c)^t$$

FGV是市场价值方程的第三项：

$$\text{FGV} = [(1+c)/c] \times \sum \Delta \text{EVA}_t /(1+c)^t$$

在一次性改进的情况下，FGV的表达式会简化为：

$$\text{FGV} = [(1+c)/c][\Delta \text{EVA}_1/(1+c)] \text{ 和 } \Delta \text{EVA}_1 = c \times \text{FGV}$$

因此，对于FGV为8亿美元和WACC为10%，需要的一次性改进ΔEVA_1将为：

$$\Delta \text{EVA}_1 = 0.1(8\text{亿美元}) = 8000\text{万美元或者,}$$

8亿美元 = 11(8 000万美元/1.1)或者维持在8 000万美元的EVA增量

这种一次性变化将代表着在一年内出现巨大的业绩增长，这可能是不切实际的。虽然这将是一个非凡的成就，但如果EVA不会从那里开始增长，你实际上将FGV转换为了COV（它成为下一期的当前EVA），并且从价值的角度来看，你的公司将成为一个没有增长的公司。当然，如果这种业绩增长水平预示着一个光明的未来，那么投资者肯定会提高你的股价，赋予你显著的成长价值。

现在，让我们来看上述FGV部分，并假设你不是获得一次性的EVA增加，而是可以实现一个等额的、永续的年度EVA改进流，当资本化后，等价于一次性的增加。在这里，我们将假设FGV保持恒定。使用我们的FGV表达式：

$$\text{FGV} = [(1+c)/c] \times \sum \Delta \text{EVA}_t /(1+c)^t$$

在永久等额年度 EVA 改进的情况下，FGV 的表达式将简化为：

FGV=[(1+c)/c](ΔEVA/c) 和 ΔEVA=(c×FGV)/[(1 + c)/c]

使用我们的示例中的 FGV 为 8 亿美元和 WACC 为 10%，所需的永久年度 ΔEVA 将为：

ΔEVA=0.1 (8 亿美元)/(1.1/0.1)=727 万美元或者，

8 亿美元 =11(727 万美元 /0.1) 或每年永久性 EVA 增长 727 万美元

因此，永久年度的相等 EVA 改进为 727 万美元将等同于对 8 亿美元的 FGV 的 10% 的 WACC 回报。[9] 如果增长预期保持不变，我们将具有 8 亿美元的恒定 FGV，每个期间 COV 将增加，市值也将增加。重要的教训是，当投资者期望有价值的增长时，他们愿意为 FGV 付费。然而，如果你不能交付或无法维持这些期望，你的股价将相应下跌。

四、当你愿意为目标公司支付溢价时会发生什么

假设你愿意为我们的目标公司支付 40% 的溢价，即 8 亿美元，而目标公司的价值为 20 亿美元。你做了什么？你立即为目标公司的 FGV 增加了 8 亿美元，而这个 FGV 本来已经是 8 亿美元，现在变成 16 亿美元。

最初，我们有 20 亿美元 = 12 亿美元（COV）+ 8 亿美元（FGV），但是由于你愿意支付 40% 的溢价，我们可得出：

28 亿美元 = 12 亿美元 + 8 亿美元 + 8 亿美元

目标公司仍然有 12 亿美元的 COV，但你已经将 FGV 翻了一番。你是否开始明白这个情况了？

这就是当你支付溢价时为投资者设定的情况。支付溢价会引发一个全新的业绩问题,这是以前从未存在过,也没有人预料过的。在上述示例中,你实际上是将在总投资中获得 FGV 所需的绩效提升翻倍,以获得资本成本回报。在这个简单的示例中,无论我们选择哪种 ΔEVA 方法,所需的 ΔEVA 都会翻倍。

一旦你以 8 亿美元的溢价收购了目标公司,你就已经确定了目标公司的价格。目标公司的价值将不再波动。唯一会波动的股价将是你的股价,这是基于你可以利用所有这些丰厚的新资本获得的预期回报。你将需要额外的资本成本回报,只是为了实现收支平衡。未能展示实现这一目标的途径很可能会导致股东和其他利益相关者质疑甚至怀疑交易和报价的逻辑,而这种疑问可能会从公告开始就出现。仅仅达到预期的独立改进,实现在当前 FGV 上的资本成本回报,但未能实现足够的协同效应,这可能会产生问题。

因为支付溢价对投资者来说是一种惊喜(对卖方来说是愉快的惊喜),随着时间的推移,等额的永久性持续改进可能不会让投资者感到满意,而且可能会让他们的耐心受到考验。即使你拥有很长的跟踪记录,为以前未曾预期的绩效支付巨额溢价仍然会让人震惊。仅仅告诉投资者你将使他们的预期翻一番是不够的。好消息是,我们的 EVA 公式可以轻松处理这个问题。

让我们专注于 8 亿美元的溢价,考虑所需协同效应的 ΔEVA 逐步增加。根据我们的 FGV 公式:

$$FGV = [(1+c)/c] \times \sum \Delta EVA_t /(1+c)^t$$

因此,从第 1 年开始的为期 3 年的逐步增加将意味着:

$$FGV = [(1+c)/c] \, [\Delta EVA_1/(1+c) + \Delta EVA_2/(1+c)^2 + \Delta EVA_3/(1+c)^3]$$

这种情况下的一个解决方案，采用为期 3 年的逐步增加，可能是：

8 亿美元 = 11[(2 000 万美元 /1.1) + (3 000 万美元 /1.21) + (3 960 万美元 /1.33)]

换句话说，第一年增加 2 000 万美元，第二年增加 3 000 万美元，第三年再增加 3 960 万美元，所以到第三年末，每年维持 EVA 增长速度约需要 9 000 万美元。你可以提供很多不同的组合，但越早越好。

你可能会认出这是通常在成功的交易沟通中观察到的熟悉的协同效应逐步增加的情况。想象一下，如果你不提出一个积极计划来实现协同效应时会发生什么？逐步增加的效果实际上展示了证明或"偿还"溢价的路径。在第三年结束后实现完整的 EVA 增长速度后，你将把那个来自溢价的 FGV 转化为 COV。可以想象，投资者会把这种信心看作一个信号，即由于交易的许多长期战略优势，将会有持续的盈利增长，并愿意为额外的增长价值支付费用，也就是说，"协同效应"将会继续增长。

如果我们假设你的公司（或其他收购者）在永久性上需要独立的 ΔEVA 为 1 000 万美元，那么我们可以得到表 4–2 所示的时间表，其中显示了为了在未来 5 年（以及以后）证明 8 亿美元的溢价而需要的独立公司的 EVA 增量，以及为期 3 年的 ΔEVA 逐步增加。

表 4–2　需要的 EVA 增量，对应 8 亿美元溢价

单位：百万美元

分类	第 1 年	第 2 年	第 3 年	第 4 年	第 5 年
独立的收购方	10	20	30	40	50
独立的目标方	7.27	14.54	21.81	29.08	36.35
独立总计	17.27	34.54	51.81	69.08	86.35
为溢价增加	**20**	**50**	**90**	**90**	**90**

在此示例中，FGV 和隐含的 ΔEVA 的显著增长转化为所需业绩的巨大百分比提升。如果投资者认为这样的增益是不可能实现的，那么你的股价将在公告日当天下降，以反映出正确的增长价值。另外，如果你能够展示一个令人信服、数据支持的有力故事，且这笔交易确实具有战略意义，你很可能会因额外的增长价值而得到更高的股价，这正是成功收购的典型特征（我们将在第五章中探讨投资者沟通问题。）

到目前为止，我们已经开发出了一种重要且实用的方法，即通过将 DCF 或其他估值技术所合理化的溢价，快速而有效地转化为可行的协同效应增长（即 ΔEVA）以确保你完全理解基于估值所做的承诺。

在这个基础上，让我们重新审视 ΔEVA 在协同效应背景下的具体含义。由于 ΔEVA 必须是 Δ（NOPAT−Cap×c）或（ΔNOPAT−ΔCap×c），如果我们简化假设交易后投资资本无显著增加，那么这实质上就转化为 NOPAT 的变化——可以与原始 DCF 估值中的 NOPAT 假设进行对比。需要注意的是，任何额外的资本投资和对溢价的增加，例如实现协同效应的一次性成本，都将要求 NOPAT 相应提升。

现在，假设你告知投资者，在新的增长价值——即你刚为目标公司股东创造的溢价——上获得资本成本回报可能会有所延迟。你的投资者可能会如何反应？

五、延迟：投资者听到什么

还记得第一章中你想要在纽约市买公寓的情况吗？好吧，你决定进行购买，但你需要按照市场价值支付价款，其中包括你支付的那个超过市场价值 50% 的溢价（50 万美元）。因此，你同意支付 30 万美元的首付款，并与你的当地银行联系，完成所需的手续以获得 120 万美元的贷款。你感到雄心勃勃，因此你选择了 10 年期的贷款，贷款利率为 5%。为了使银行在贷款的整个期限内获得 5% 的利润，你需要在 10 年内每月支付 12 728 美元。

现在，想象一下，你在交易结束时，桌子周围有许多新的人——卖方、律师、双方的经纪人，当然还有你的投行券商。现在，就在你签署贷款协议之前，俯身对投行券商说："嗯，我可能会少付几笔款项。"

"什么？"你的投行券商问道。

"是的，"你回答道，"不仅如此，我也不知道我什么时候开始付款。我唯一确定的是，我会少付相当多的款。"

"哦，天啊，"你的投行券商咕哝道，"你认为你可能会少付多少笔款？"

你回答："可能有 24 个月甚至 36 个月。"你又加重语气说："相信我，我有能力支付。"

这就是当你告诉投资者你将支付超过全世界任何其他人愿意支付的溢价来购买一家公司，而你在未来某个模糊的时间内才能获得新资本（即协同效应）的回报时，投资者听到的声音。你为股东办理了一笔在他们自己购买目标公司股份时不需要的按揭贷款，他们将期望你获得所有这些新资本的回报。如果你无法传达出一个明智的计划，或者如果你表现出没有计划的迹象，你可以预期投资者会产生怀疑。这是典型负面市场反应的因素。提供溢价意味着你需要尽早显示出显著的改进，否则你的市场价值将会下降，以反映适当的 FGV。

六、将所有内容整合起来

我们在第二章中介绍过的家园科技的 CEO 查斯·弗格森继续追求可能迅速扩大家园科技规模并在此过程中建立股东价值的潜在交易。他的投行券商为他带来了几个交易机会，他关注了 Affurr Industries，为此他进行了 FDD、CDD 和 ODD。Affurr Industries 似乎是一个完美的选择，而且他愿意支付 40% 的溢价。

当你收购另一家公司时，你不仅支付了额外的溢价，还会立即将目标公司的投资资本调整至其总市场价值，这一点在会计处理上不容忽视。换言之，当你以溢价购买公司时，你需要在目标公司的 COV 和 FGV 上产生符合资本成本的回报（因为支付目标公司全部市场价值的股份并承担其债务后，你已在合并资产负债表中提升了资本），此外还需在溢价上实现资本成本的回报。

为此，我们可以将收购方和目标方分别视为独立实体，然后将它们合并为一家新公司，这家新公司将拥有新的投资资本额、新的联合公司 WACC 以及新的 COV 和 FGV。我们随后展示每家公司在收购前所需的 EVA 改进，以及交易导致的这些 EVA 改进的变化。为简化处理，我们假设新 WACC 是基于市场价值，由两家公司交易前的 WACC 加权平均计算得出。[10]

首先，针对收购方和目标方，从其总市场价值（股票市值加上债务）着手。接着确定每家公司的起始投资资本 [总资产减去非利息承担的流动负债（NIBCLs）]。其次，计算当前 EVA [上一年度的 NOPAT−（上一年度起始资本 × WACC）]，并以各自的 WACC 对当前 EVA 进行资本化。根据我们的 EVA 方程，将起始资本加上资本化的当前EVA可得出COV。最后，总市场价值减去COV得到FGV——投资者预期的未来EVA改进的资本化现值。[11]

让我们分别审查家园科技和Affurr Industries这两家独立的公司。逐步进行以下步骤，从表4–3的信息表开始（以百万美元计）。

让我们分别查看每家公司，以确定投资者对每家公司作为独立公司的预期。表4–4涉及家园科技，其中当前EVA＝NOPAT–资本成本，即3.9亿美元–（20亿美元×0.1）＝1.9亿美元。我们有FGV为11亿美元，因此我们的永久$\Delta EVA = (1\,100 \times c)/[(1+c)/c]$，或$1\,100(0.1)/11 = 1\,000$万美元/年。

表4–3 家园科技和Affurr Industries情况说明

指标	家园科技	Affurr Industries
股票市值	3 500	2 000
+ 债务	1 500	0
= 总市值	5 000	2 000
总资产	2 100	1 050
– 非利息承担流动负债	100	50
= 初始资本	2 000	1 000
上一年初资本	2 000	1 000
初始净营业利润（NOPAT）	390	120
加权平均资本成本（WACC）	10	10
溢价	—	800

注：除WACC值的单位为"%"，其余数值的单位都为"百万美元"。

表4–4 家园科技COV和FGV　　　　　　　　单位：百万美元

指标	家园科技	继续经营价值（COV）	未来增长价值（FGV）
市场价值	5 000	—	—
资本	2 000	—	—
资本化当前EVA（190/0.1）	1 900	3 900	—
资本化预期EVA改善的现值	—	—	1 100

表 4-5 涉及 Affurr Industries，其中当前 EVA = NOPAT − 资本成本，即 120 − (1 000 × 0.1) = 2000 万美元。我们有 FGV 为 8 亿美元，因此我们的永久 ΔEVA = (800 × c) / [(1+c)/c]，或 800(0.1)/11 = Δ727 万美元/年，就像我们之前展示的一样。

表 4-5　Affurr Industries COV 和 FGV

单位：百万美元

指标	Affurr Industries	继续经营价值（COV）	未来增长价值（FGV）
市场价值	2 000	—	—
资本	1 000	—	—
资本化当前 EVA（20/0.1）	200	1 200	—
资本化预期 EVA 改善的现值	—	—	800

现在让我们来看将两家公司合并的六个简单步骤。

1. 计算合并实体的总市值：买方交易前的市值 + 目标公司交易前的市值 + 溢价。

2. 合并实体的资本：买方交易前的初始资本 + 目标公司市值 + 溢价。

3. 计算新的资本化当前 EVA：{合并前年 NOPAT − [(买方交易前的初始资本 + 目标公司市值 + 溢价) × 新的 WACC]} / 新的 WACC。

4. 计算新的 COV：合并实体的资本 + 新的资本化当前 EVA。

5. 计算新的 FGV：合并实体的总市值 − 新的 COV。

6. 计算所需的 EVA 改进：(新的 FGV × 新的 WACC) / [(1 + 新的 WACC) / 新的 WACC]。

第三步非常关键。我们重新陈述了当前EVA，好像收购方在交易公告前就已经在其资产负债表上拥有了所有新资本——对目标公司的总投资以及目标公司的债务（即我们的预测基准年）。这就是为什么我们要将收购方上一年度的起始资本、目标公司的总市场价值以及溢价相加，来计算当前EVA的资本成本——实质上这是我们用来重新陈述FGV和未来所需改进的新起点。我们的方法允许轻松比较交易前独立的ΔEVA预期与交易导致的联合变化需求。[12]

表4-6将两家公司合并在一起，没有考虑溢价。

表4-6 家园科技/Affurr Industries COV 和 FGV

单位：百万美元

指标	家园科技	继续经营价值（COV）	未来增长价值（FGV）
市场价值	7 000	—	—
资本	4 000	—	—
资本化当前EVA（110/0.1）	1 100	5 100	—
资本化预期EVA改善的现值	—	—	1 900

让我们逐步进行计算：

1. 新市值 = 5 000 + 2 000 = 7 000。

2. 新资本 = 2 000 + 2 000（因为你已经将目标公司的资本调高到市值）。

3.（1）新NOPAT = 390 + 120 = 510。

（2）新资本成本 = (2 000 + 2 000) × 0.1 = 400。

（3）新当前EVA = NOPAT − 资本成本 = 510 − 400 = 110。

（4）新资本化的当前EVA = 110 / 0.1 = 1 100。

4. 新 COV = 4 000 + 1 100 = 5 100。

5. 新 FGV = 7 000 – 5 100 = 1 900。

6. 新 ΔEVA = 1 900 * (0.1) / 11 = 每年永久 Δ1 727 万美元。

你会注意到一些细节来说明机制：我们现在的资本化的当前 EVA 较低，但由于家园科技以其市值购买了目标公司，我们拥有更多的投资资本；新的 COV 只是独立 COV 的总和。因此，新的 FGV 也是独立 FGV 的总和，总共所需的 EVA 增量保持不变。[13]

表 4-7 加上了 40% 的溢价，即 8 亿美元，完成。

表 4-7 家园科技 / Affurr Industries 溢价 8 亿美元的 COV 和 FGV

单位：百万美元

指标	家园科技 / Affurr Industries	继续经营价值（COV）	未来增长价值（FGV）
市场价值	7 800	—	—
资本	4 800	—	—
资本化当前 EVA（30/0.1）	300	5 100	
资本化预期 EVA 改善的现值	—		2 700

让我们再次逐步进行计算。

1. 新市值 = 5 000 + 2 800 = 7 800（加上溢价）。

2. 新资本 = 2 000 + 2 800（因为你已经将目标公司的资本和溢价调高到市值）。

3. （1）新 NOPAT = 390 + 120 = 510。

（2）新资本成本 = (2 000 + 2 800) × 0.1 = 480。

（3）新当前 EVA = NOPAT − 资本成本 = 510 − 480 = 30。

（4）新资本化的当前 EVA = 30 / 0.1 = 300。

4. 新 COV = 4 800 + 300 = 5 100。

5. 新 FGV = 7 800 − 5 100 = 2 700。

6. 新 ΔEVA = 2 700 * (0.1) / 11 = 每年永久 Δ2 454 万美元[14]。

新家园科技的合并 COV 仍然是相同的，而 FGV 已经增加了溢价的金额。与之前一样，我们的资本化的当前 EVA 较低，但我们有更多的资本，而溢价仅仅是合并 FGV 的直接增加。

新的 ΔEVA 为 2 454 万美元，通过将其需要的溢价 80 000 万美元乘以其溢价的成本资本回报率（8 亿美元 * 0.1），然后除以 [(1 + c)/c]（或 11），得出每年永久增加的 727 万美元，超过了两家独立公司的独立预期。

这是最重要的一点：尽管这是一个简化的例子，但将美元溢价乘以 c/ [(1 + c)/ c]，其中 c 是 WACC，可以很快算出所需的永久性等额年度 EVA 增量。我们当然可以将其转换为更令投资者满意的逐步增长，正如之前时间表（见表 4-2）所示。投资者也能快速做到这一点。

重要说明：正如我们之前讨论过的，这些是预期的 EVA 增长（NOPAT 减去资本成本），因此如果没有重大的资本增加，那么我们就是在讨论 NOPAT 的变化。由于 NOPAT 根据定义是税后的，我们需要将该数字增加到税前的协同效应数字（根据有效税率），这是我们通常在公告时提供的 EBIT 改进。NOPAT 的变化可以以更快的增长或更好的盈利能力为形式。我们还可以轻松地绘制不同增长或盈利能力改进的表格，以获得所需的结果。最后，由于 DCF 和 EVA 是等价的，我们可以将我们的方法中的 EBIT 或 NOPAT 变化与 DCF 中的 NOPAT 变化进行比较。

七、重温大型交易案例

现在让我们回顾一下本章开始时介绍的大型交易案例。我们现在可以透露，大型快速增长的科技公司 Future Industries 对 Cabbāge 公司提出了收购要约，后者是一家在技术和医疗保健交汇处开发创新应用的大型公司。表 4–8 显示了相关事实数据。

表 4–8　Future Industries 和 Cabbāge 公司情况说明

指标	Future Industries	Cabbāge 公司
股票市值	38 902.28	34 565.80
+ 债务	2 022.13	11 233.44
= 总市值	40 924.41	45 799.24
总资产	42 425.41	44 471.97
– 非利息承担流动负债	8 827.05	13 781.15
= 初始资本	33 598.36	30 690.82
上一年初资本	32 009.84	29 888.60
初始净营业利润（NOPAT）	1 889.34	3 151.33
加权平均资本成本（WACC）	8.00	7.60
溢价	—	10 000.00

注：除 WACC 值的单位为"%"，其余数值的单位都为"百万美元"。

与我们对家园科技和 Affurr Industries 的方法一致，让我们分别审视每家公司，以便我们可以理解每家公司作为独立企业时投资者的预期。[15]（表 4-9 为 Future Industries，表 4-10 为 Cabbāge 公司。）

表 4-9 Future Industries 的 COV、FGV 和永续 ΔEVA

单位：百万美元

指标	Future Industries	继续经营价值（COV）	未来增长价值（FGV）
市场价值	40 924.41	—	—
资本	33 598.36	—	—
资本化当前 EVA (−671.45/0.08)	8 393.13	25 205.23	—
资本化预期 EVA 改善的现值	—	—	15 719.18
为证明 FGV 的永续 ΔEVA	—	—	93.15

表 4-10 Cabbāge 公司 COV 和 FGV

单位：百万美元

指标	Cabbāge 公司	继续经营价值（COV）	未来增长价值（FGV）
市场价值	45 799.24	—	—
资本	30 690.82	—	—
资本化当前 EVA (879.80/0.076)	11 576.32	42 267.14	—
资本化预期 EVA 改善的现值	—	—	3 532.10
为证明 FGV 的永续 ΔEVA	—	—	18.96

现在，我们按照我们的方法将这两家公司合并，形成新的 Future Industries，以及 Future Industries 为 Cabbāge 公司提供的 100 亿美元的溢价。我们还根据两家公司的市场价值以及溢价计算了新的 WACC，为 7.77%。[16] 表 4-11 显示为了证明新的 Future Industries 和 Cabbāge 公司组合的 FGV 所需的 COV、FGV 和永久性每年 EVA 增量。

并购增值

表 4-11　Future Industries/Cabbāge 公司 COV 和 FGV

单位：百万美元

指标	Future Industries/Cabbāge 公司	继续经营价值（COV）	未来增长价值（FGV）
市场价值	96 723.65	—	—
资本	89 397.60	—	—
资本化当前 EVA（-1 782.10/0.077 7）	22 935.65	66 461.95	—
资本化预期 EVA 改善的现值	—	—	30 261.70
为证明 FGV 的永续 ΔEVA	—	—	169.53

让我们再次逐步进行六个计算步骤。

1. 新市值 = 40 924.41 + 45 799.24 + 10 000 = 96 723.65（加上溢价）。

2. 新资本 = 33 598.36 + 45 799.24 + 10 000 = 89 397.60（因为你已经将目标公司的资本增加到市值加上溢价）。

3.（1）新 NOPAT = 1 889.34 + 3 151.33 = 5 040.67。

（2）新资本成本 = (32 009.84 + 45 799.24 + 10 000) × 0.077 7 = 6 822.77。

（3）新当前 EVA = NOPAT - 资本成本 = 5 040.67 - 6 822.77 = -1 782.10。

（4）新资本化当前 EVA = -1 782.10 / 0.077 7 = -22 935.65。

4. 新 COV = 89 397.60 + (-22 935.65) = 66 461.95。

5. 新 FGV = 96 723.65 - 66 461.95 = 30 261.70。

6. 新 ΔEVA = 30 261.70 (0.077 7) / (1.077 7 / 0.077 7) = 每年永久性的 Δ169.53 百万美元。

现在，我们可以轻松地将合并前的独立年度 EVA 增量预期与 Future Industries 为 Cabbāge 公司的股份（并假设债务）支付全市值加上 100 亿美元的溢价后的新年度增量预期进行比较。表 4–12 显示了 Future Industries 承诺的永久性年度 EVA 增量增加 57.42 百万美元，或者永久性每年超过 50% 的巨大增幅。我们还展示了一个简便的近似方法，只需将 100 亿美元的溢价单独视为 FGV 的直接增加，然后使用我们的新 WACC 以及我们的永久性 ΔEVA 公式计算永久性年度 EVA 增量的增长。[17]

让我们稍做停顿，因为这非常重要，也是我们旅程的关键。如果我们直接将 100 亿美元的溢价作为新的 FGV，并将其乘以 c/[(1+c)/c]，我们将得到 5 690.2 百万美元的永久性年度 EVA 增量要求，这非常接近通过完整方法进行计算的结果。[18]

表 4–12　Future Industries/Cabbāge 公司 ΔEVA 计算结果

单位：百万美元

ΔEVA 计算结果	
交易前合计 ΔEVA 预期	112.11
交易后新公司 ΔEVA 预期	169.53
使用我们的方法驱动的 ΔEVA 预期	57.42
直接溢价计算	56.02

换句话说，对于任何 DCF 或基于倍数的估值进行合理性检查都是很简单的。

现在，为了使你需要公告的内容更加现实，我们可以将永续的等额年度增量转换为显示三年内所需协同效应的递增，以 EVA 增量来表达。我们本质上是在三年结束时将 FGV 转换为 COV，这可能更能

令投资者满意。记住,因为 EVA 基于 NOPAT,这些都是税后结果。回想一下我们本章早些时候提到的三年递增公式:

$$FGV = [(1+c)/c]\{[\Delta EVA_1/(1+c)]+[\Delta EVA_2/(1+c)^2]+[\Delta EVA_3/(1+c)^3]\}$$

使用 100 亿美元的溢价作为 FGV,在 7.77% 的加权平均资本成本下,以 25%、35% 和 40% 的价值实现路径为例,并假设三年后利润表运行水平保持不变,我们得到了表 4–13 中的数据。

表 4–13　Future Industries/Cabbāge 公司三年 ΔEVA 增长计划

单位:百万美元

三年 ΔEVA 增长		
时间	所需 ΔEVA	ΔEVA 运行速率
第 1 年	194.25	194.25
第 2 年	293.08	487.33
第 3 年	360.97	848.30

由于这些是 EVA 的增量,且没有显著的资本增加,它们实际上是 NOPAT 的变化。[19]这将转化为第一年税后利润表的影响为 194 百万美元,第二年为 487 百万美元(即 194 百万美元 + 293 百万美元),第三年维持在 848 百万美元(194 百万美元 + 293 百万美元 + 361 百万美元)的水平,并持续向前。[20]

然而,如果新成立的 Future Industries 将实现协同效应推迟到第三年(在前两年未取得任何协同效应),这将导致在第三年内需一次性实现高达 9.02 亿美元的税后增量,并持续维持——这与三年后所需的合理逐步实现的 3.61 亿美元税后协同效应相去甚远。你可能还会注意到,9.02 亿美元的税后协同效应与本章开始时 Future Industries 宣布的 5 亿美元税前协同效应(或在 28% 有效税率下的 3.6 亿美元税后协同效应）相差甚远，且没有提供具体的实现时间表。当你未提供时间表时，投资者无从判断，只能认为你可能缺乏明确计划。因此，难怪我们的买方在公告当天就损失了大部分溢价。[21]

最终结局是——等着瞧——在提出收购报价之前，任何人都能进行这些计算。如果结果与你即将向市场承诺的税后或等效税前协同效应不一致，那么"休斯敦，我们有麻烦了"[①]。

八、结论

尽管数学原理非常明确，但让我们再次强调本章的核心要点。为一项收购支付溢价需要一个坚实的商业计划来支撑前期的投资。尽管 DCF 估值被广泛使用，但它对于未来假设中的细微变化极为敏感，尤其是在协同效应方面，存在着为了合理化所需支付的价格和溢价而牵强附会的潜在风险。特别需要注意的是，公告前的 DCF 假设成为交易报价中的承诺——收购方有义务实现这些目标。一旦你确定了目标公司的价格并支付了交易费用，唯一会变动的价格就是你的，而非目标公司的。[22]

任何在实现这些改进上的延迟都将被证明是代价高昂的。投资者不喜欢听到你暂时无法支付"按揭"的消息。他们很聪明：他们清楚你不能简单地一按开关就在未来某个时刻激活协同效应。因此，任何交易必须在公告时包含协同效应的递增，以达成两个目标：第一，让投资者相信你拥有明确的计划；第二，在支付的溢价上获得相应的资

---

① 原句为"Houston, We have a problem"。这句话是电影《阿波罗 13 号》（*Apollo* 13）中的经典台词。——译者注

本成本回报。

未来增长价值或 FGV 意味着 EVA 的提升，任何支付的溢价只会提升标准。将溢价转化为 EVA 和 NOPAT 的递增，是对 DCF 估值输出的一个合理性检验，这种估值为溢价提供了理由——投资者可以在短短几秒内完成这种计算。假设投资资本以及相关的资本成本没有显著增加或减少，EVA 的变化即转化为 NOPAT 的变化——当然，任何投资资本的增加都将需要相应的 NOPAT 增加，以补偿额外的资本成本。

记住，这个过程不仅是对目标公司估值的检验，也含蓄地审视了交易的商业计划——这是一个向董事会、员工和投资者讲述的故事。如果这个故事不具有说服力或未能达成期望，收购方的股价将会下跌，从根本上削弱 FGV——投资者愿意赋予公司的盈利增长预期。公告日，即下一章要讨论的焦点，是所有这些要素汇集的日子，必须像并购过程的其他每个部分一样被认真对待。

第五章

他们会有理由欢呼吗

当然，这里确实存在一些协同效应。我还不确定它们具体在哪里。此时贸然下定论，无疑将自陷愚昧的游戏中。

——巴里·迪勒在1994年QVC计划收购CBS的公告日上所说

公告日，常被视作欢庆之时，这是很合理的。通常有很多理由值得庆祝。两家公司的决策层已一致点头，批准了此次交易。收购方的董事会，不仅审视了策略，还仔细评估了估值，并对整合的高层策略进行了深入思考。此番决定，获得了双方投行券商与律师的共鸣与支持，他们均坚信此举符合各自公司的最高利益。[1]

然而，这种对庆祝的过分关注往往会增加与关键利益相关者，特别是投资者沟通时考虑不周的可能性。若收购方在公告日犯错，他们将给投资者卖出股份的理由。不管是准备不足，交易策略模糊不清，还是收购方无法为定价、支付方式或溢价进行辩护，又或是投资者难以捉摸协同效应——他们所感知的是，管理层缺乏周全的计划，而他们会做出相应的反应。[2]

正如我们在第一章所展示的研究中看到的一样，市场对并购公告的反应，无论是正面还是负面，本质上都是投资者基于管理层披露的新信息对收购方交易价值的初步预测，包括我们所做的研究在内的大量证据，都凸显了投资者反应的重要性。美国证券交易委员会前首席经济学家格雷格·贾雷尔总结相关文献时指出："我们掌握的证据表明，市场的初步反应是预测交易结果的可靠指标。"这与我们的研究结果一致：如果交易受到冷遇，收购方的股价很可能持续表现不佳（尤其在股票交易中）。[3]

然而，无论是实务中的交易者还是学术上研究交易的学者，常常将并购沟通作为次要考虑。这是一个重大的疏忽。公告日标志着交易生命周期的关键转折点，投资者的反应为之奠定了决定性的基调。众多利益相关方与观察者将迅速对投资者报告及其他沟通内容进行评估与审视，以判断这笔交易——可能是收购方历史上最大的一笔资本投资——是否符合战略逻辑，并评估其价值是否合理。

股东非匿名之辈：他们往往正是公司内部的员工。当一笔交易引致收购方股价下跌5%、10%，甚至更多时，不仅会使那些肩负交易重任的员工失去大部分养老金资产，还会导致他们的士气变得低落，这还在关键的整合任务和兑现承诺的协同效应落实之前就已经如此。最杰出的员工或将开始探寻新的就业机会。如此，反过来侵蚀了管理层信誉的坚实基石，使其他利益相关者更难对交易的经济稳健性产生信心。[4]

因此，公告日的沟通策略可能成为从获得股东批准到两个截然不同的组织文化的融合等诸多事项成功与否的分水岭。它绝对不仅仅是上演一场"秀"。然而，切记，投资者是敏锐且机警的，他们将迅速洞悉那些无稽之谈，花哨的新闻稿和电话会议并不能挽救经济效益不佳的交易。

设计公告日的沟通方案要求收购方与目标公司考虑并应对在新闻发布时即将了解交易详情的所有利益相关方。每家公司的领导应预见到紧凑且精确到分钟的日程安排，这使得他们在同一天内与投资者、媒体、员工、客户、供应商等接触。当领导忽视或不当处理任何个体或群体所传达的信息时，其后果往往是直接且长远的，包括社交媒体上的流言蜚语和诽谤，以及可能影响客户体验的生产力损失。即使你的计划执行得天衣无缝，你的信息强而有力，利益相关者仍可能对竞争对手招揽他们的电话有更高的敏感度。

一、公告日的准则

公告日是一个非凡的时刻，战略、企业金融、沟通、竞争者行为和人类行为等多个学科在此刻汇聚。它能立即影响收购方的价值，是并购连锁反应的转折点。

（一）三大核心功能

筹备公告日有三大核心功能。

首先，尽职调查期间精心设计的并购沟通可作为收购方高层解读交易逻辑的试金石，让他们在公告日之前就能像投资者一样思考。可以将其视作尽职调查过程的最后一站。这笔交易是否让投资者有更多买入而非卖出的理由？其次，新闻稿、投资者推介会、电话会议和采访将为投资者自己的尽职调查提供素材。最后，企业文化从公告开始。领导者的言辞对双方员工至关重要，因此沟通必须深思熟虑且具备明确意图。如果你并非真心如此，不要表达你是为了两家公司的最佳利益而进行收购。领导者要为事情如何进行定下基调和预期。

尽管员工和股东以及客户与供应商的利益可能并非完全一致，但他们确实有许多共同之处。所有各方都必须处理不确定性和疑虑，并且都需要了解交易背后策略的逻辑、CEO 的计划、"这对我有何益处"，以及新的管理团队是否有经验和能力在出现问题时管理新组织。

公司应如何准备一个有效的并购沟通策略？认真对待整个过程：不要等到公告前的周末才开始准备。为重要的利益相关者讲述一个故事，用同样的逻辑向他们展示这笔交易值得进行的理由，协同效应如何体现，以及你将如何实现协同效应。最后，确保你能预测批评者会提出的观点和在公告期间可能面临的问题。这需要你从外部视角审视这笔交易。但这三个核心功能的每一个都将证明努力是值得的，因为它们能让你在市场反应之前做好准备。

（二）提前着手准备

公司在向董事会提交交易方案之前，必须提前站在投资者的角度考虑问题。公司应尽早邀请沟通专家参与，以深入了解交易和其战略益处，进而开始策划沟通方案。并购的推出可比拟一场政治竞选，涉及详细的日程安排、时间表、风险因素，以及应对反对者的计划。遗憾的是，这个过程往往启动得过于缓慢。

（三）深入探讨交易假设、具体收益和协同效应、最坏情况假设以及执行时间规划

合并双方必须认真思考他们的信息传递以及传递这些信息的对象，对象包括股东和分析师、投行券商、员工、媒体、客户，还有工会、监管机构、政府官员、战略伙伴和评级机构等群体。

此外，相关材料应清楚而有逻辑地阐明交易商业案例如何增加价值。如果交易短期内对每股收益造成稀释效应，但长期来看具有战略

意义，那么就必须提供令人信服的盈利增长的经济论证。尤其要让投资者和员工相信公司有能力实现其承诺，并且他们的处境将在交易完成后得到改善。如果交易确实具有战略性，还需要解释为何必须支付额外的溢价来完成交易。

（四）提前准备全面的问答文件以应对潜在批评

在公告日准备过程中，新闻稿、投资者推介会、给各利益相关方的信件和其他文件将陆续产生。问答文件的目的是提出并回答投资者、分析师和媒体在公告当天早上可能提出的所有难题。如果交易团队无法令人信服地回答沟通团队提出的40个左右的问题，那这对交易来说将不是一个好兆头（这些问题与参与决策的董事会在批准交易前应提出的问题相似。关于董事会角色的更多详情，请参见第九章）。

实际上，提出棘手问题可能迫使交易团队思考他们可能尚未仔细考虑的细节，如：

- 成本节约的主要来源是什么？
- 裁员将在哪些地方进行？
- 哪些工厂将关闭？
- 执行的时间表如何？
- 收入将产生何种影响？
- 是否存在对业务运营模式的变更？
- 谁将负责领导整合过程？

管理者应避免不经思考地使用如"融合"和"协同效应"这样的

流行词汇。这些词汇再加上过高的收购溢价和缺乏实际计划的收购，将向投资者传递一个明确的信号：卖出。

二、投资者推介会关键测试

准备投资者推介会的根本目的是作为一种核心检验工具，验证交易的经济和运营主张的真实性，这代表着尽职调查过程的终极阶段。并购沟通必须清晰表明，高层管理者完全掌握其所提出的建议和承诺，并有能力贯彻实施。

我们在第二章中提到的家园科技公司 CEO 查斯·弗格森，正准备宣布对联邦 IT 巨头 Affurr Industries 进行收购。查斯清楚，他正为这笔大型交易支付高额溢价，但他坚信自己的战略逻辑牢不可破，显然将为家园科技带来显著的价值机遇。他不断审视其他投资者的推介会，并在思考应包含哪些内容上犹豫不决。

然而，查斯的投资者关系负责人艾莉森·德明斯（Allison Demmings）向他保证，她和她的团队在外部顾问的协助下，已经准备了一份杰出的投资者推介会演示文稿——内容翔实、信息量大、体现尊重。艾莉森的演示文稿深入探讨了行业的主要趋势、交易的规模及家园科技的支付方式、交易如何使合并后的公司在其所有业务市场份额中位居前列，并详述了预计在第三年年末将完全实现大量成本协同效应。此外，还包括对预期财务状况的详细分析，以及交易如何增加盈利。

尽管艾莉森的投资者演示文稿在表面上似乎提供了丰富的信息，但为了通过投资者推介会的关键考验，它需要更深入、更全面地展开。在向投资者和其他利益相关者解释一项收购时，有三个问题显得尤为关键。

1. 是否有一个可信的案例，拥有可辩护和可追踪的协同效应目标，这些目标能否由收购方完成，并能否由投资者随时间跟踪监控？

2. 本次叙述是否有助于降低不确定性，并为组织赋予清晰的方向，使员工得以高效执行？

3. 本次陈述能否有效地将并购后的整合计划与交易的经济逻辑联系在一起？

1. 你是否拥有一个可信的案例，设定了可辩护且可追踪的协同效应目标，且这些目标能被你实现，并由投资者持续监控？

你所讲述的故事（即战略逻辑）必须明确展示公司如何能够超越当前预期，如公告前的股价所显现，并以竞争对手难以模仿的方式实现。这种逻辑必须伴有合理且易于理解、追踪和监控的运营目标。

如果只是预测协同效应带来的过分乐观的收益，却未解释这些收益将如何或何时实现，便向投资者发出了警告信号，那么与其做出无法评估或追踪的大胆预测，不如一言不发。更重要的是，投资者根本不会相信投资者推介会常见的那种庞大而笼统的协同效应数字。为什么？因为他们无法追踪或评估具体收益如何累计至总数。但他们会期望追踪具体的细节。当管理层无法提供可供投资者追踪的可信指导时，便未能通过这个至关重要的第一个测试，给人留下严重误导的印象，并被认为一个没有任何可追踪信号的巨大数字是缺乏具体计划的。

以一家大型科技公司为例，该公司宣布了历史上最大规模的对一家竞争对手的全股票收购交易，溢价 25%。在公告时，管理层宣布了高达 25 亿美元的成本协同效应，大部分成本节约来自人员减少，但未提供任何关于这些减少将在哪些业务领域进行或何时发生的具体指导。他们还宣布，合并后的公司第一年的收入将下降 10%。他们模糊地声称这些协同效应将在"接下来的两年内"实现，这并不构成具体的指导。市场对此类模糊声明持反感态度。

结果怎样？他们的股价在公告当天大幅下跌，以至于到公告日结束时，目标公司的价值比开始时还要低，这超过了此全股票交易中提供给卖方的 25% 溢价。

更隐蔽但潜在影响更大的是，忘记了自己的发展历程，在没有足够解释的情况下宣布与之前发展方向完全不同的激进转变。投资者之所以被你的战略吸引，是因为他们视你为你的业务领域的专家。告诉他们你将收购另一家公司并转向新方向，而不说明如何和为何，无异于自寻灾难。

以金融服务公司康赛科（Conseco）为经典案例，15 年间，该公司的股东回报率在标准普尔 1500 指数中遥遥领先，平均年回报率达到 39%。康赛科长期以来一直专注于收购，收购了超过 40 家地区性的人寿和健康保险公司，立即削减后台办公室的成本，并将收购的公司整合到位于印第安纳州卡梅尔的康赛科后台系统中。康赛科跟踪这些公司，并基于经验，了解它可以预测性地削减多少成本，需要多长时间，以及为此付出多少代价来向股东提供卓越的回报。

同样重要的是，投资者逐渐适应了康赛科的战略，并因年复一年股份增值而获得回报。他们相信这种成功的战略将继续下去。

但是在 1998 年，康赛科宣布了有史以来最大的交易，通过全股票方式以76亿美元收购次贷移动房屋贷款公司Green Tree Financial，溢价率为83%。康赛科CEO史蒂夫·希尔伯特（Steve Hilbert）试图将对Green Tree的收购称为"战略性的"，他声称该公司有成功的历史记录，而且该收购使康赛科在不断增长的金融服务市场占据了一席之地。他还声称，该交易不是像康赛科过去的交易那样由成本节省驱动。相反，协同效应将来自交叉销售带来的收入增加。

康赛科的股价在公告日下跌了20%以上，并在一年内下跌了50%。仅仅几年后，该公司申请破产保护。这不仅是战略上的根本性变化，而且没给投资者任何可追踪的内容。投资者不会因为你说它是如此，就相信交易是战略性的。[5]

相比之下，当Nexstar Media Group在2018年12月宣布以64亿美元的现金（包括承担的债务）收购Tribune Media时，其投资者推介会清楚地阐述了战略、财务和运营的基本原理，以及通过"在所有市场上提供全国性一体化、综合性和竞争性的服务"在迅速变革的媒体行业如何更好地竞争的计划。

Nexstar有效地塑造了投资者对新组织的预期，并清楚地阐述了可追踪的1.6亿美元协同效应目标的细分情况——2 000万美元的企业开支（重复费用），6 500万美元的电视台和数字业务组成本削减（电视台费用、支持服务、第三方供应商的收入转移），7 500万美元的Tribune节目的净转播收入（通过将Nexstar的费率应用于Tribune的用户数量，提高利润率），都预计将在交易完成后的第一年内发生，同时还包括计划的资产剥离（根据联邦通信委员会的所有权规定估计为10亿美元）。Nexstar的CEO佩里·苏克（Perry Sook）还强调了公司基于最近交易中成功实现承诺的协同效应，公司有能力产生预期

协同效应。⁶

投资者对此做出了反应，在公告后的48小时内，Nexstar的股价上涨了11%（近4亿美元）。然后，Nexstar在公告后的第一年中表现出色，以38%的股东总回报率超过同类指数14%。

向投资者提供交易的可追踪细节对于赢得和保持他们的信任和信心至关重要。此外，那些具有良好收购记录并能兑现承诺的收购方将具有真正的优势。首次向公众市场宣布具有显著协同效应承诺、高溢价的交易，或与过去完全不同的交易观点的收购方，将不得不在推介会中表现得更加有说服力——特别是对于通常受到怀疑的全股票交易演示。⁷

2. 你的故事是否有助于减少不确定性并为组织提供方向，以便员工能够有效地交付？

不确定性是并购中不可避免的事实之一，尤其是对于那些必须执行计划的员工而言。但是，重大并购公告不必要的不确定性会更加混乱，使本已令人不安的整合计划更加复杂化。这种公告不仅会让员工对交易逻辑产生怀疑，还会促使他们积极考虑其他职业选择。

员工希望能够快速而真实地了解他们将受到的影响。因此，最好的投资者推介会在公布交易时就安排好新的管理团队和重要的汇报关系，以避免可能危及两家公司整合的领导真空情况。在传达任何容易被曲解并引发谣言的内容之前，高管们还应该处理需要大规模搬迁和裁员的工厂关闭问题。致力于员工体验的收购方会明白，他们的新体验从公告就开始了。

我们之前讨论的那家大型科技公司的管理者表示，他们将在两年内裁员15 000人，以节约25亿美元的成本。但是员工和投资者知道，在交易之前，这两家公司已经计划和宣布了约11 000名员工的裁员。由于它没有提供裁员名单，此公告对员工来说堪比一块大石头。可预见的是，它创造了猎头的天堂。该策略公告暗示的不确定性导致了公告日收购方股价下跌19%。随着目标公司和收购方在媒体上的竞争加剧，股价继续下跌。

想想Avis Budget Group在2013年1月宣布以高达49%的溢价全现金收购Zipcar的投资者介绍的清晰程度。该交易将使Avis Budget能够成为快速增长的汽车共享领域的领先创新者，并使Zipcar能够通过利用Avis Budget现有的车辆租赁基础设施和技术平台来加速增长。投资者介绍中指出，该交易将从三个来源产生每年5 000万至7 000万美元的年度协同效应，这三个来源的比例相对均等，在投资者介绍中详细列出：成本［降低车队采购成本；降低车辆运营、融资和保险成本；降低总部管理费用（G & A）和消除公共公司成本］，车队利用率的成本和收入（通过利用现有的Avis Budget车辆来满足Zipcar的需求，并扩大Zipcar的周末机会），以及纯收入协同效应（通过在其客户群、产品提供和地点中扩展几个Zipcar使用案例来扩大收入协同效应）。[8]

对于员工而言，同样重要的是Avis Budget对Zipcar体验的承诺，这一体验专注于革命性地改变个人出行方式。Avis Budget的CEO罗恩·纳尔逊（Ron Nelson）宣布，Zipcar的CEO和COO将继续担任领导职务，还强调该交易将增强员工的个人和职业发展机会。Zipcar还将保留其马萨诸塞州总部。

Avis Budget的介绍甚至明确说明了每年损益效益与其将在每年

底实现的运行速度之间的区别,这是高级管理层经过深思熟虑并有计划发出的强有力信号。他们还强调了过去实现承诺的协同效应的收购历史记录。投资者的积极公告回报率为9%(约2亿美元的股东价值),并在第一年总股东回报率为105%,超过同行64%。

公告中只能涵盖有限的内容,因此这些早期信号对于员工、投资者和客户来说非常重要。收购方在公告中越能形成预期,员工就越能开始感受到他们将如何融入未来的计划。如宣布领导层或对共享价值观或客户体验的承诺等早期作品,紧接着是在一段时间内了解人才选择和福利流程的时间表,都会让员工感到平静,从而在一开始对交易有更好的感觉,随后引发他们对交易将如何进行的兴趣,鼓励他们看到自己在公司的未来(有关此内容的更多信息,请参见第七和第八章)。即使不能完全消除不确定性,也可以减少不确定性。对于未来有更清晰的认识的员工将更好地参与交易前的规划和交易后的执行,或者至少减少干扰。

3. 你的介绍是否有力地将合并后整合计划与交易的经济效益联系起来?

正如我们所讨论的,收购通常涉及向被收购公司的股东支付显著的溢价。这种溢价是一个出乎意料的冲击——它即时且直接地增加了目标公司的增长价值,且从第一天开始,资本成本的计时器就启动了。遗憾的是,传递给投资者的信息并不总是与证明支付价格合理性所需的绩效相符。

即使管理层对问题1和问题2提供了可信的答案,如果协同效应的现值不足以证明溢价的合理性,或者溢价造成了一个可能无法实现的绩效改进问题,投资者会下调收购方的股价,以反映交易的"真实价值"。可以将其视为一张简单的经济资产负债表。如果溢价不能代表可能实现的价值(即可预见的资产超额支付),那么经济资产负债表将通过从收购方的股东价值中减去预期的超额支付来保持平衡(降低其未来增长价值或 FGV)。

更直白地说:不要忘记你的投资者会进行数学计算,他们将评估你所承诺的经济效益。

最容易导致投资者抛弃股票的,莫过于无法证明给一家公司股东带来价值的交易。如果收购方未能提供关键信息,可能会导致其损失的价值超过溢价,因为公告无意中向投资者发出的信号表明公司可能试图掩盖其他内部问题,无法实现其自身的独立价值。

假设一家大型国际保险公司以 50 亿美元的全股票溢价收购一家美国保险公司,但表示每年只会有 1.3 亿美元的税前协同效应。如果我们像投资者那样以该公司的 10% 资本成本对 1 300 万美元进行资本化,协同效应的现值仅为 13 亿美元(不考虑税收,假设所有协同效应将在第一年内实现)。投资者是聪明的。这家潜在收购方市值在竞标公告时的股价下跌了 35 亿多美元,这大致是溢价和公告的可追踪协同效应的现值之间的差距,极大地降低了收购报价的价值,使得另一家全球保险公司脱颖而出成为获胜的竞标者。

相比之下,Nexstar 为 Tribune 提供了 20%,即 7 亿美元的溢价。按照相同的计算方法,并以 27% 的有效税率和 7% 的资本成本,Nexstar 表示将在第一年内全部实现 1.6 亿美元的税前协同效应,得出 1.7 亿美元的价值,远远超过收购溢价。

即使是长期经营的经验丰富的收购方,如果宣布的交易似乎偏离其成熟的商业模式，他们根据其他不同交易的成功预测某种类型的交易的收益，也可能会引起投资者的不满。例如一家大型消费品公司宣布以50%的溢价斥资56亿美元收购一家品牌公司。该收购方在30年内成功完成了小规模、单一产品的收购，整合了小型"填充性"交易，这些交易侧重于效率。问题是，这项新交易的平均规模是他们最大交易的50倍，是其之前最大交易的10倍，比以往任何交易都要复杂得多。

尽管两家公司通过相似的销售渠道向同一批客户销售家庭产品，但它们的竞争方式不同。收购方侧重于低价而不是高价品牌创新产品。他们有不同的生产流程和成本结构。即使没有支付大笔溢价，收购方也必须捍卫这些高价品牌产品线的收入轨迹，以抵御更便宜的仿冒产品带来的竞争威胁。

收购方的股东在新闻中损失了10亿美元，恰好是收购溢价的数额，并且在第一年下降了一半的股价。CEO后来承认："我们支付得太多了。"投资者在公告时就知道了这一点。[9]

即使是最优秀的收购方，也必须认识到他们从一开始就承诺的内容以及投资者从一开始就会看到的挑战，然后根据这些计划与他们沟通。

这三个问题可以用一个简单的问题来总结，即董事会和管理层在大型交易投票前应该问自己几个问题：这笔交易将如何影响我们的股价？为什么？作为一名董事或领导者，你必须相信，考虑到价格和所有即将发生的组织干扰，交易是值得的，它符合股东的最佳利益——不仅是现在，而且还要持续到完成交易及以后。你的公告日沟通过程必须让利益相关者与你感受到同样的信念感。

请记住，如果你没有回答这三个问题，投资者会认为你无法回答这些问题，也没有计划，并且会因此对你进行惩罚。

三、在实际案例中的三个问题：百事可乐收购桂格燕麦

尽管很多公司在并购沟通方面出错，但那些做得正确的公司将在公告日和长期内为股东带来巨大的回报。让我们来看看百事可乐在 2000 年 12 月正式宣布以 134 亿美元全股票方式收购桂格燕麦公司的案例。

在完成这笔交易之前，百事可乐必须克服重大的沟通困难。市场上已经连续几周报道了关于桂格燕麦的不太私密的拍卖，可口可乐和法国食品巨头丹诺集团是两个备受关注的潜在竞标方。在百事可乐提出为桂格燕麦支付 22% 的溢价后，尽管面临竞争对手提出更高报价的情况，但是百事可乐没有提高自己的出价，它表现出不同寻常的克制。百事可乐的公告得到了投资者的积极反应。公告后，其股价上涨了 6% 以上，接近 40 亿美元，并在公告后继续在同行中表现出色。

百事可乐以详细的新闻稿和投资者介绍为开端，支持着漫长的分析师/投资者电话和网络直播。它还向员工、客户和装瓶厂商发送了信件，以解决他们的各种问题。更特别的是，百事可乐不仅承诺在交易完成后的第一个完整年度将增加盈利，而且还进一步表达了预期的资本投资回报率（ROIC）的结果，称在 5 年内将增加 600 个基点。虽然老练的投资者理解这种表述，但在并购新闻稿中很少见到。百事可乐还在公司网站上提供了详细的材料，概述了协同效应的详细情况。

百事可乐的投资者介绍具有三个关键特点：可证明和可追踪的协同效应目标，清晰易懂的"基础"情况；领导和汇报关系的明确性；以及足够的协同效应来证明溢价的合理性。

一开始，百事可乐重申了投资者已经相信的基本情况。它向投资者详细说明了公司已经承诺的有关收入、EBIT、EPS 和 ROIC 增长的内容。因此，作为改进方法的协同效应，可以明确表述为利润增长。

接着，百事可乐详细描述了它在实际预期上的协同效应，并将这些预期的增益与其预期但并未包含在投资者模型中的收益区分开。投资者介绍比较了预期融合后公司的收入、EBIT、EPS 和 ROIC 增长率与百事可乐和桂格作为独立实体的情况（新的基础情况）。介绍未包含有关通过百事网络销售桂格燕麦的 Gatorade 饮料线的效益的任何数值假设，尽管这一数值可能是巨大的。相反，百事可乐强调 Gatorade 对百事可乐的纯果乐（Tropicana）业务带来的好处，通过更好地管理杂货店中的环境（货架稳定）饮料通道。管理层清楚地阐述了它如何计划将桂格燕麦及其几个品牌整合到百事可乐中，以及两家公司的能力将如何被利用来实现额外的增长。

介绍偏向于做出适度的成本节约假设。总共确认了 2.3 亿美元的协同效应，并以其对营业利润的各自贡献来表示：来自纯果乐收入增加的 4 500 万美元；通过 Frito-Lay 体系销售桂格零食的 3 400 万美元；来自采购节省 6 000 万美元；来自销售及一般管理费用、物流和热灌装制造方面的成本节省的 6 500 万美元；通过消除企业冗余节省的 2 600 万美元。投资者和员工对他们可以期待和追踪的交易结果感到有信心。

新的领导和汇报关系是清晰的。百事可乐宣布史蒂夫·莱因曼德

（Steve Reinemund）将成为新的主席兼CEO，英德拉·努伊（Indra Nooyi）将成为总裁并保留她的首席财务官职务，罗杰·恩里科（Roger Enrico）和鲍勃·莫里森（Bob Morrison）（桂格燕麦的前主席兼CEO）将成为副主席并向莱因曼德报告。

此外，百事可乐即将离任的主席罗杰·恩里科强调，管理层对成本节约和收入协同效应的估计较为保守。尽管公司高层发生了变动，但几乎每个利益相关方都了解他们将如何受到交易的影响。

因此，所有利益相关方，包括投资者和员工，在业务的每个主要部分都对他们可以期待和追踪的事项感到有信心。投资者可以清楚地看到交易将如何提高营业利润、更有效地利用资本，并降低税率，这足以证明桂格燕麦提供的约22亿美元的22%的并购溢价是合理的。

在宣布这笔交易的12月电话会议上，百事公司成功营造了对交易的积极初步印象，从而使其股票获得了强劲的正面反响，正如我们先前提到的，股价几乎增加了40亿美元。这种积极的看法得以持续，归功于2002年8月2日交易完成后的精心策划流程。在那时，百事公司以Excel格式发布了合并后的重述财务报表，并详细回顾了自最初介绍以来发生的所有变化。同时，公司还举办了一整天的投资者会议，深入审视协同效应和增长机会。得益于百事公司在交易完成过程中所展现的透明度，公司实际上将预期协同效应的价值从2.3亿美元增加至4亿美元。[10]

借助精心准备的文件、成功的投资者电话会议和在交易完成时的细致跟进，百事公司能够绘制出这笔交易及其对公司战略和财务影响的全面图景。

四、为公告日成功的战术准备

关键问题仍然存在：如何为重要的公告日做好周密的准备？一个准备充分的公告日需要涵盖众多细节，提供给每位参与者和各利益相关方群体详细的指导。试图在没有周密指南的情况下应对所有这些复杂因素，无异于自寻烦恼。

在公告日的筹备中，需要考虑以下五个关键要素。

1. 正式界定并记录交易理念及关键信息。
2. 明确利益相关方。
3. 与外部媒体合作。
4. 选择传播渠道。
5. 确定时间安排和出席情况。

（一）正式界定并记录交易理念及关键信息

你应该已经清楚这笔特定交易如何与你的整体战略相契合。这正是我们一直强调的：创建、表达并精炼你的交易理念。现在是时候专注于如何向所有利益相关者明确传达这次特定收购的逻辑了。虽然你可能对逻辑了然于胸，但如何将其表达出来可能是另一个挑战。公告日是明确传达交易如何支持公司未来战略的关键机会。你可以创建的具体工具之一是"演说提纲"，即一份供领导和沟通团队在内外一致使用的剧本，用以讨论交易的合理性。

（二）明确利益相关方

你的员工属于哪种类型？他们是轮班工作吗？他们可以使用哪些技术？确定哪些受众（高级管理人员、经理）需要预先了解信息，以及应该为关键传达者提供什么样的支持或谈话要点。考虑你将通过所有员工和其他利益相关方进行的一般外部联系（例如将电子邮件公告随后发布到新闻稿），以及可能需要采取的特定宣传，以解决针对某些员工的限制（例如地点、技术访问）。

（三）与外部媒体合作

演讲提纲是构建一组可在内外部使用的信息的核心资产。假设员工会寻找有关交易的任何信息，特别是考虑到在当今信息非常普遍的情况下，员工会寻找外部传媒进行沟通。确认任何可能对交易产生负面影响的要点，比如员工数量的协同效应，并准备清晰的关键信息来直接解决人们的顾虑。

在内部信息中直接阐明外部沟通中的任何主题或信息。例如我们曾经有客户在新闻稿中提到了收入协同效应，并使用内部简洁的信息来澄清，这个主题侧重于增长和扩大市场机会，而员工数量保持不变。无论如何，在没有澄清的情况下，员工可能会感到焦虑，并假设最坏的情况。

考虑目标公司的地方动态，思考地方新闻是否可能是风险或机会。考虑与某些有影响力的地方媒体合作，签署保密协议（NDA），或者在交易的叙述上进行禁令发布或采访，以控制有关交易的叙述。了解跨地方经济如何看待交易的风险。考虑地方新闻是否会在企业沟通之前传达给某些员工群体，如上晚班的员工。

对于内部信息，考虑目标员工主要关心的问题：我还有工作吗？我将向谁汇报？我的工作会发生什么变化？在可能的情况下直接回答问题，或者如果不确定，则说明正在着手解决问题，尚未做出决策。在可能的情况下，让员工知道何时能够告诉他们更多信息。

考虑可能需要为其他方（如客户和供应商）提供的信息，并通过与交易总体信息相一致的谈话要点为需要与这些方互动的员工提供支持。

（四）选择传播渠道

在考虑传播渠道时，确认所有利益相关者都能够访问多个传播渠道（例如互联网、计算机、直播视频等），以便广泛地访问信息。如果已经存在良好的政策和实践，就要考虑如何利用社交媒体。重要的是要监控在社交媒体上人们如何看待交易，以便在开始整合规划时调整你的方法。

传统的传播方法，如电子邮件公告、会议，可以通过其他视觉营销提示（例如休息室的海报、工厂入口处的本地标识）来增强，从而创造出兴奋感。其他营销机制，如直邮或录制电话信息，适用于工作时间与公告的时间不相吻合的受众。

（五）确定时间安排和出席情况

决定你希望领导团队中的哪些成员在何时何地出席。在收购方和目标方之间平衡混乱程度，以确定现场出席的优先级。如果只有收购方的高管在 Day 1 出现，要谨慎考虑"大举出动"的印象。确定你希望或不希望目标公司领导团队的哪些成员出席。

考虑员工的工作时间表，是否所有班次的员工都应该同时听到这个消息，或者沟通安排是否应基于班次（如果在早上宣布这个消息，是否会对夜班造成影响）。为公告做准备时，考虑举行领导层预备会议，以准备关键领导人并确认最终日程安排。

五、挪威邮轮控股公司的公告日

为了展示这些要素是如何结合在一起的，我们将分享一个利益相关者沟通的典型案例——挪威邮轮控股公司的公告日。其中一个我们尤为欣赏的事件发生在 2014 年 9 月，当时挪威邮轮控股公司（以下简称挪威邮轮）宣布同意以约 30 亿美元的现金和股票收购 Prestige 邮轮控股公司，该公司运营着大洋邮轮和七海邮轮。这项交易通过将高端的大洋邮轮和奢华的七海邮轮与面向大众市场的挪威邮轮品牌（以其"自由式邮轮"著称，无固定用餐时间或正式着装要求）结合，提升了公司与行业巨头嘉年华公司和皇家加勒比集团的竞争力。

这笔交易之所以取得重大成功，部分得益于一个精心设计并执行得当的公告日策略。

主要管理员包括挪威邮轮的 CEO 凯文·希恩（Kevin Sheehan），Prestige 的 CEO 弗兰克·德尔·里奥（Frank Del Rio）以及挪威邮轮的销售、市场营销和乘客体验负责人安迪·斯图尔特（Andy Stuart）。

这笔交易于 2014 年 9 月 2 日通过新闻发布会宣布，明确了交易的逻辑，并于 2014 年 11 月 19 日按计划交割。这笔包括债务承担在内的 30 亿美元交易，第一年就确定了 2 500 万美元的协同效应，以及整合后的额外机会。

挪威邮轮控股公司概述的交易理由非常清晰：

- 通过收购高端优质品牌，实现邮轮市场细分。
- 进一步提高业界领先的财务指标。
- 在品牌之间提供协同效应和最佳实践共享的机会。
- 提高规模经济，提供更大的运营杠杆。
- 扩大增长轨迹和全球足迹。
- 利用现有的七海邮轮订单来补充挪威邮轮的新船订单，从而在2019年之前实现有序容量增长。

公告日前的策略意图是尽一切可能保护和维护邮轮社区中存在的信任和亲密感，并确保在宣布交易时，从船上员工到登上挪威邮轮、大洋邮轮或七海邮轮的乘客，每个人都感到被重视和与自己相关。挪威邮轮的目标是打造一种体验，确保每个人都"以个性化的方式被关怀"。

首先，他们试图了解组织中所有关键领导人，以及员工希望从谁那里听到交易的消息（例如从船长那里得知消息）。挪威邮轮为每位领导人拟定了消息传递策略。尽管这些信息相似，但内容针对各自的目标受众进行了调整。

挪威邮轮为 CEO 和 CFO 设置了剧本和时间表。他们和其他 10 位组织的关键领导人在交易宣布前一天和之后两天的日程被完全封锁。这为他们提供了时间，并展示了他们对公告的严肃程度。

交易的消息原本计划保密，因此在公告日前一晚首次向公司内部低层管理者传递了交易消息。在这一天，消息被共享给了双方的副总裁们。

同时,下班后举行了预备电话会议,在会议中分享了第二天使用的"工具包"。挪威邮轮还提前通知了可信赖的媒体有关交易的消息,虽然前一天进行的采访处于保密状态,直到公告日早上 6:00 才解禁。官方新闻稿也在早上 6:00 发布。

有些人担心员工在上班途中了解到这笔交易,特别是在迈阿密,因此当员工到达时,有人在门口迎接他们,宣布交易并交给他们一份传单,上面写着他们所在公司领导当天上午晚些时候举行的特定市政厅会议的信息。

上午 9:00,挪威邮轮的销售、市场营销和乘客体验负责人安迪·斯图尔特根据事先拟定的谈话要点主持市政厅会议,并回答员工的问题。CEO 弗兰克和 CEO 凯文大部分时间在与媒体通话。当天下午,挪威邮轮与供应商和客户联系,包括旅行社和乘客。(挪威邮轮强调了代理商,而 Prestige 则强调了乘客,尽管两家公司都关注彼此。)

对供应商的接触包括有意识地与面向乘客的重要群体接触,如在邮轮上表演的工会。挪威邮轮与其试图推广的整体文化相呼应,以透明和诚实的方式接触供应商,向他们保证,尽管在交易中尚不清楚事情将如何发展,但挪威邮轮希望承认他们可能担忧的问题,并表示他们将继续以诚信合作伙伴的身份行事。所有人都被联系上了,甚至规模较小的供应商也收到了信件。

弗兰克和凯文还在交易宣布后的一周内回答了员工的问题。

然而,这并不是一帆风顺的。在迈阿密,邮轮业像一个小而紧密联系的社群。了解交易情况的人提前知道了这笔交易(尽管官方被禁止公开)。最初,团队计划在劳动节周末后的周三宣布交易。由于假期的原因，没有在前一晚匆忙地整理所有准备材料，而是在假期周末之前完成了所有材料。

这是一件好事，因为消息泄露发生在劳动节周末的星期六。

由于提前准备好了宣布的材料，团队所需做的就是将公告的日期提前到假期后的星期一，并将材料中的日期从下周三更改为星期二。

准备这些材料和时间线的总时间约为两周。这并不是微不足道的，但你不能等到最后一刻才准备——为了达到这一点，你已经做了很多工作。与并购的其他方面一样，精心策划的公告日需在短时间内进行大量工作。

挪威邮轮的所有工作都得到了回报。客户的反应基本上是中性的，这在这种情况下可以认为是积极的。在交易宣布之前，客户没有流失，这是一个真正的担忧。虽然一些 Prestige 的客户可能认为被挪威邮轮收购，其邮轮风格降低了他们的期望，但公告日的高度关注使他们感到 Prestige 非常了解他们，理解并将满足他们的需求。

在旅行社方面，客户表示感谢挪威邮轮的宣传让代理商知道这次合并将为他们创造新的机会，从一个品牌升级到另一个品牌，可能创造"终身客户"。尽管他们没有所有答案，但挪威邮轮明确表示答案正在逐渐显现。短期内，对于客户来说，没有什么会发生变化，下一个重要的接触点将是在有关合并进展的令人兴奋的内容可以分享时。

员工的反应也是积极的。那些在星期二早上分发传单的人听到员工在上班途中听到了关于交易的消息，并在当时感到兴奋。如果有人回答不了员工的具体问题，他们可以记下来，传递给执行团队，并告知提问者执行团队能够回答这些问题，事实也是如此。

挪威邮轮的公告日也产生了持久的影响。在接下来的几天里，团队利用"办公时间"来强调领导层随时待命并积极参与的理念。那些对这一消息感到吃惊或稍后想到问题的人，尤其是 Prestige 方面的人，可以与"另一方"互动，得到他们的答案和保证。这强化了合作和开放的目标，呼应了自由式邮轮的世界。切断这一重要的沟通渠道将破坏他们试图建立的信任。

清晰、有效的叙述在市场上也产生了回报。投资者反应积极，挪威邮轮的股价在公告日上涨了 11%。一年后，其股价上涨了近 70%。

六、结论

沟通策略可以决定成败。高级管理层必须在向市场宣布交易之前，就预测投资者的需求以及他们对答案的期望，就像百事可乐和挪威邮轮所做的那样。鉴于并购交易的高风险，了解投资者真正需求的董事会和高级管理层将把这些问题视为尽职调查过程中的试金石。他们将在拟议交易的早期阶段开始构建沟通计划，从而能够传达一个可信的战略故事，使投资者能够通过并购后的整合来跟踪管理层的承诺，并为员工提供早期期望的一些指导。话虽如此，但正如并购浪潮所证明的那样，如果收购方不兑现承诺，投资者最终会看穿一个站不住脚的故事。

当然，律师会告诫管理团队，关于在沟通中应该说什么和不应该说什么。而且一些管理团队可能只是希望将保密作为公司文化的一部分。但是，这种保密可能会带来巨大的代价。随着管理者、投资者和其他利益相关者试图区分"好人"和"坏人"的关系，他们之间正在发展一种新的关系。当投资者感到疑虑时，他们倾向于认为后者是坏人，员工也是如此。

从这个角度来看，公告日可以看作交易悬而未决的关键点——在此点上，交易理论、尽职调查和估值汇聚在一起，并界定了在公告交易后通过并购整合立即采取的路径。收购方必须为一个伟大的公告日做准备，这项工作并非微不足道，它将带来回报。正如我们早些时候提到的，这是并购级联的拐点。

在公告日之后，也许只有一杯香槟，正式的整合计划工作将启动，也就是第六章和第七章的主题。还有很多工作待完成。

第六章

如何兑现我的愿景和承诺

如果你认为至今为止已经付出相当大的努力，所做的决策不计其数，那么接下来的整合阶段将会让你大开眼界。这正是理论与实践的交汇点。

人们往往急于宣布交易并把它当作终点，但这种急功近利的心态往往会带来不稳定。在规划真正的并购整合过程中，收购方可能会因为工作量之巨而措手不及。这不仅仅是设置一个过程那么简单，它还涉及高达数以万计非常规、极为独特的决策。高层领导需要投入大量的时间和精力，而与此同时，整个组织可能正处于恐惧、不确定性和怀疑的旋涡之中。请记住，投资者总是机敏且警觉的，他们会仔细追踪每一个结果。

实际上，尽管这一章紧跟着聚焦于公告日的第五章，但对于收购方来说，他们需要在交易公开之前，就开始深入思考我们在此章及第七章中提及的议题。认识到协同效应的规模，以及实现这些效应所需的资源，应该是交易审批流程的核心。

在并购后整合的筹划中，不论规模大小，非常规决策比比皆是。这些决策涵盖了如何实现交易价值的核心（是聚焦增长、成本，还是二者的某种融合），以及构建新的运营模式。它们还包括如何打造符合交易目标的未来领导架构，变革领导层和管理范围，引进新的企业管理系统，是否合并销售队伍，确定总部的归属及保留的房地产占比，以及按照职能和业务划分的具体协同效应目标及其负责人。

这个清单甚至包括那些看似微不足道的事项，如暑期周五的工作安排和应采取的假期及休假政策。这些较小的非常规决策虽不足以动摇整个交易，但它们的决定仍不可或缺。决策的推迟意味着员工陷入困惑和分心，从而影响客户服务、产品质量和创新能力。

与此同时，收购方必须谨慎，以免违反美国司法部反垄断部门或全球其他地区的监管机构的规定（如欧盟委员会、中国商务部等）。美国的《哈特–斯科特–罗迪诺反托拉斯改进法》（HSR）要求并购双方在法律上合并为一个实体之前，必须作为两个独立实体运作。尽管它们可以进行重大的 PMI 规划，但它们不能以一个公司的身份上市或运营，也不能分享可能改变双方业务方式的敏感竞争信息——尤其是在交易尚未成行时。

清洁室和清洁团队

清洁室，作为一种数据保密架构，使得具有竞争或商业敏感性的信息得以在控制之下共享与分析。清洁团队在精心设计的清洁室协议下享有特殊的访问权限——这些协议详细规定了数据的访问、共享、分析及成果的分发方式。清洁室不仅确保遵循 HSR，还能减轻双方在共享数据时的顾虑，并最大化地利用从公告到 Day 1 的宝贵筹划时间。

清洁室在诸多场景中显得不可或缺，包括加速整合筹划、决策组织和运营模型（例如在共享服务与专业功能支持之间进行选择），以及识别和评估潜在的协同效应（比如供应商原料开支的重叠、产品定价、供应链网络优化、客户调整，以及评估跨境销售的机会）。

清洁室与清洁团队的作用不止于测试在尽职调查阶段构建的假设，更重要的是，它们在签约之后用于设定 Day 1 之后将实施的具体计划。例如决定直销队伍与经销商销售队伍的运营模式，需要了解客户收入和利润、不同市场的收入贡献，以及销售团队的表现指标。

清洁室的分析始于向交易双方发送独立的数据请求，以便在受限环境中安全上传商业敏感数据，仅清洁团队获准访问。清洁团队通常由第三方，如顾问和外部法律顾问组成，确保若交易不成功，任何获知敏感信息的人都不会被任何一方雇用。即将退休的领导者也可能参与此过程。

一旦分析完成，对敏感信息进行适当掩饰和匿名化后的汇总结果，首先由双方的外部法律顾问审查，随后共同提交给相关的整合团队。比如跨销售机会可能利用客户层面的信息，然后在产品或地区层面汇总，以供商业整合工作流参考。详细的数据、计划和行动方案可以在法律结束后解密，并与相关团队共享以实施具体策略。

一、整合规划：精髓要义

整合规划，这一转瞬即逝的阶段，是将交易理念在客户、产品、技术、市场进入战略和人才等维度上转化为切实可行的里程碑和关键绩效指标（KPI）的关键时刻。这些指标不仅要确保业务的连续性和运营承诺的履行，还要在提供实现至少所承诺协同效应的规划蓝图的同时，保持两家企业的发展势头。这是收购方策划从现有状态向未来状态过渡的时期，在此期间他们将向客户提供新增价值，或比宣布时实现更高效的成本结构，又或两者兼备。

整合规划的任务是完成三大核心目标。

1. 维护两家企业的发展势头（保护增长的价值）。
2. 塑造新的组织架构（实践新的运营模式和组织结构）。
3. 兑现承诺的价值（超越由价格溢出所预示的业绩）。

缺乏明确的架构、流程和管理体系，将导致混乱泛滥，员工将处于"原地踏步"的状态。角色与节奏的迷茫、交易前策略向运营计划的转化缺乏清晰性，以及未能预见并安抚客户、供应商和员工的难题，可能会引发混乱。竞争对手将借机挖走人才和客户资源。

这种恶性循环一旦开始，交易价值便开始流失。缺少从当前状态到未来状态过渡的功能蓝图和相关里程碑，承诺的协同效应将逐渐消失。新组织的构建将推迟，进而侵蚀员工的信心。关键领导和人才的流失将制造更多混乱。对协同效应追踪规划的不清晰可能导致与已计划的绩效改进重复计算协同效应。未能准确理解和协调成本与收入协同效应的互动及其时机，可能削弱执行收入协同策略所需的关键组织部分，甚至可能损害任一家公司的预期增长。过度削减可能带来严重的非预期后果。

从人性的角度来看，将两个组织融合起来宛若一场目的地婚礼，两个庞大的家族在度假胜地首次相遇。他们能否彼此欣赏？对食物有何感受？如果他们无法和谐相处又将如何？双方的情绪都将高涨而紧张，这些情绪无论是否显露出来，都不会轻易消散。这些情绪将深刻影响员工的工作状态，以及他们对自己和新组织的看法。

成功的整合是一个无缝过渡过程，涉及将被收购实体融入收购方的系统、流程和文化中，或创造全新的体系。同时，它还要利用协同效应，执行明确的战略，以创造价值并增强企业品牌。

为了确保整合的顺利实施与成功，负责这一关键任务的领导者必须具备深刻的认识和理解。

- 动因（为什么）：我们为何要进行这笔交易？这一交易的战略核心是什么？它的价值驱动因素包含哪些？我们将如何识别和超越预期的协同效应？
- 计划（做什么）：新组合实体的运营模式将是怎样的？哪些部分需要完全整合，哪些则保持独立？目标公司的文化适配度、流程、系统和资源是否已经被细致审查并融入规划？
- 时间表（何时）：整合的规划和执行将在何时展开？投资者对收购何时产生价值有何期望？整合过程中哪些部分将需要最多的时间和精力？
- 关键人物（谁）：双方的关键角色有哪些？谁将成为整合的引领者？哪些至关重要的人才将参与制订和实施这一计划？谁将参与其中，谁将对整合的重大决策负责？我们最希望留住哪些核心人才？

- 策略（如何）：将如何融合不同的流程和系统？为确保遵守相关法规及法律，达成法律层面的交割，我们需要采取哪些关键步骤？我们应如何构建一个高效的沟通计划，以在 PMI 规划期间向内外充分阐释收购的目的和意义？

每笔收购交易都具有其独特性，对于如何成功地将目标公司融入收购方的业务并无一成不变的答案。然而，如果没有一套指导原则和正式且明确界定的整合方法（通常被称为"整合策略"），这种混乱只会愈加严重，导致 Day 1 的整合不尽如人意，以及后续的整合问题，如内容空洞的沟通、决策权的混乱、员工因过度工作和担忧个人前途而感到疲惫，以及决策失误。从尽职调查阶段开始的交易前的规划和假设可能会丢失，导致错过了相互依赖的关系、重复劳动，以及错失扩大或加速协同效应的机会。

如果这听起来像是一项艰巨的任务，那么确实是这样，而且那些准备不充分的人将面临挑战。

（一）超越模板，拥抱愿景

整合过程并非仅凭借一堆模板就能管理的，那是陈旧且过时的方法。相反，它关乎塑造一个指导性的愿景、建立坚实的结构和明确的治理机制，这些将在整合规划的过程中推动两个组织的决策。

这个过程还涉及高层管理者在前期做出关键决策——如决定 SAP 或 Oracle 等 ERP 系统中的哪一个作为首选——从而使团队能够集中精力于整合规划，而不是被可预见的政治纷争所干扰。本章与第七章提供了避免潜在混乱的原则，以及利用交易的势头激励团队、激发客户热情，并为向投资者及董事会报告成果奠定基础。这些章节还展示了如何最大限度地减少干扰和保持势头。

此处，我们重点关注整合管理办公室（Integration Management Office，IMO）的作用，一个临时而关键的结构，负责从上至下、从下至上推进整合。在宣布之前已经定下的决策和高层计划基础上，IMO 为新组织构建了一条更精细的成功之路，目标工作流集中于指导决策的关键价值领域。IMO 还会确保高级管理人员在整合规划期间密切参与，因为他们的交易愿景和策略是 IMO 执行的核心。

在交易交割前完成的规划和决策越周全，新组织就越能借此动力迈向 Day 1 及其后的发展，有效捕捉协同效应，开展交易交割后的整合实施，并作为一个协调一致的公司运行。规划越少、准备越不充分，公司在启动之日将越趋孤立，缺乏一个清晰的整合愿景，而此时前期投入的资本成本计时器正不断嘀嗒作响。不进行整合，或所谓的"隔离"，实际上标志着失败的序幕，这会使投资者、董事会成员和员工质疑："我们最初为何选择购买这家公司？"若找不到令人信服的答案，他们可能会转身离去。

（二）可预见的错误

从我们的经验来看，即使是历经沙场的高管们也会在公告后犯下一些常见的、可预见的错误，而这些都是必须避免的。

首先，他们可能将整合看作"日常业务"——仅仅是他们日常工作的一个附加部分。这种态度忽略了整合所需的繁重工作和决策，以及转移真正需要保持业务竞争中运转和服务客户的人员的风险。此外，他们可能没有充分认识到整合过程中存在与许多部门间的相互依赖关系，通常超出了这些职能部门领导的常规职责范围，或者他们可能误以为其他人正在解决这些相互依赖性问题。

其次，他们可能会声称"一切都很重要"，从而未能正确设定决策优先级；也没有建立一个连贯的治理架构，导致冲突、失望、甚至混乱。

最后，缺乏一个涉及重大决策的清晰规划，他们可能会在不确定的情况下"踢皮球"，推迟或延后做出"艰难"的决策，有时甚至希望这些问题最终成为其他领导的头疼事。

收购方有时会因试图避免冒犯目标公司或破坏其文化而放慢决策步伐，甚至更糟的是，他们可能向新员工宣称"将一切如旧"。这种做法在整合的早期阶段极易破坏信任，因为所有人都很清楚，实际上许多事情都将发生变化。要记住，所谓的"平等合并"实际上是罕见的，这一概念经常被误用。一开始不愿做出艰难决策，将使得后期为证明高额溢价的合理性而实现必要的成本削减或收入提升变得更加困难。温和与乐观的言辞表面上看似友好，但最终可能导致意想不到的负面结果。记住，不在现在付出代价，就会在将来付出。无论如何，代价总是难以避免的。

举个例子，在一起收购颇具前景的科技公司的案例中，收购方向目标公司保证，他们不会做任何事情损害他们的"核心优势"。但对目标公司来说，从他们的停车特权到免费餐食、慷慨的带薪休假政策、办公地点，乃至他们的杀手级产品（收购方认为的真正核心优势），一切都是他们核心优势的一部分。因此，当收购方开始变更政策和系统时，目标公司感到信任已被破坏，结果人才纷纷离职。

避免重大失误是基本要求，但成功整合的真正秘诀在于关注细节。通常，导致整合失败不是单一的大失误，而是一系列不断出现的小失误。时间不等人。整合必须在大家都高度关注且执行利益相关者认同其为优先任务时完成。相信我们：你绝不会希望在两三年后因整合问题偏离轨道而不得不寻求外援。

二、运营模式与整合方法：交易愿景的实现

整合规划源自交易的战略意图，同时也强调保持对最终状态的关注。如果负责整合计划的团队对这一意图一无所知，或者战略意图本身模糊不清，那么设定一个清晰的终态愿景并付诸行动便成为一项极具挑战的任务。这正是早先章节强调从并购流程之初就明确界定清晰战略和交易理念的原因。

交易理念是一切后续行动的推动力。它解答了收购方为何选择开展此次交易的问题，阐释了这笔交易创造价值的逻辑和基本假设。简而言之：合并后的公司为何比分开时更有价值？基于成本削减的交易与基于增长的交易在整合方法上有着根本的差异。以成本为驱动的交易通常集中于减少后端冗余，而以收入增长为驱动的交易（也称"战略交易"）则始终以客户供给为核心。实际上，大多数交易会涉及这两个方面，解决两者之间的矛盾是关键。

专注于最初交易理念将指引领导者保持一致性，为他们提供行动的动机。交易背后的战略还将有助于回答关于短期和长期目标的一系列基础问题，包括所需的努力程度、时间安排和各方参与者的角色，例如：

- 将这些公司合并带来的价值是什么?
- 新实体将如何以不同方式进入市场?
- 这两家公司需要在多大程度上进行整合,以及整合的具体方式是什么?
- 组织结构设计需要多快适应,以便让组织以整合的方式运作,并在面对客户期望的变化和竞争对手动向时采纳新的运营模式?
- 新实体将如何实现超越已宣布的成本和收入协同效应?

(一)塑造运营模式

每个组织都已建立了其独特的运营模式:一套组织结构,定义了企业在不同部门的运作方式;一个服务交付模式,指导各部分如何协同工作以及支持功能的集中化程度;以及一系列治理流程、行为规范和决策权,这些规定了谁有权做出具体决策。这些要素共同构成了一种蓝图,将战略转换为组织利用其能力以创造价值、满足客户要求的方式。由于新合并实体很可能会采用一个新的运营模式,整合规划自然需要对现有模式进行某种程度的调整。

新的运营模式是对新合并组织如何以全新的方式运营其业务,以及如何以与之前不同的方式创造价值的解答。这涉及企业层面和业务层面的运营模式(不同业务单元如何互动以及利用共享服务以独特方式进入市场),以及功能层面的运营模式(人员、流程和技术如何根据功能进行更改以支持从报销和差旅、人力审批、合规到工资的外包与离岸外包等业务需求)。

新的运营模式把公司的交易理念和业务战略与其能力、流程和组织结构紧密相连。它为回答诸如以下问题提供答案：鉴于市场是我们未来增长的关键，我们应该如何构建组织结构以进入市场？我们应该在多大程度上集中服务、决策权和治理权？我们应该如何重新设计激励机制，以鼓励员工展现符合期望的行为？

运营模式不仅仅是组织设计，这将在第七章中详细讨论，其主要关注新运营模式中的角色分配和人员配置。运营模式本身则深入探讨合并后组织如何变革业务操作：谁在何时何地负责何事，以及这些操作将如何与过去的做法区别开来。

请记住，收购的发生源于两个组织无法独立获取的机会，因此必然伴随着变化。这可能意味着需要重组，甚至拆解当前看似高效运行的组织结构，以适应未来的挑战和机遇，但这种变革不应让人感到意外。例如可能涉及由美国司法部要求剥离业务中的某些部分。收购方应对此有所预见，并且应该已经对可能存在重叠的业务领域有所了解，并准备好应对策略。[1]

关于新运营模式的一个例子是两家高科技组件制造商的合并。在此合并中，每家公司在上一年的收入约为 20 亿美元。这两家公司分别在全球运营着制造工厂，均作为知名财富 50 强高科技和工业公司的原始设备制造商（OEM）。收购使得收购方的产能翻了一番。但收购方 CEO 并没有从成本角度来看待这一机遇，而是采取了大胆的立场。他清楚地认识到，像许多 OEM 一样，他们面临着被客户商品化和边缘化的风险。仅仅依靠规模增长来降低成本迎合客户，最终可能会导致只有少数供应商能在市场上生存。尽管这些工厂的技术极为先进，但 CEO 明白，如果继续关注成本，无论进行多少次收购，公司长期生存和发展的机会都将十分有限。

CEO 也比他的许多同行更明白，并购可以创造一个强大的变革时机。他也知道，这是最自然的时刻，利益相关者（高管、员工、客户、供应商）会问自己："这笔交易将引发什么变化？"

收购方公司拥有 14 家工厂，具有略微不同的能力，其中一些是在先前收购中加入公司的。每家工厂都经过了优化，以适应自己的计划。目标公司并没有太大的不同，有 16 家工厂。这两家公司的工厂合作，都专注于优化自己的产量、效率、客户满意度和资本投资。这次收购无疑将为收购方提供机会，降低总部的综合并购成本，提高采购能力以降低直接材料支出的成本，并在电动汽车等增长型市场启用先进技术。

但是，CEO 并没有督促他的团队去优化这些机会，而是坚持要求团队重构运营模式，展现出更高水平的真实终端市场复杂性，提高市场地位以提供更高利润的产品，并以某种特定领域的卓越性而闻名——无论是电动汽车、智能手机还是医疗用品。

CEO 不是通过拥有 30 家工厂并试图在质量和价格上取胜，而是激励他的团队首先考虑客户终端市场，并将这些工厂视为服务于四个关键终端市场（通信、汽车、医疗和工业）的战略资产。CEO 专注于打造一个以终端市场为核心的公司愿景，深入探讨与终端市场相关的关键差异化因素（无论是电动汽车中的雷达或激光雷达技术，通信行业的快速项目转换，还是医疗领域的特定材料要求），并思考他们如何围绕这一愿景组织起来，超越客户的期待。

这次收购提供了通过变革运营模式和激励结构来实现。改变公司发展范式和价值驱动因素的绝佳机会，这进而引发了一个快速的运营和组织设计过程，不仅处理了与并购相关的问题，还实现了将两个组织从相对独立的工厂转变为四个以终端市场为核心的业务单元。

清晰的运营模式是成功整合的基石：整合后的组织将为何及如何以全新的方式运作，这种理念构成了如何将两个组织融合在一起的具体决策基础。

（二）整合方法、治理和指导原则

所谓的整合方法，或许更常被称作"整合策略"，包括早期决策，旨在将交易理念转变为理想的最终运营模式。换言之，它将指导从当前状态走向未来的方法、治理和原则。虽然存在许多可选的路径和方法，但整合方法为这一特定合并操作设定了明确的框架和界限。清晰的规则将助力高层整合团队直面整合规划中的核心挑战——确定优先级。优先级的设定至关重要，因为团队需要明确哪些内容属于整合范畴，并如何设定恰当的步伐，以确定整合是一次性完成还是分阶段实施。

虽然清晰的交易策略和运营模式至关重要，但它们略带理论色彩。与之相反，整合方法则涉及实际的选择：此刻，你需要开始面对现实的决策。

整合方法的核心问题涉及以下五个方面。

1. 速度：整合必须多快完成？
2. 程度：什么业务将包括在内，什么业务不包括在内，业务的哪些部分将完全整合？
3. 阶段：整合会一次性完成，还是分阶段进行？
4. 态度：它是由收购方主导的，还是合作驱动的，或者是两者的结合？

　　5. 沟通：什么时候、如何以及向谁传达重大决策？

　　不同类型的交易需采取不同的方法。即便是在典型的交易分类中，也可能面临各种复杂性的差异（从地理范围到反垄断问题），无论是导致全新组织的彻底转型、合并两个相似业务的组织、小规模并购（收购方吸收目标公司），还是附加并购（目标公司前台保持独立，但后台与收购方整合）。虽然将各种交易分类并为每类交易设定规则颇具吸引力，但不同的交易往往具有不同的特征，需要采取不同的整合方法。

　　交易的性质和复杂度将在一定程度上限制各个要素的选择。例如对于一个高溢价的小规模并购，整合必须快速进行，几乎要一气呵成，由收购方主导。在更为复杂的交易中，后台整合可能需要迅速进行，但供应链的合理化可能需要更长时间，并且在某些领域比其他领域需要更多的合作。合并两个不同的 ERP 系统可能需要一个临时的运营模式，其中两个系统至少并行运行一年，直到可以过渡到一个系统。

　　比如两家在多个地区运营并在美国采用两种不同运营模式的大型化妆品公司合并，这可视为一种整合型交易的典例。一家公司在大众自助市场（如沃尔玛和塔吉特）颇有实力，而另一家则专注于设有美容顾问的大型百货商店。整合的首阶段聚焦于后台整合和商业整合，尽管存在部分渠道重叠，各自的运营模式却保持原样。紧接着，公司对零售商呈现出统一的形象。随后的阶段专注于供应链整合，涉及仓库合并和目标公司香水生产的内部化。第三阶段是整合中的关键，专注于合并不同的 ERP 系统。

在建立 IMO 之前，新任 CEO 将与已被选定的直接下属（我们称之为 L1 领导）和 IMO 负责人会面，共同构建对整合将如何进行的共识（特别是关于决策权的问题）。IMD 将负责监督冲刺 Day 1 的日常工作。他们将就需要与 L1 团队协商的决策类型达成共识，这个团队可能不会参与日常整合工作，以及需要上报董事会的问题。董事会在其监督过程中，应对整合的方法和治理有清晰的了解。

决策之一将是确定战略委员会（SteerCo）的构成和角色，该委员会是重大决策的最终裁定者。SteerCo 通常至少包括两家公司的 CEO，特别是在大型重要交易中。从收购伊始就参与其中的 COO 或 CFO 的参与也大有裨益，因为他们可以解释交易中可能令人困惑的财务方面和协同效应的预期。SteerCo 可以批准 IMO 建议的决策，澄清有关交易的战略性问题，裁决 IMO 领导无法解决的重大冲突，并批准和资助协同效应项目。

CEO 及其团队还必须明确遵循与整合氛围一致的指导原则。收购方是否完全主导，还是整个过程将更具协作性？如果并购将完全由收购方主导，请在一开始就明确这一事实。这可能涉及两种方法的结合，销售团队将共同努力，采纳双方的最佳做法，但后台流程和系统将迅速转变，遵循收购方的方式。

其他原则可能包括果断胜过完美、速度优先于优雅、角色先于人员、"不要默默挣扎"，使用"我们"而不是"我们和他们"，或不采取可能威胁当前客户满意度的行动。虽然其中一些可能由交易定义，但更大、更复杂的交易将需要明确的原则，这些原则针对不同的业务，将有助于指导长期的整合。

实际上，整合方法和指导原则有助于设定对新组织的期望。高层团队必须确保所采用的方法在交易的经济基础上是合乎逻辑的,并且他们随后的行动与他们为其组织设定的期望一致。在紧张和疑虑的时刻,管理层和员工需要感到自信,知道高层团队的意见是统一的。

整合方法还明确了哪些权衡是可以接受的。"你将牺牲什么?"是这一过程中的关键问题。不论是协同效应还是变革,都不会毫无代价或没有风险。为了实现更顺畅的整合,初期可能需要牺牲每股收益,以便在未来创造更多价值。重组可能需要立即投入宝贵的资本来替换IT系统、招聘员工或更换ERP系统。这些措施可能对于打造一个整合的组织至关重要,但可能短期内对每股收益构成风险。这是否可以接受,或者是否被排除在外?实际上什么是不可谈判的?这些问题必须在启动IMO之前得到解决和回答。其中许多决策将在启动会议上进行沟通(我们将在下面的IMO部分中详细讨论),但高层领导必须提前做出大致决定。

德勤咨询在2009年5月对贝尔公司联邦业务的收购,是一个关于设定方法和原则以及明确权衡的典型案例。这一重大交易对德勤而言,意味着将贝尔公司——毕马威的前咨询部门,规模是德勤联邦业务的两倍多——纳入麾下。例如在国防部/情报领域,这笔交易使收入从1 400万美元飙升至超过1.5亿美元。

德勤联邦业务的领导层对保留贝尔公司的人才表现出了坚定的决心。咨询业务基于人际关系,领导者直接贡献收入。如果"惊动了群羊",可能会导致人才大量流失。尽管两家公司在团队配置上有着根本性的不同,德勤的领导层强调要保留贝尔公司的人才。在德勤,专业人员来自一个普通的人员池,合伙人必须竞争使用,而在贝尔公司,合伙人"拥有"他们的专属员工。

德勤选择了慢慢过渡到其运营模式,以避免员工感到被迫接受变化:"我们需要他们留下"成为指导原则。领导层亲自会见了贝尔公司7个业务部门的每位领导(近75人),展现了对他们在德勤的发展、职业道路以及整体福祉的真诚关心。德勤花费了整个绩效周期来为员工设置新的角色和目标,重点是保持员工的完整性,确保他们不会因不是德勤出身而受到处罚或被边缘化。

另一个重要的指导原则是避免陷入"我们对抗他们"的心态。"我们"现在拥有了一个能够吸引更优秀候选人、服务更大客户、建立更强关系,并能承接更大项目的人才库。在接下来的3年里,这个合并后的平台迅速增长,新招聘的专业人员几乎占到业务的1/3。

有一件事必须迅速进行,那就是为宣布后短短6周内的 Day 1 做准备。这项巨大的任务需要在 Day 1 为大约 4 250 名新的德勤员工提供新的工牌、笔记本电脑、电子邮件和网络凭据以及薪酬和福利套餐。鉴于 Day 1 的入职任务之繁重,德勤甚至租用了华盛顿特区的会议中心举办此次活动。德勤的联邦业务如今已成为联邦咨询领域的重要力量,而从这次整合中吸取的经验不仅惠及了客户,也为公司后续的专业服务交易带来了益处。

在这里,你可以看到一个经过深思熟虑的方法和原则如何指导成功整合的计划,并在必要时迅速采取行动。这些原则和整合方法不仅是规划的一部分,还影响着员工的体验和为 Day 1 进行的准备工作,这些主题我们将在第七章中深入探讨。

三、IMO:推动整合计划的超级引擎

IMO 是一个临时但至关重要且充满活力的结构,它引领着整合

工作的航向。IMO 被有意设计为独立于日常业务之外，促进了自下而上和自上而下的治理。IMO 识别出在 Day 1 及最终状态前必须完成的事项（我们称之为 Day 1 和最终状态的"必备要素"），它界定了在这一范畴内交付的风险，并帮助达成共识，明确哪些是 Day 1 不可协商的优先事项，哪些可以有意地推迟。当出现冲突或竞争优先事项时，IMO 负责决策或将问题上报至 SteerCo。并购策略、尽职调查、估值和公告聚焦于为收购方创造价值，而 IMO 的使命则是引导和加速执行，以实现这一价值。[2]

IMO 必须成为一个强有力的优先事项组织机器，负责组织和确立工作流程，从收购方和目标公司收集信息和想法，提出需要解决的问题和挑战，设定各业务和职能的协同目标，开发项目以实现这些目标，做出决策，并识别 Day 1 与最终状态的必备要素及必须在工作流程中进行的管理工作。

IMO 的任务是实现交易策略和新运营模式的承诺，避免团队在各自领域内的争夺导致混乱。它应该推动新组织从 Day 1 开始朝着最终状态的运营模式迈进。

面对时间紧迫情况下的巨大工作量，工作的节奏和负担可能令人难以承受。确实，这是一场冲刺。请深呼吸。

将两个组织整合在一起，特别是在最初可能不被完全理解或存在多种执行意见的情况下，就像指挥一场交响乐。在这种情形下，IMO 的角色超越一切，就像一位指挥家，引导整合团队在合适的时刻关注正确的事项，遵循法律指导和规定。毫无疑问，双方都汇聚了大量人才。目标公司的人才之所以在那里，可能正是你最初想要他们的重要原因。但无论是目标公司还是收购方的人才，他们的关注点可能都集中在自我保护和各自职能或业务的最佳利益上。IMO 的领导必须通过发起协调努力来防止这种情况出现。

IMO 的治理结构旨在防止个人随意行动和做决策，从而避免了混乱和困惑，以及由此产生的焦虑和不确定性。在这个角色中，IMO 是一个可精准排序和确定优先事项的机构，旨在确保 Day 1 的运作无瑕疵，同时保证不对客户或员工产生负面影响。此外，IMO 还扮演着控制器的角色，监控并质疑由运营整合活动和协同效应工作流程产生的一次性和持续成本估算。

IMO 使决策能够在整合工作流程的深处（自下而上）被提出，进而由 SteerCo（自上而下）批准，这些决策涉及组织设计和领导层、协同规划和跟踪，以及转入合并公司最终状态愿景的后期执行。IMO 必须具备灵活性，以便领导层能够迅速做出决策，并在新信息出现时进行必要调整。

尽管 IMO 结构对整合至关重要，但不能设计得过于复杂或烦琐，否则会适得其反，导致速度、敏捷性和效率降低。过分关注流程可能会使团队的重点从定义和跟踪结果转移到仅仅发布报告上。此外，IMO 是临时性的结构，如果持续太久，将会给新组织留下流程问题。记住：一旦转入日常业务，IMO 就会变得多余。

实际上，IMO 的任务之一是定义 IMO 自身将何时完全解散。定义"完成"的含义，即何时整合完成，是计划中一个不可或缺的部分，这会根据工作流程的复杂性和相互依赖性在不同的整合中有所变化。执行团队和整合负责人需要知道他们何时到达终点。在理想情况下，最终状态被定义为两家公司作为一个整体在市场上运营，并且交易理念的价值正在充分实现。

(一)领导力、工作流程和人员配置

领导这样一个复杂的项目,即使是一个临时项目,也需要威望。IMO 的负责人,即整合执行官,必须了解业务和交易战略,还必须能够赢得尊重,并促使收购方和目标方的业务领导履行支持必要的整合活动所必需的义务。高管和其他领导可能会对工作生活的变化产生抵制,如果没有明确的方向,他们可能会做他们认为对合并后的组织最有利的事情,这可能与整合战略本身相抵触。

别无他法:整合执行官将决定成功与否。需要完成的工作越多,IMO 必须越强大。拥有一个软弱的项目负责人是失败的一大步。整合执行官必须能够调集专职员工和组织其他领导的关注资源。他们还应该能够接触 CEO。

在我们参与的最成功的一次并购交易(我们将在本章末讨论更多细节),CEO 选择了最成功和最大的业务部门的负责人来负责整合。这样一个备受瞩目的任命向整个组织发出了重视整合的信号,也帮助 IMO 获得了完成工作所需的资源和关注。这可能看起来有些矛盾,将一个强大领导者的才能用在似乎是例行项目管理的工作上,但运营一项重大的整合工作绝不是例行工作。

IMO 负责人必须具备出色的决策能力。他们将塑造交易的核心叙事(一个激动人心的愿景),并推动变革与沟通,设定运营模式相关决策的时间安排,监督清洁团队的工作、组织设计和协同规划,以及确定推动交易大部分价值实现的主要交割后举措。

选定 IMO 负责人必须反映出整合过程的重要性。同时,选择 IMO 负责人也意味着为他们腾出足够的时间,因为他们需要有充分的时间来有效和成功地完成这项任务。这个角色将是充满挑战的。[3]

IMO 管理着构成整合规划结构的各个工作流程。除了典型的职能性工作流程（如法律、人力资源、IT 和财务）外，还可能包括与新企业运营模式相关的其他工作流程，例如将之前外包的活动内部化或业务合并。对于我们在第五章中讨论的挪威邮轮控股公司来说，这意味着诸如船舶运营、呼叫中心和岸上观光等工作流程。每个工作流程可能进一步细分为多个子工作流程及各自的领导层章程和协同目标。例如，财务部门通常会包括税务、财资和财务规划与分析等子工作流程，这些都需要向财务职能领导汇报（见图 6-1）。

执行指导委员会	
挪威公司首席执行官 挪威公司首席财务官	Prestige公司首席执行官 Prestige公司总裁

整合管理办公室
四位高级领导（各公司两位，挪威公司领导整合管理办公室）

跨职能工作流程			
组织设计	协同效应识别与捕获	沟通与员工体验	Day 1准备

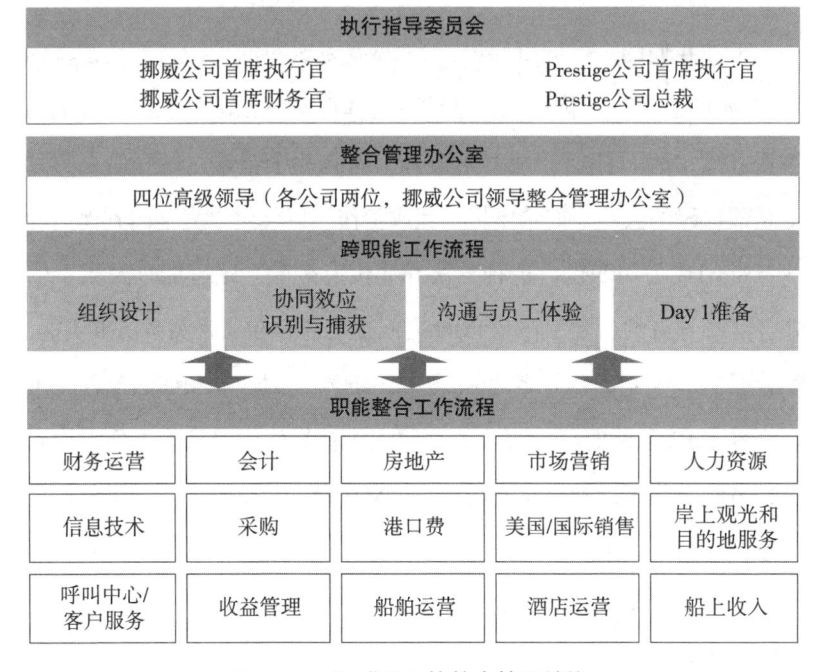

职能整合工作流程				
财务运营	会计	房地产	市场营销	人力资源
信息技术	采购	港口费	美国/国际销售	岸上观光和目的地服务
呼叫中心/客户服务	收益管理	船舶运营	酒店运营	船上收入

图 6-1 挪威公司的整合管理结构

还将有贯穿所有其他工作流程的工作流。这些跨职能团队（第七章的主题）通常将关注组织设计、协同效应、沟通和员工体验，以及

Day 1 的准备工作。对于剥离交易，即你从另一家公司购买业务的情况，过渡服务协议将是一个常见的跨职能工作流程。跨职能团队至关重要，不仅因为它们可以促进各个职能部门之间的协作并明确相互依赖关系，而且因为它们承认并有助于减少通常会出现的政治冲突。

确定工作流和子工作流的领导人员是两个组织了解对方的早期步骤。工作流通常由双方的相关职能或业务领导人员组成，通常被称为"两位一体"（two in a box）。这种方法允许双方充分利用各自的专业技能、知识与思想共享的优势，以及合作实现快速成功的机会。低估从对方的业务经验中可以学到的东西是一个大错误。

正如我们的一位同事所说："你需要挑选对的人，而不是错误的人。"她的意思是，你可能会被诱惑选择那些不忙碌的人，如果他们被派驻到 IMO，不会干扰日常业务。这是一个错误。最好的人实际上是最忙碌的人；他们希望尽快完成工作，以便可以完全回到他们的业务部门或公司职位。这种方法并非没有危险。这可能危及当下的业务。领导者的日常工作和 IMO 之间也可能存在紧张关系。事实上，不仅是紧张关系，领导者离开原工作岗位以参加与 IMO 的工作，可能会在 IMO 的临时任务完成时，原工作被替代。但是如果你意识到这种风险，你可以确保在规划和执行完成后，让这些才华横溢的员工可以回到新组织中从事出色工作。

（二）治理和节奏

IMO 结构最终反映了已经就新运营模式做出的决定。它精心策划启动会议，设计与 IMO 领导、外部顾问及 SteerCo 的每周会议节奏，并策划相互依赖性研讨会。IMO 设定并分配协同目标，领导开发一系列优先级项目和倡议，这些项目和倡议将实现协同目标，促进沟通，规划交易后的优先事项顺序，并协助部署决策和行动，以确保Day 1 的顺利成功（见下文"合并后整合的支持技术"）。

那么，IMO 和工作流结构应该有多大规模呢？这个问题的答案总是多变的。IMO 的动态由其范围、规模和整合程度（即复杂性）所驱动。值得注意的是，交易规模并不总是与复杂性成正比（尽管通常是这样）。复杂性取决于交易的策略、运营模式，以及整合过程中所需的变革程度和类型。

典型的每周节奏通常以 IMO 领导和其他 IMO 成员的会议开始，这些成员通常包括双方的高级财务领导。在这些会议上，他们将讨论本周项目的重点领域：需要做出的重大决策以及为推动议程和降低风险而需要采取的行动。这样，IMO 成了一个推动机制，确保团队专注于正确的事项。在这些会议上，领导层回顾了上周的活动和报告，以确保正确的问题得到提出并优先解决，团队有适当的资源，并且协同效应计划进展顺利。

合并后整合的支持技术

已经开发了几种 PMI 技术，使收购方能够了解现有的大量数据和信息流，迅速确定关键决策，设计未来状态的流程，规划和跟踪整合计划的进展，衡量员工情感，以及管理大型国际交易中固有的复杂性。它们使收购方能够跟踪和管理大量的数据，收集意见，模拟可能性，承诺设定计划，并跟踪计划的进展，并将所有相关的事项联系起来，以便团队不会孤立运作。这些技术包括：

- 项目管理工具，提供一个允许团队合作和共享他们的想法、数据、计划、依赖关系和决策的设置。这包括充当新运营模型设计、蓝图、状态报告、协同效应计划和跟踪、SteerCo 和 IMO 决策、会议纪要、计划更新（包括时间表和即将到来的截止日期）以及持续的相互依赖关系的中央记录系统。

- 组织可视化工具，让团队第一次真正了解合并后的员工队伍的现状，而不仅仅是 Excel 文件或纸质组织图中的姓名列表。这使领导者在做出任何设计决策之前，确认基线组织，并发现每个组织固有的结构效率低下的情况（管理人员太多或太少），并为新组织进行建模，及思考可能的替代方案。

- 文化诊断工具，充当调查的作用，涵盖了不同维度的问题，包括不同维度如共享信仰、包容性、协作、自豪感和所有权感、对风险和模棱两可的容忍度等。这些工具有借助于了解每种文化的现状，了解哪些地方存在相似之处或差异之处，从而可能产生互补或冲突，以及如何实现最佳合作。

- 变革管理工具，充当数据库的作用，以便跟踪所有即将发生的变化，以及何时和对谁进行。这些工具捕获变化的影响、对变化的预期反应、计划的干预、部署的状态、变更干预的参与率，从根本上监测变革计划的有效性，以便在

> 需要时进行纠正。所有这些信息都可以整合到中央项目管理工具中，以便领导者能够了解可能没有为即将到来的变化做好准备的群体。
>
> - 合同管理工具，使用自然语言处理技术来识别、提取和审查合同数据（条款、日期、各方等），所需的时间和成本仅为任何人都能支付的一小部分。收购方可以在合同自动续订之前迅速确定主动重新谈判的机会，与供应商和客户达成更好的条款，并最终加速协同效应的实现。

这些可能听起来有点乏味。例如一个工作流程可能因资源不足而未能实现其每周目标并脱离了预定轨道，但进行这种审查并为一周内设定优先事项，对于确保项目直至 Day 1 都维持在正确轨道上至关重要。

周二的日程可能包括与 IMO 领导团队和各工作流进行一对一的会议，交付每周的状态报告，这是对各工作流程健康状况的一次快照。这样的日子可能是充满挑战的，有时甚至令人不快，因为一些工作流程可能进展缓慢，甚至表现出防御态度。会议将贯穿整个日程，一个接一个，虽然令人筋疲力尽，却是确保每个工作流程按计划进行的关键，同时也让 IMO 领导层对新出现的相互依赖性、Day 1 的非协商条件、法律和监管障碍、协同效应的进展以及可能影响新运营模式的任何事项保持清晰的了解。在这些会议中，工作是否按计划进行以及是否配备了适当的资源将变得一目了然。

这些会议主要关注三个议题。

1. 计划的进展情况。

2. 如果未按计划进行时的缓解策略。

3. 需要做出的决策。

状态报告在及时发现风险或重大问题时特别有帮助,但这些报告不应过于详细,以免拖慢团队的步伐。除了提供更新信息,整合领导层还拥有全局视角,使其能够发现跨工作流程的相互依赖性,并做出必要的决策。尽早做出的决策,如有必要,可在前进道路变得更加明确时重新审视。根据工作流程的数量,这些会议可能需要花费几天时间,而且是每周都如此。

到了周四或周五,通常会安排所有工作流程负责人与 IMO 领导团队之间的全体会议。这次会议将专注于影响整个项目的跨职能决策结果,也将讨论即将提交给 SteerCo 的战略决策(SteerCo 最初可能每月开会一次,但随着交易法定交割日期临近,会议可能会更加频繁)。

在整合过程中,似乎总有太多会议的感觉。当会议安排不妥或缺少意义和成效时,人们往往会表示不满。然而,维持开放沟通的节奏对于防止人们在各自领域内孤立行动、最终拖慢整个过程并做出需要重新审视的决策至关重要。在孤立的环境中做出决策意味着需要重新召集相关各方,重新审视决策并探讨替代方案,再次经过整合领导层的审查,评估那些基于孤立环境中所做的其他决策等。当领导在做决策时苦苦挣扎,IMO 领导层必须促使这些工作流程领导者采取行动。

(三)研讨会和任务

启动会议代表整合规划的正式开始。IMO 将双方的领导者集结起来（以面对面或虚拟方式），他们将引领功能性和跨功能性的工作流程。这些会议提供了一个平台，用于获得最初的支持，并在交易策略的原则、战略目标、协同目标、整合方法和战略对功能影响方面激发热情。这些会议旨在激励团队并召集执行新运营模式的队伍，同时为虽然接近交割但需要维持的节奏和紧迫性定下基调。启动会议应尽可能早地在公告后举行，以消除流言蜚语和谣言，并提供事实及下一步的方向。

无论 IMO 领导层是否要求负责工作流程的领导撰写章程以设定方向和高层目标，或者将目标分配给工作流和职能领导，每个人都必须从这些会议中带着明确的目标离开。当他们被 IMO 之外的同事提问时，他们应该按照与交易逻辑和愿景的总体叙事一致的方式来讲述同样的事情。

参与者在一次出色的启动会议后会知道他们需要在 30、60 和 90 天的冲刺中完成什么工作，他们的协同效应目标和任何初步问题，他们将需要与之合作的其他工作流程（相互依赖性），以及对 Day 1 不可协商事项和工作流的特定要求（例如安全性、特定的国家地区法规）。

这些会议还确立了我们本章前文所讨论的路线规则和工作方式的指导原则。关键问题在于，是收购方完全主导，还是合并过程更多地体现为收购方与目标方之间的合作？IMO 领导将阐明两个组织协同工作的指导原则，涵盖决策方法、透明度、客户体验的核心要素、速度优先于优雅、果断胜过完美、如"不要默默挣扎"的人性化指导原则，以及可接受的妥协。

路线规则还将涵盖与潜在反垄断问题相关的整合规划的注意事项和禁忌。任何涉及共享竞争敏感信息的行为都是被禁止的，同样被禁止的是做出联合商业决策或协调市场营销或定价决策。对此，清洁室是必需的。然而，共享和规划办公空间、设施优化、IT 系统或财务控制通常是无限制的。

这是一项浩大的工程，且必须迅速完成。许多组织未能在公告日之前和之后迅速采取行动，因而浪费了大量宝贵时间。不要成为这样的案例之一。时间并不站在你这边。

在启动会议后，团队将专注于功能蓝图绘制：这是一张从当前状态到未来最终状态的流程和技术要求变化图——这是必须完成的事项。他们的另一个焦点将是为 Day 1 顺利进行详细规划，涵盖从交易的财务筹备和对法律实体结构的任何必要调整，到避免对客户和员工产生负面影响，以及员工需要了解的事情。

当工作流领导设定了交割阶段的关键规划里程碑后，IMO 便准备好组织一场重要的相互依赖性研讨会。在此，每个工作流程的领导将详述从当前时刻至交割阶段的主要里程碑，展现各团队实现法定交割的路径，并确保跨工作流程的关键里程碑得以协调一致，这一过程我们称为"走墙"。这使得 IMO 的领导层能辨别各工作流之间的相互依赖关系，例如税务工作流用于确定未来法律实行结构，而法律工作流用于完成建立法律实体结构的过程，并为法定交割提供相应的监管文件。任何即将到来的关键日期上的潜在不一致都可能引发严重问题。多个工作流程，如财务、采购和人力资源的时序和活动，将在很大程度上依赖于 IT 的支持，以便在 Day 1 跨两个组织为供应商和员工支付款项。这将是一个冗长的清单。现在是确保相互依赖的团队对齐和协调的绝佳时机。

四、Ecolab 收购 Nalco

我们最喜欢和最成功的交易之一是 Ecolab 收购 Nalco。Ecolab 的方法展示了如何利用交易理念来指导整合计划。Ecolab 的 IMO 实施了推动交易价值和合并公司未来的倡议和项目。

在 2011 年，Ecolab，一家领先的清洁、消毒和防感染公司，以 83 亿美元的估值收购了专门从事水处理和处理解决方案的公司 Nalco。在交易之前，Ecolab 和 Nalco 都是全球创新和客户服务领域享有盛誉的增长公司。Nalco 强大的知识产权组合、客户基础和现场销售模型与 Ecolab 的业务特别是在水业务和新兴市场上相互补充。你可以在各处看到它们的产品和服务卡车——从酒店到油田。

Ecolab 在近年来已完成了大约 50 笔较小的交易，但收购 Nalco 是一笔超级交易，比它平均交易规模大得多，是 Ecolab 一次巨大变革。这次收购使得 Ecolab 位于数个超级趋势之前：不断增长的能源需求、水资源日益匮乏、不断增长的公众对食品安全的担忧，以及新兴市场的增长。交易规模也带来了更大的风险：Ecolab 既无法实现成本协同效应，也无法实现所需的增长加速，以证明价格合理。这笔交易绝不平凡。

为了领导整合，Ecolab 的 CEO 道格·贝克（Doug Baker）选择了克里斯托弗·贝克（Christophe Beck），他领导着 Ecolab 最大的一个业务——机构业务。考虑到克里斯托弗·贝克对公司的重要性，对他的任命是一个令人惊讶的选择，但这向高管和员工发出了一个信号，即整合对公司的未来至关重要。尽管许多领导会说他们将拥有一个伟大的 Day 1，并会捕捉或超过协同效应，但克里斯托弗·贝克大胆地发表了声明:"这将是有史以来最好的整合。"

克里斯托弗·贝克坚持要求来自两家公司的领导团队全职工作,并明确规定了汇报关系和职责。他还坚持要求整合团队在同一地点工作,以便可以立即解决问题和处理新出现的相互依赖关系。每次会议开始时都会提醒大家距离公告日已经过去了多少天,距离 Day 1 还有多少天。这个"秒表"有助于产生紧迫感,并激励团队保持在正轨上。

Ecolab 创建了一个定制的整合方法,命名为"合力共赢",并以三个首要目标启动了 IMO,每个目标都由一个专门的团队负责,以凝聚人心、实现协同效应和加速增长。

- 凝聚人心:这个团队的计划预见了内外部组织中即将出现的不确定性和中断。他们的计划侧重于保留 100% 最有价值的客户,同时保持良好的安全记录。他们还计划在第一天及以后为员工提供安稳的体验。
- 实现协同效应:为了使合并后的企业尽可能高效精简,这个团队监督成本协同效应的规划。从全球共享服务、设施优化到交易闭环后立即从采购中实现的大量节约(通过使用清洁室),预期能节省大量成本。
- 加速增长:这个团队的目标是利用合并后公司的扩展能力和对主要机构的互补市场准入来发展现有核心业务,通过将诸如能源服务中的抗菌剂等化学品结合起来,通过大胆的新举措将创新推向市场,加速在新兴市场的发展。例如 Ecolab 向大型医院销售手术布和洗手液,而 Nalco 致力于维护大型医院的锅炉和冷却器。团队追求大型交叉销售机会和为主要客户创造捆绑产品。这些增长协同效应将像成本协同效应一样被细致地规划和跟踪。

秉承"有史以来最佳整合"的口号，Ecolab 成立了一个全球整合办公室，以推动整合战略和规划，以及在欧洲、亚洲、澳大利亚和拉丁美洲等区域整合团队。这种结构允许快速提升问题级别，并促成了全球一致的方法。明确的治理原则是：功能团队解决特定功能的问题；业务团队解决跨功能的优先事项，如协同效应、员工体验和运营模型设计；地区团队负责本地执行。

总体财务目标是实现每股收益 3.00 美元。IMO 和负责工作流程的团队在考虑这一目标的基础上制定了他们的项目和里程碑。在短短的 61 个工作日内，IMO 和工作流团队交付了若干层次的倡议和项目。20 个超级倡议推动了三个优先事项（凝聚人心、实现协同效应和加速增长）。这些倡议转化为 115 个重大项目（以及 495 个子项目）。每个项目都说明了活动的开始和结束日期、负责人，以及相应的收益和实际成本，最终由 SteerCo 批准，并准备在 Day 1 开始实施。

Ecolab 展示了 IMO 的强度、相互关联的工作，以及必须设计支持基于交易理念的总体目标的报告、工作流程、倡议和项目的层次结构。如果没有强有力的领导、经过深思熟虑的结构和不断的协调，那么迈向 Day 1 的冲刺将不能为收购方带来成功。

五、结论

本章深入探讨了管理和控制整合过程所需的关键结构，特别聚焦于 IMO 及其领导层。整合规划已不再是领导仅填写模板或准备一沓表格的简单过程，尽管过去曾是如此。今日，整合规划着眼于提供一个引领方向的愿景和框架，这将在整个公司及整个过程的决策中发挥核心作用。IMO 将交易的逻辑、新的运营模型及其指导原则转化为横跨众多团队和工作流的严格控制的行动计划，旨在实现新的最终愿景，为客户和股东创造更大价值。

第七章将着眼于 IMO 管理的关键跨职能工作流程，包括设计新组织结构、协同效应规划、沟通与员工体验，以及冲刺至 Day 1，并为合并后的组织在 Day 1 及之后的成功打下基础。我们还将探讨部门分拆和卖方相关的过渡服务协议（TSAs）所带来的额外规划复杂性。

第七章

如何实现我的愿景与承诺

众组织怀抱着宏图大志，迫不及待地向投资者展示其宏伟的整合计划，但在真正创建合并实体时，却屡遭挑战。繁重如山的工作量和飞速如箭的工作节奏，常让人感到力不从心。

如第六章所述，我们探讨了如何借助 IMO 将交易构想转化为现实；而此处，我们将目光聚焦于那些整合前夕的重要跨职能工作流程——这些正是 IMO 所精心监督的：组织架构的精心设计、协同计划的周密布局、员工体验的细致打磨，以及 Day 1 的全面准备。永远别在这条赛道上松懈脚步。

迈过 Day 1 的门槛，这些跨职能工作流程将逐渐融入日常运作，作为一个团结一致的公司共同前行。交易交割前的精准规划和无缝执行，将为合并后的企业在削减成本和推广新产品上铺平成功之路。而对于 IMO 和各工作流程来说，收购一个部门则是一场更加复杂的挑战，因为它涉及与卖方签署的 TSAs。核心的挑战在于，如何将交易的理念巧妙过渡到实现交易的实际操作中，使新组织准备好以全新的姿态进入市场，并孕育出持久的价值。

一、组织设计：构建未来的正确结构、角色和领导层

组织设计，这一艺术般的策略任务，核心在于探索一个关键命

题：是否为关键角色配备了具备必要技能的适当人选，这些人选能否在恰当时刻凭借精准信息做出明智决策——这些努力汇聚成支撑新运营模式的强大动力。[1]

大多数领导团队从未参与过如此规模的组织设计，而且几乎不会在自己和同事的工作岌岌可危的情况下进行。因此，即使在最好情形下，组织设计也可能激起政治与情感的风暴，甚至带来颠覆性的变革。若处理不当，它可能会使组织陷入瘫痪，士气一落千丈，破坏交易的良好初衷。这种个人因素——"我"，即"合并"（merger）之初的挑战可能是一道难以跨越的门槛。组织设计的根本在于在新组织中重新分配权力与影响力，因此 IMO 领导层需做好准备，应对激烈的政治辩论。

为了避免这些及包括法律规定范围内的其他问题，设计思维启动前必须确保四大要素到位：企业运营模型、指定的 L1 级领导（CEO 的直接下属）、涉及人数和资金的功能性或业务层面的协同目标，以及受交易影响的功能与业务运营模型选择。这听起来可能颇具挑战性，但别忘了，你已经有了一份商业案例、尽职调查结果和估值模型，这些都为大部分假设提供了坚实基础。

一些收购公司的高管往往不设定明确目标，期待团队会带来更多创见，但这种情况几乎未曾实现。未设定具体目标，未来将不可避免地面临挫折和额外的补救工作。

在 CEO 为新兴企业勾画的企业运营蓝图和 L1 级领导架构中，正是这些 L1 级领导（功能性及高层业务领袖）决定企业的运营模式，为其组织架构的设计定下框架。例如，首席人力资源官（CHRO）与其整合规划团队，将在功能层面塑造新的人力资源模式。这一模式的参数必须与企业层面的理念和决策相融合，无论是涉及共享服务还是外包，以确保实现其既定的协同目标。缺少此类前瞻性指导，领导者可能会构建他们认为理想的组织结构，但很可能不能实现协同目标或完成转型愿景。

在新的运营模式中，一些在旧组织中行之有效的策略或许并非最佳选择，这几乎是不可避免的。这里的紧张关系非同寻常，这正是交易策略的清晰性、背后的运营模式和必要的协同效应至关重要的原因。若对合并后的企业来说，集中式的会计和财务功能比基于业务的模式更合适，即便过去更倾向于后者，也应当实现前者。但这一决策的理由必须明确、易于传达，因为许多人可能会认为"非坏勿修"，这就需要智慧与沟通来解决这一难题。

CEO 的直属高层——L1 级领导——应在公告时或紧随其后被披露，确保他们能在整合规划和决策中发挥关键作用。收购方或许会选择推迟部分 L1 级领导的公告，以示对目标公司资深人才的深思熟虑。但这些决策不能拖延过久，以免那些未参与组织设计决策的领导带来意外影响。接下来的高管层级，如 L2 级甚至 L3 级，应在交易交割之前（对某些公司来说，可能是之后）宣布，让组织的其他成员了解新的高层领导结构。[2] 在涉及多个业务单元合并的大型并购中，我们认为在 Day 1 之前确认 L3 级领导极为有益，若时间允许，这将为员工提供更明确的领导方向。[3]

这意味着在此阶段只有少数领导将参与其中。新组成的领导团队，曾经可能是竞争对手，需要投入时间和精力共同寻找方向。他们可能在业务战略、优先级和时间规划的一致性上遭遇挑战，这可能会减缓组织设计的步伐。短期与长期目标之间的拉锯战，要求在构建变革型组织的愿景与保持日常运作的必要性之间找到平衡。IMO 必须处理这种紧张关系，凸显迅速就新运营模式达成一致的迫切性。

在组织设计的宏伟蓝图中，组织的核心（其余劳动力）可能会充满恐惧和不安。减轻员工焦虑的有效方法之一是通过透明度和组织的诚实，不只是传达公司战略和愿景，更要坦诚地讨论包括关于工作减少、职责变更、地点变动以及其他生活巨变。在领导者全面应对员工个人的情感以及变化对其工作的直接影响之前，员工可能会经历高度不确定性，可能导致生产力下降和人才流失风险（更大规模的员工措施将在交易交割前后实施，我们将在本章和第八章中进一步探讨）。

在决策尚未最终敲定的阶段，领导者应专注于向员工传达有关组织设计过程的关键信息，详细介绍新的运营模式、组织设计的发展蓝图、角色构建的方法论，以及任命和选拔决策的制定机制，并明确员工何时能够期望了解更多细节。在这一议题上提供明晰的信息，相较于沉默的迷雾，无疑能够带来更为积极的效果。

角色而非人员

组织设计是伤感情的地方。直接参与并深受这些决策影响的高层人士往往在收购方或目标公司投入了他们的整个职业生涯。合并过程可能表明，他们的特殊才能不符合合并组织的需求，随后他们可能需要通过离职来过渡。这个过程是艰难和充满不安的。

许多高管倡导的"以角色为重，而非以人为中心"的策略旨在减轻情感负担和缓解焦虑，但真正能够做到这一点的人寥寥无几。我们都是人，随着组织的成功扩展，角色（职务）会围绕人及其能力而演变。

由于这些可预见的复杂情感，领导者可能会优先考虑员工，随后构建适合他们的职务。然而，单纯围绕个体设计新组织不仅是一种逆向思维，且极具风险。不能保证这些人在未来几个月会继续留在公司。专注于人员选拔，而非首先关注角色，这可能会限制交易的潜在价值。

如果首先专注于选择人员，可能导致设计的角色无法有效实现运营模式。这种"以人为先"的方法过于聚焦过去。组织设计必须具有前瞻性，支持新的运营模式——无论是在企业层面还是功能层面。仅围绕人员进行设计忽视了这样一个事实：公司为了未来的发展和繁荣所需的人才，可能在今天任何一家公司中都尚未出现。

相反，领导者应首先考虑支撑新战略所必需的角色。从一开始真正关注"角色而非人员"，而非仅停留在口头宣称，可以让组织及其角色的构建基于支持新运营模式所需的具体能力和经验，从而实现预期的协同效应。

例如一个注重产品的公司一直专注于以成本效益高的方式创造卓越产品。但它们最近宣布一项重大交易，新的运营模型要求公司向更以客户为中心的方向转变。公司里有一位拥有30年经验的产品设计师，他从未尝试过从客户的角度进行思考。他始终专注于设计最引人注目的产品，却未能预见客户需求。虽然人人都对他赞誉有加，高层可能想将他提拔到一个高级产品经理职位，但他缺乏必要的技能和对潜在客户需求的深刻理解。

现在变得清晰了：组织设计过程应从对新企业和功能（或业务）运营模式的明确理解出发，包括来自企业发展或交易团队的协同目标，以及L1级领导的考虑。组织设计的核心在于支持新的运营模式——而不是沿袭旧有模式。

> **从签约到闭环组织设计的要素**
>
> - 企业运营模型。
> - 指定 L1 级领导。
> - 功能和业务运营模式。
> - 优化的协同效应目标。
> - 准确人数和成本基线。
> - 角色开发。
> - L2 至 L3 级别人才选拔。

在 L1 级领导和功能整合团队领导的首次组织设计研讨会中（如第六章的 IMO 部分所讨论的"两位一体"模式），目标是清晰地界定双方的组织结构图，即条线与框架。这不仅涉及统计每个组织的所有人员，也包括明确他们当前的角色、理解他们的工作职责及其成本。必须明确界定每个人所负担的运行成本。这些研讨会将迅速引发讨论，讨论关于哪些领域不适宜削减或需要保留以支持临时平台，以及可能为大规模转型提供机会的领域。同时，这也是确定哪些职能部门劳动力使用临时工和独立承包商的时机，这些人可能更易于立即调整以实现协同目标（当然，其中的代价在于他们提供了灵活性，并且一开始可能更具成本效益）。

面对这一关键时刻，收购方现在必须做出重要选择：是逐层设计组织结构，确定每层的人才再进行下一步，还是从底层一直设计到顶层，然后选择人才。无论哪种方法，组织设计团队都需达成既定的协

第七章 如何实现我的愿景与承诺

同目标，但每个选择都会带来重要的影响和考量。

选项 1 是一个缓慢但稳健的设计过程，例如 L1 级领导会为他们的直接下属（L2 级）设计所需角色和人才，然后为这些角色挑选合适人选。这种逐层方法使得新选拔的领导能够为他们的直接下属设计下一层（角色、人才和员工等）。这也允许精确计算每一层的成本。设计参数必须考虑每一层内协同目标范围的角色、选拔参数和过渡时机（向人员提供职位并实现角色转换），以便团队能够设计下一层。过渡过程还包括考虑那些未被选中的人员，可能会离开[4]（L4 级及以下的过程通常在交易交割后进行）。

这种方法的优点在于领导者可以直接影响下一层的角色和人才，可能创造出显著的认可和支持。领导者有责任为自己的层级设计角色，并在选择人才时做出明智决策。他们可能会说："我自然会设计我的组织并挑选我的团队。"在最高层级，选拔可能更多基于面试，而不是严格的选拔标准。由于是逐层进行，团队可以基于角色精确计算每一层的成本。

这种方法的缺点是可能耗时较长，因为领导者需要逐层工作。在典型的组织设计过程中，转型速度可能不是关键，但在并购中，资本成本的计时器在溢价上持续向前走，因此没有足够的时间。选择此选项的人还必须注意，不要让劳动力经历"千刀万剐"的痛苦，尤其是在大型组织中，逐层淘汰员工可能会在交易交割后形成人员离职的连续波动。

选项 2 是在不选择人员的前提下设计角色和结构，直至最底层，同时估算相关的协同效应、各角色的退出数量及其相对成本。一旦组织设计团队与 L1 级领导和功能工作流领导确认结构符合协同目标，并满足实现功能运营模式的设计参数,以及确保规划中角色的位置符合预期,随后便可开始选拔人才。

这一选项的优点在于,它能够在早期准确判断是否能满足所需的成本结构,而无须提前将人名填入框架。此外,它比选项1快得多,因此在第一天之后就能迅速将人员安排到各自的位置。组织设计团队提供的最终状态草图使协同团队能够在交易交割之前确认实现业务案例的路径。

这一选项的缺点相对明显,可能给人一种在真空中完成的感觉。通常很少有L1级领导真正了解组织较低层次的具体情况,他们在设计角色和结构时可能会忽略重要信息。在交易结束后,可能会出现"嘿,安吉拉,这是我为你设计的结构,现在选择你的团队吧"这种情况。新领导可能会对你的建议产生怀疑。由于没有听取他们的意见,你无法获得他们的支持。如果使用这一选项,设计最终状态结构时应考虑正负调整因素,以便在薪酬或人员安排上有一定的调整空间。

采用选项2的收购方在交易交割时就能清晰地了解新组织的结构和角色。角色将根据必要的薪酬水平设计,并描述所需人才的特点,例如工作年限、技能、地理位置和其他最重要的标准。这个过程还记录了人才选拔后必须遵循的严格标准。在并购领域,创造价值的速度至关重要,选项2因此成为许多收购方执行团队的热门选择。此外,它还能避免"千刀万剐"的情况,快速让人员离职,避免给组织带来不必要的压力,使留下的员工能够重新专注于实现未来的目标(第八章将进一步讨论此内容)。

选项2还带来另外两个优势。首先,它有助于识别组织内早期潜在的风险点，特别是那些可能缺乏必要冗余的关键环节。比如需要备份支持的重要客户的主要企业客户代表，或者是在工资合并时可能被淘汰的员工。这类人员可能会寻求新的工作机会，因此，在卫星地区等关键位置上为具备必要技能的员工制订备份计划变得至关重要。其次，由于收购方从基础层面设计组织，选项2提前展示了通过组织设计实现人力协同效应的可能性。尽管在选项2中人力协同效应只是一个估算值（因为不会直接将人名分配到特定角色），但它比选项1更快地评估在确定任何具体人选或固定未来角色预期之前可能错过的协同目标。

在上述两种选择中，大多数节省劳动力的协同效应通常出现在组织的1—4级，即高级管理和领导层级。如果在这些层级找不到协同效应，可能需要在组织结构中更深入地挖掘，并可能削减组织的关键力量。实际上，推迟这类艰难决策只会在未来造成更大的困难，并可能在自然建立信任和合法性之前就已经破坏了这些关键要素。

无论选择哪种方式，高层做出的决策越多，组织其他层面承担的节省成本的压力就越小。此外，在并购过程中，通常最具生产力或最有技能的员工往往面临最大的流失风险。他们可能拥有最佳的离职选择，并可能因组织内部网络的变化和政治资本的损失而受到最大的影响。他们通常对自己评价较高，在行业中也有较高的声誉。面对合并带来的潜在混乱和压力，他们可能不确定自己是否愿意应对。如果这些人对新组织的未来至关重要，这些组织设计的活动将帮助确定他们的身份，以便你可以通过激励措施留住他们。

最后一点是，其他员工正在密切关注发生的一切，他们会根据被选中的人来推测新组织的运作方式。即使你没有所有答案，清晰的流程也会帮助其他员工面对不可避免的不确定性。

二、协同规划：细节决定成败

协同效应是交易核心理念的关键部分，并为向目标公司股东支付的溢价提供了理由。它们同样向董事会、投资者和员工展示。整合规划和执行阶段是实现这些协同效应的关键时刻：它们必须可辩护、可实现、积极进取。在尽职调查阶段进行的工作应该是重点，尽职调查团队与协同团队之间必须有强烈的联系。如果没有在尽职调查过程中设定具体假设，协同团队可能会盲目操作，或者更糟的是，重新发明轮子。

协同领导团队应包括一位有权设定目标的财务执行发起人、了解成本结构和会计系统的来自双方的财务规划与分析人员，以及一位负责企业发展的人员，这个人需要明确交易中的假设，可以作为协同团队与原始尽职调查团队之间的联系人。

协同效应是超出单独预期的运营收益。收购方必须实现超出两家公司股票内嵌增长价值的绩效提升。值得记住的是，协同效应并非没有成本；几乎每一项协同效应都需要一定的成本来实现。这可以视为"协同匹配原则"，在此我们考虑实现每项收益的成本。

协同效应通常采取成本节约（劳动力和非劳动力）或收入增加的形式，两者之间往往存在紧张关系。收入协同通常比成本协同风险更高，因为它们依赖于在不确定环境中引入新产品。需要评估客户是否会欣赏、需要并愿意为之付费，竞争对手是否会推出类似价值但成本更低的产品，以及销售团队是否真的能够跨销他们不熟悉的产品。任何新产品的推出都面临"如果"的问题。此外,这些增长协同效应通常源于新产品和"共同专业化",即结合两家公司的独特能力。在 Day 1 之后的市场中有效合作失败可能导致这些领域的漏失。

另外,成本节约主要由收购方控制,因此更易于估算和制订节约方案。虽然一些潜在的成本协同效应,如采购或房地产协同,可能需要谈判和高层协调,但收购方通常能够清楚地了解确定潜在节约所需的数据。这是清洁室和清洁团队可以制订的协同计划发挥作用的地方,这些计划可在交易结束后立即执行,尤其是在采购节约或即时跨销机会方面。

所有收购方都将面临一个关于协同效应的"现实问题":漏损。漏损是什么?就是你本以为能获得"X 美元"的协同效应,但却有完全合理的原因无法实现。例如在一笔交易中,收购方计划在德国出售一些房地产(并预计从房地产交易中获得收入和节约),但后来在建筑物的地下室发现了"二战"时的未爆炸弹药,从而使房地产计划受挫。虽然你可能不会在自己的地下室发现英国炸弹,但你原本期望的一些协同效应可能很难甚至无法实现。

每个人都会有无法实现协同效应的理由,因此协同过程应对这些理由进行压力测试,以判断它们是否真实。更重要的是,协同目标需要显著高于交易模式中设定的目标。除了为漏损留出余地,激进的目标将迫使工作流负责人思考一系列不同风险的项目组合,这将使他们能够达到激进的目标。他们将不得不发挥创造力,既要找到低风险、收益容易实现的项目,又要找到高风险、高回报的项目,如果目标较低,他们则可能会选择回避这些项目。

(一) 设定基线

在协同规划中，首要步骤是为成本、收入和人员建立一个综合基线。以此作为后期追踪收益的标准，基线最终用于验证是否实现了协同效应。这是一个具有挑战性但绝对必要的步骤。

虽然组织设计团队专注于劳动力协同效应，协同团队则应通过将目标公司和收购方的成本、收入和全职员工（FTE）对应到一个通用的功能（如财务）和子功能（如税务、出纳、FP&A、会计）分类来建立基线。例如在目标公司中，工资成本可能计入财务类别，而在收购方中，工资可能计入人力资源。建立综合基线很重要，因为不同公司的功能和子功能归纳方式并不相同。需要规划和协调以确保正确的成本捆绑在一起。无论如何，协同目标都必须基于这个基线。实际操作中，我们通常说"成本跟随目标"，因为基线定义了将归属于协同目标的"篮子"。

协同团队应与组织设计团队保持紧密一致，对劳动力和非劳动力计划使用相同的分类体系。尽管这两个团队可能是并行工作，但它们降低综合成本有助于收购方实现协同目标。这也是为什么使用相同的分类体系将收入、成本和全职员工统一到相同的功能和子功能下非常重要。虽然这些分类体系在交易交割前可能未完全统一，但它们在 Day 1 之后必将合并。

在设定自上而下的协同目标时，基线也是进行合理性检查的基础。[5] 例如如果法律部门的协同目标为 200 万美元，基线可以作为有用的比较依据，以确保整体法律成本结构对于这个节约目标具有合理性。来自高绩效同行公司的功能性基线也可以用来测试目标是否过于激进或不够激进，为收购方在交易过程中将合并后的组织转变为更出色的表现者提供机会。

（二）自上而下的协同目标

协同规划的目标设定始于交易模式和先前的尽职调查，这些因素驱动了报价。

自上而下的目标应交由职能团队负责，但具体实现方法的细节则由他们自行确定。职能团队和相关业务部门将开展项目和工作计划，以实现预定的协同效应。虽然协同项目领导可能会为特定职能或业务领域提供初始倡议示例，但如何落实这些协同效应则完全取决于各职能或业务领导。制订计划的过程旨在挑战团队，在其专业领域内发掘潜在机会。

自上而下的目标应为职能或业务团队提供具有挑战性的高目标。我们的经验表明，这些目标通常至少比达成外部公开协同目标所需的总协同效应高出40%—50%，以留出应对漏损、倡议重叠和预测失误的空间。挑战性目标比公布的协同效应高出75%—100%也并非罕见。随着团队逐步实施倡议，不可避免地会出现与其他功能倡议的重叠，从而产生漏损。在设定目标范围时，协同领导会向团队透露最高端的目标，这种做法为实现公开声明的协同目标提供了额外的保障。

（三）自下而上的协同目标

在自下而上的协同规划中，更多的工作集中在细节上。随着时间的推移，将推动特定协同效应的各项倡议和项目不断发展，因为团队每天都在深入了解彼此，对协同倡议和改进机会的认识也愈加明确。非劳动力倡议的构思通常在 IMO 的启动阶段开始。功能和业务负责人将识别各种倡议，并估算这些倡议的大致价值。这是一个大型倡议还是小型倡议？如果是大型的，具体规模有多大？是否在 100 万到 200 万美元，或是 1 000 万到 2 000 万美元之间？或许更多，或许更少？给出一个初步的范围，以便后续进行精细化处理，是十分有益的。在识别和规划协同效应需要详尽信息的情况下，清洁室和清洁团队将发挥极大价值，因 HSR 法规限制了信息共享。

这一过程通常包括初步、第二轮和最终提交（其间可能经历多次迭代），每轮可能包含 100 多个不同的倡议，涵盖多个功能、业务和负责人。鉴于潜在机会众多，需要一个标准格式来记录倡议。记住，输入决定输出：缺乏标准的结构、格式或软件会导致提交的质量低下，浪费大量时间——可能还会延迟整个项目进程。每个自下而上的协同倡议都应明确名称、开始和结束日期、具体金额、实现成本和负责人。若缺少这五项基本要求，就无法构成有效的自下而上的协同计划。

另一个关键环节是在早期阶段确定每个倡议所需信息的优先级和具体时间点。由于团队在一开始不可能掌握所有细节，因此首轮提交应包括诸如倡议名称、描述、负责人、受影响的团队、价值的粗略估计以及复杂度（高、中、低）等内容。随后的提交将更新之前的字段，并提供更细化的价值估算和逐期实现这些估算的详细成本，从而使最初的范围逐渐缩小，最终可提交给 IMO 审批，之后递交给 SteerCo，并最终被纳入高层管理计划。

领导层必须参与到倡议发展过程中，不仅为倡议提供战略指导，而且在需要时批准相应资金，因为某些倡议可能成本较高（不要忘记，实现协同效应是有成本的）。

最后，协同领导应与财务团队合作，以理解哪些因素在外部报告中可被视为协同效应的细微差别。例如对于以往的一个客户，只有开放了一定时间后关闭的岗位才能在外部报告中计入。然而，所有团队必须共同遵守基本的协同规则。

协同规则的路线图：一个示例

为所有工作流提供普遍指导，特别是在协同领导团队讨论和构建协同效应工作计划时，对收购方而言至关重要，这样可以确保大家都遵循统一的规则。

什么构成协同效应？

- 员工人数：包括交易交割后的任何职位裁撤或薪酬削减，以及未被重新填补的自愿离职。预算内空缺职位的减少也将被记录并计入协同效应。①
- 非员工人数：任何直接增加计划外收入或相对于基准运行成本减少和／或资本支出的积极非劳动力财务影响，且直接源自收购活动。

什么构成反协同效应？

- 员工人数：包括交易交割后的任何未编入预算、未经批准

---

① 这些需要是真正编入预算内的空缺职位。然而，无论在哪一方，领导层都必须对突然出现的预算内空缺职位保持警惕。这同样适用于一般的预算成本。

的额外职位新增或薪酬增加。
- 非员工人数：因采纳新的运营政策、技术、流程或程序而导致的任何持续的非劳动力成本增加。

什么构成一次性成本？

一次性成本包括实现协同效应所需的所有必要开支。
- 员工人数：例如遣散费、搬迁费、留任奖金和招聘费。
- 非员工人数：例如硬件或软件采购成本、解约费用或供应终止费用、差旅费和咨询费用。

什么是成本协同效应？

成本协同效应是通过整合两家公司的流程和系统、实施倡议来利用规模经济、减少重复成本和部门，以及提升合并基线的效率而实现的成本节约。这包括取消预算中的资本项目或一次性项目成本所带来的成本节约。

什么是收入协同效应？

收入协同效应是指特定收入倡议（例如为客户提供的新的、捆绑的价值主张）所带来的、超出未来收入计划的收入增长。这些增长通过增加客户渗透率、优化地理布局、跨销及加快产品上市时间来实现。

> 如何在定义协同效应时考虑"日常业务"改进?
>
> 　　整合中的协同效应不应包括任何"日常业务"改进（例如与整合无关的计划或正在进行的 ERP 系统升级）。现有成本节约倡议对预算的影响应作为基线的一部分。从正在进行的转型中超出计划的成本节约可被视为协同效应。
>
> 谁应该获得确认的协同效应的业绩?
> - 员工人数：当企业职能部门或业务部门识别出协同效应时，相应的职能或业务部门将获得相应的业绩，同时要特别注意避免协同效应的重复计算。
> - 非员工人数：属于企业的成本，如财务或法律成本等，如果位于某个业务部门，则由该业务部门负责。
>
> 职能间转移是否算作协同效应?
> 　　不，职能间的转移不产生协同效应。

（四）工作计划

IMO 需要在 Day 1 准备好工作计划，以便在交易结束后立即开始执行短期运营整合里程碑和快速实现协同效应的倡议。工作计划可以优先考虑协同倡议的价值捕获组合，并标记那些可以加速实现以迅速在 Day 1 或之后不久实现协同效应的"快速击中"倡议，正如我们所说的"敲响钟声"。

倡议将需要包括相关里程碑和负责人的项目，以使每项倡议在最终提交时具体化。涉及多个产品线和设施的1亿美元的内包倡议，将远比30万美元整合全球贸易展览会展位的倡议复杂得多。但所有这些都需要累加以实现承诺的协同效应。通常，少数几个协同倡议（5—10个）将推动超过总协同价值的2/3。这些重大倡议应有完整的工作计划来支持它们。

协同团队将与IMO领导分享这些工作计划以及实现协同效应的时间线。这将使领导层能够提供战略指导，推动迭代过程，并对优先级、时机和顺序提出建议。一旦确定了协同效应的优先级，就必须为其提供资金支持。例如将5个ERP系统合并为一个将涉及大量的一次性成本。最终，SteerCo会批准那些将推动大部分价值的倡议的短名单和资金。

提供工作计划还将帮助团队及其领导保持至关重要的动力，以便在交易结束后迅速启动优先倡议，这是他们必须开始的时候。记住，要做的工作很多，时间却非常紧张。

在协同效应项目中，劳动力和非劳动力协同效应的视角将在追踪和报告阶段相互交织，详细探讨将在第八章展开。在此过程中，劳动力协同效应（如人员裁减）和非劳动力协同效应往往会并行展开。但在内部追踪和报告中，这两种协同效应都需正式汇总，以进行全面的财务报告。这也为外部沟通奠定了坚实的事实基础。

总体而言，协同效应项目的核心要素涵盖以下几方面。

- 选定适当的协同效应执行发起人。
- 确立明确的基线。
- 制订雄心勃勃的协同目标。

- 初步构思旨在节约成本和推动增长的方案。
- 开展具体倡议和项目,确保如何兑现所做承诺。
- 对项目进行精细审核和排序,并确保资金投入。
- 获取 IMO 和 SteerCo 的正式批准。
- 为高级管理层设定明确且有责任感的目标。

(五)Ecolab 的协同效应

Ecolab 公司专注于追求的不仅是 1.5 亿美元的成本削减带来的协同效应,还有通过赢得客户青睐以及加强内部销售和市场团队的增长协同效应。从签约到交易完结,这包括在清洁室内验证尽职调查阶段得出的增长协同效应预测。

该团队深入分析了跨销机会以及为客户提供捆绑方案所产生的增长协同效应,这一过程中利用了新的共享基础设施和共同开发的新产品及服务。大多数协同效应源自前 50 个重叠账户。

清洁室在确定、扩展和加快增长协同目标方面起到了至关重要的作用。这使得团队能够更有效地使用两家公司的数据,并结合两个组织中相关领导的专业知识来推动增长协同工作流。此外,它还助力于通过将目标分配到各个账户、业务和区域,来规划实现协同效应。鉴于清洁室的重要性,双方领导进行了深入且专注的对话,以适应清洁室的环境。

Ecolab 成功的另一关键因素是高级管理层(C-suite)对增长协同估算和实施计划的坚定支持。这种来自高级管理层的重视在两家公司中形成了广泛的共识。例如销售和市场团队计划在关键账户中举办"高层会面",助力增长协同效应的执行与实现。

截至 Day 1，Ecolab 的增长协同团队已完成了按类型、业务、地区和账户分类的协同效应估算。他们为前 50 个关键账户制订了详细的沟通计划，并在交易完成后不久就策划了一场销售会议，确保所有销售和服务人员都对新合并的市场推广策略和产品熟悉无误。

（六）沟通与员工体验：减少不确定性，为变革做好准备

对于利益相关者来说，沟通和员工体验并非仅关乎庆祝，而是关于减少不确定性、设定明确期望和增强参与度。就像我们的一位同事所说，"你正在借用你尚未赢得的信任"，所以现在就开始努力赢取这种信任，仅仅谈论"平等合并"是不够的。

对所有利益相关者（包括员工、工会、退休人员、客户、供应商、承包商，当然还有投资者）的沟通必须经过精心策划。为每一组利益相关者定制信息，目标是透明和坦诚。如果他们的问题暂时没有答案，那就告诉他们何时可以获得答案。将 Day 1 准备的沟通计划设计得像公告日那样：协调一致、按日程安排、精心准备且信息充分。记住：人们总能识破空洞的电子邮件。

虽然所有与整合计划相关的沟通都需要明确，但员工体验专门关注员工的需求，涵盖了从确定新角色的具体细节到实现新组织结构所需的变革管理规划和领导力。这不仅仅是沟通的问题：它涵盖了两家公司所有部门的企业范围内的所有变化，这些变化将产生大规模的跨职能影响。这应该作为一个工作流程由 IMO 管理，而不是交由各个职能领导负责。这是整合过程中至关重要的一部分：它稳定了组织，帮助员工理解新战略，并激发他们对自己在新战略中的角色的热情，同时建立了一个强大且一致的反馈和沟通循环。

> **员工体验愿景**
>
> 员工体验愿景应成为整个整合过程中所有变革管理活动的核心指导原则，并且应涵盖以下几个方面。
>
> - 通过帮助员工理解交易背后的真正意图，建立他们的信心。
> - 培养值得信赖的领导团队，激励员工对合并后的组织的未来抱有信心。
> - 通过目标明确的沟通，减轻员工对其未来角色的不确定性和焦虑感。
> - 挖掘每家公司的集体优势，保持促进成功的文化氛围。
> - 实施双向反馈机制，在整合过程中识别优势和劣势，以作为持续改进的依据。

在文化和员工体验方面做出重大选择时，很可能引发真正的冲突，员工们对此有清晰的认识。如果收购方谈及"家庭""信任""团队合作"和"团结"，而目标公司则宣称他们通过灵活、敏捷和突破常规来"把事情做成"，同时私下告诉员工，"如果你想要温暖和舒适，最好自己养条狗"——那么，你可能还有不少工作要做。在了解现有文化，即工作完成的方式、共享的价值观和规范，以及什么被奖励之前，你无法确立新的文化。在 Day 1 之前，领导者需要开始了解组织文化的相似和差异，并建立如何合作的方法，以便组织在交易完成后能够成功运作（我们将在第八章中更深入地讨论变革和文化）。

即使没有深刻的文化冲突，合并所带来的变化也可能触发情绪反应。合并使员工的世界颠倒，将他们的需求层次降到了最底层。他们从关注工作和生活中的自我实现转变为担忧自己的生理和安全需求：是否还有工作，是否安全，下一份工资从何而来。这可能令人恐惧。合并还会对员工的时间提出新的要求，并可能干扰他们的日常工作。员工体验团队的任务是"提前应对痛点"，而不是淡化或消除痛苦，从而让员工感到你的计划是经过深思熟虑且真诚的。

因此，在签约到交易交割的过程中，员工体验团队的任务主要集中在三个方面。

1. 确认即将到来的变化。
2. 规划新组织将如何支撑这些变化。
3. 确保员工在整个交易生命周期中准备好迎接变化。

员工体验团队将为每个利益相关群体在时间线上界定变化，并据此进行相应规划。一旦他们识别出即将到来的变化，就应开始精心设计领导层的话语和行动，以及一套精心策划的体验，这可能包括学习或轮岗计划。还应为员工提供在日常工作中参与学习体验的机会，为 Day 1 及之后做好准备。

例如一名客服代表在接下来的 12—18 个月可能经历 15 次重大变化，这些变化与淘汰旧系统、实施新系统、学习新产品和新流程，以及了解如何回答常见问题有关。一些团队还将实行临时运营模式，因为它们正在从旧模式过渡到新模式（例如操作将在一年内整合的 ERP 系统）。

在 Day 1，两套系统都将运行，但团队应该知道转换如何进行。如果 Sergio 负责旧 ERP 系统并且知道他将被替换，他必须明白为什么他应该继续提供帮助，以及当他知道自己在一年内将被淘汰时，他将如何因留下来并投入努力而得到回报。组织中还将有其他的过渡职能。成功的员工体验管理依赖于识别组织中所有的"Sergio"并逐一管理。

请记住，并非所有部门或业务领域会以同样的方式受到影响，因此，理解不同员工群体的不同需求如何带来独特体验，并为每个群体量身定制合适的体验，是非常关键的。例如财务部可能会遭受大规模裁员，而销售部门则可能会大举招聘。这种表面上的不平衡需要与各职能部门进行深入的沟通，以便员工理解变化的内容、未变的部分以及背后的原因。

面对新的跨部门汇报关系，双方的管理者需要掌握管理这些新员工的具体程序。你不会希望有人某天早上走进办公室，抱怨说："我现在又多了 45 个分布在不同地点的下属向我汇报工作。我该怎么办？我连他们的职位描述都没有！"为他们提供应对迅速变化的情况的工具是必要的。

员工体验团队将根据整个组织的全景，确定如何协助每个群体应对每一项变化。我们将如何支持他们？何时需要领导人与他们交流？何时发送让他们感到被支持的信息？我们如何收集他们的反馈？我们将如何奖励他们？这就是提前应对挑战的核心——了解并预期员工生活中可能出现的那些细微但有时又重大的变化。

显然，员工体验不应只是通过一封或一系列电子邮件来体现。了解哪些方面将发生变化（以及哪些不会）使员工体验团队能够基于对员工需求的深入预测，有序地规划变化体验。团队不仅需要洞悉整合计划，还要理解这一变革如何在整合的全过程中影响员工。这包括了解员工及他们广泛的需求画像（包括他们的离职、新角色、跨销任务及在每个职能领域生命周期中的其他变化），并努力营造他们的体验，缓解这一影响。Day 1 应揭示通往最终状态的清晰蓝图，这意味着交易闭环前的重要工作之一是构建这一愿景。

首先是预见合并带来的常规工作流程变化。这包括提供新流程和程序培训，以适应工作方式的变化（例如出差规划和日常津贴）。这些基础变化直接影响员工的日常工作。

但这种评估远超基础流程。它还包括评估哪些职能领域和团队需要领导层亲临指导，以及如何处理员工对重大变革的感受，谁应该与其进行对话来引导他们。更广泛地说，一旦明确了变化，下一步就是计划新组织将做些什么来支持每个员工完成变革。

在一次尤为成功的合并案例中，收购方实地拜访了目标公司的产品研发团队，并将这次访问打造成一场特别活动。目标公司在园区搭建帐篷，举办烧烤派对，让研发团队展示他们最引以为豪的成果。团队在"展览漫步"活动中重点展示了他们的五大顶级产品，并在庆祝的氛围中介绍他们的这些"杰作"以及为何感到骄傲。

这次活动不仅让每个人都感到愉快，而且向目标团队证明了收购方致力于了解他们并尊重他们。两个团队得以分享彼此的历史，讨论激励他们的因素，并就产品知识和未来合作进行交流。这有助于他们建立团队情谊。但这不仅仅关乎让人们感觉良好，这样的交流也提升了更有效地跨销和实现收入协同目标的能力。

并非每次合并都会在总部园区举办类似狂欢节的庆祝活动，但以同样的关注度打造员工体验是绝对必要的。如果员工感觉不到关怀，他们就不会去关心客户。就像其他整合工作流程一样，规划整体员工体验是至关重要的。这项规划应体现整合方法的核心原则，并包括协调培训和资源安排的时间表，以及为传达信息的人员提供资源，比如为高管定制的演示文稿和 Day 1 的全体会议的准备会议。

无论你的计划和执行能力有多出色，都需要确认员工拥有新工作所需的工具，他们已经掌握了必要的知识或知道在需要时去哪里寻找这些知识，并确保员工为即将到来的变革做好了准备。在签约到交易交割的过程中，通常会通过调查进行准备情况评估。员工体验团队利用调查结果来识别潜在风险，并与 IMO 协调，确保在 Day 1 之前解决每个问题。通常会采取的形式是，在 Day 1 前几天里，将准备就绪的团队部署到准备最不充分的团队。

（七）参与感

请记住，收购方的目的并不是将目标公司的员工纳入新员工入职流程。这些员工并不是新招募入职的。他们并没有主动选择加入你的公司。实际上，在一些合并案例中，他们可能有加入你公司的机会，却选择了目标公司。关键是他们选择了目标公司，这意味着重点应当放在激发他们的参与感和兴趣上，而非仅仅进行入职流程。为员工创造归属感和认同感至关重要。

员工真正需要的是一个清晰的叙述和归属感。员工讨厌不确定性和含糊不清的状态。如果有机会，他们将倾向于假设最坏的结果。尽管高层领导可能担忧是否能实现承诺的协同效应，但普通员工更关心的是他们的工作证是否能用、网络是否畅通、笔记本电脑是否会更换、咖啡的质量如何、名片何时更新、何时发放工资以及福利是否会发生变化。不要忘记，"协同效应"这个词可能会引起员工的恐惧，因为它通常意味着裁员、变革和艰苦的工作。

同时，人们能够承受不好的消息。与其对他们说"你们对我们很重要，我们会在稍后告知你们变化的细节"，不如直截了当地告诉他们"我们会保持透明，提前 6 个月通知你们，并提供更好的遣散方式和再就业服务"。尽管无法详细说明即将发生的每一件事，但设定员工何时能获得所有答案的期望是可行且必要的。关键是让他们知道何时他们能得到明确信息，为他们的未来提供一定程度的确定性。此外，确保与员工的沟通协调一致，以免他们因来自 IT、人力资源和财务部门的多个可能相互冲突的信息而分心、迷失方向或感到不知所措，要使他们通过有序的沟通了解新程序的整体情况。

这种对待员工体验的方法不仅是出于对员工的人道主义关怀，还有助于防止错误信息被泄露给竞争对手、供应商和客户。进一步来说，让新员工站在你这边意味着在未来他们有机会时不会对你造成伤害。

这一切都凸显了尽早宣布新任 CEO 和高层管理团队的重要性，从而提供关于公司将要走的方向和管理方式的信号。高管们的声誉可能已经为他们树立了先期形象，因此员工会想知道他们将面临什么，这同样有助于减少不确定性。利用这些公告来展示领导层，并激发员工对未来的期待。

单凭领导层是不够的。员工体验团队将识别并吸纳有影响力的员工（即那些受他人信任的人）来促进人员和信息的连接。这些整合者在支持关于变革的明确信息传递中极为宝贵，并有助于定义合并后组织的共同价值观、信念和行为动力，这些都是文化的基本方面。实现这些目标将需要深入了解不同职能领域的影响，以及组织内的"变革推动者"。

例如在公告日和 Day 1 之间，Ecolab 规划了他们将在交易闭环后推出的变革管理计划。他们在两家组织中共识别出约 500 名"文化合作伙伴"，并为 8—10 人的小组创造了自愿对话的环境。这些小组的目的是讨论合并事宜，确定如何最佳地利用两家传统公司的优势，并在网络中传递信息。文化合作伙伴不仅在组织内部传递和强化沟通，还为整合规划团队和高层领导团队提供了宝贵的反馈环节，告知哪些做法有效，以及进行特定组织关切。变革准备团队运用了脉搏调查等标准工具，以及变革委员会和跨职能团队论坛等更具创新性的工具，这些工具的任务是营造变革氛围，并讨论与整合相关的变革策略。

沟通的总体目的是在每个组织中传播清晰、透明的信息，并在关注商业案例、日常运营及员工关心的事项上达成关键信息一致。为此，需要熟知并掌握每个领域的关键信息，并为整个组织制订内部沟通计划和时间表，以及反馈机制。所需的资源包括企业领导层对主要叙述和核心信息的全面认同，以及企业沟通团队在内容创作和传递方面的支持。例如在 Ecolab，内部沟通专注于交易的三大核心优先事项：赢得人心、实现协同效应和加速增长（参见第六章）。

清晰、透明地与员工沟通，并积极地参与其中，将极大地帮助员工了解他们的生活将会如何。在 Day 1，每位员工都应清楚自己的位置、角色是否发生变化、上司是谁，以及自己的薪酬和福利情况。结构化的员工参与流程应带领每位员工度过第一天、第一个月和第一年，以及与每个时间段相关的关键节点。记住，如果你不能提供具体信息，那么就告诉他们你何时能提供。

正如我们在第五章中所述，"文化始于公告"。你已经从公告日开始注重清晰、一致和透明的沟通，并希望通过整合及其后的过程延续这种体验理念。通过展示两家公司的共同价值，明确阐述员工的融入方式，你将为员工提供确定性，从而带来实质性的回报。

三、Day 1 的准备：从规划到执行

Day 1 可能看起来是一个艰巨的里程碑，而为这一天做准备可能是在无休止地做复杂决策或列整合活动表。然而，实现并成功执行 Day 1 的关键不在于广泛行动，而在于将精力集中在少数至关重要且不容妥协的任务上。有些公司在 Day 1 会做更多事情，如宣布新的计划或大胆的新项目。如果你有额外的时间，大胆采取行动可能是个好主意。但是，满足基本需要是至关重要的。

简而言之：你想尽快完成交易。避免监管审查，并准备快速实现协同效应。Day 1 的目标是最大限度地减少可能出错的事情，尤其是那些可能导致法律问题的事情，并保持业务连续性。一个成功的 Day 1 还包括确保每个人都对这一重大里程碑"新组织的 Day 1"感到兴奋。维持正常运营，准备新的运营模式，并制订计划推出合并后的公司（正如我们的一位同事所说，"开始摇滚"）。

虽然 Day 1 的准备可能只包括少数活动，但这绝非简单事务。任何达不到完美的结果都可能是致命的。未能实现 Day 1 的准备可能会在一夜之间毁掉一笔交易，因为目标公司和收购方的运营受到干扰，使市值受损。即使是不完美的 Day 1 也可能使交易交割后的执行变得复杂，因为内部（员工和董事会）和外部（客户和供应商）对交易的看法变差，媒体和围绕管理层在整合执行上的能力的叙述被中断。此外，缺乏 Day 1 的准备会推迟交割后的执行，导致协同效应价值流失

第七章 如何实现我的愿景与承诺

和危及客户关系。

我们的一位同事常将 Day 1 比喻为婴儿的降生："你知道预定日期，但无法预知确切时刻。"因此，若 Day 1 比预期提前到来，你需准备好执行必要事务的计划；若推迟，则自然会做更多准备。衡量是否将某目标纳入计划的有效方式是考量其是否为交易战略的核心。如果是，进一步考虑其实际可行性和能否在 Day 1 之前顺利实现。对这两个问题的肯定答复，即意味着它值得留在清单上。

那么，"最小限度"意味着什么？Day 1 的任务重点是确保收购方和目标公司在交易完成后无缝继续业务。实现这些目标意味着在所有地区获得法律和监管批准，确保员工和供应商获得继续运营和收款的授权，并确认安全运营措施仍然到位。这三个领域的失误不仅会扰乱运营，极端情况下甚至可能导致法律责任。因此，Day 1 的完美执行应被视为任何成功交易的关键。就如同婴儿可能提前降生，Day 1 也可能提前到来，在此情况下，基本任务显得尤为关键。

因此，Day 1 实际上是一场关于排定优先顺序的行动，你需要优先处理的是那些对于完成交易和创造最大价值至关重要的目标。你可以创建一个交易交割条件清单，以确保按时完成交割，并包含如果某个目标未实现的应对措施。如果清单上有些项目不是 Day 1 必须做的，那么它们就是最终状态的一部分。这并不意味着它们不重要，只是对于 Day 1 来说不是必需的。这可能包括需要更多数据才能做出决策（例如与客户行为相关的）。因此，Day 1 需要极其专注于为了避免任何负面法律后果而必须完成的事务。

Ecolab 对 Day 1 做了精心准备，创建了详细的蓝图和仪表板，以确保新的 Ecolab 运转顺畅、满足监管要求、取悦客户，并确保员工准备就绪、有能力照顾客户,并兴奋地投入日常业务中。记住,克里斯托弗·贝克的目标是实现"有史以来最好的整合",并全力以赴实现这一承诺。

这一努力的核心是在全球范围内建立四个指挥中心,这些中心成为 Ecolab 和 Nalco 之间的关键联络点,使各地区能够在本地层面解决问题。这些指挥中心的设计旨在迅速响应并解决任何悬而未决的问题。它们识别了共通风险,分享了风险缓解策略,并为高层领导提供了实时可见性。他们没有创造新的业务流程,而是利用现有的业务流程(例如人力资源服务台、IT 服务台)来发现问题并分享进展情况。

IMO 设置了时间表,为领导和员工做好准备。在 11 月 21 日面向所有员工的公告的前 8 天,被指定为 L2 和 L3 级别领导的人员接到了公告、组织结构图和讲话要点。一周后,Ecolab 和 Nalco 的高管团队被邀请参加网络直播,为传达关键信息并了解他们在 Day 1 的角色做好准备。网络直播后,Ecolab 的高级管理层(E-level)领导和 Nalco 的高层领导及以上人员收到了"领导和员工 Day 1 指南"。在 Day 1 的全员网络直播后,这些领导人收到了可供他们及其团队使用的定制幻灯片。员工的准备工作也遵循了类似的路径。

Ecolab 还确定了 Day 1 的六个关键要素:系统(如人力资源、ERP、IT 等)的 Day 1 认证、协同效应、组织设计、沟通计划、2012 年的重点任务和实施治理。这些都被提交给 IMO 以供批准和签字。

Ecolab 的 Day 1 取得了巨大成功。在总部,他们租用了圣保罗会议中心,并用 Ecolab 的标志性颜色装饰了一个巨大的气球拱门,为所有员工举办了庆祝活动,分享了未来的战略方向以及新的使命、愿景和价值观。在全球各地举行了类似的庆祝活动。作为 Ecolab 和 Nalco 文化的一部分是为庆祝 5 年、10 年、15 年等重要里程碑颁发纪念徽章，这也是员工所珍视的。在 Day 1，每个人都收到了代表他们各自任期的 Ecolab 徽章。

Ecolab 还在交易交割后的第一周推出了新的安全程序和跨销售的市场进入计划，以合并公司的身份接触客户。通过专注于照顾客户和员工，Day 1 为交易交割后的成功提供了巨大的动力。

四、剥离业务和过渡服务协议

在尽职调查阶段结束后，买方将估算启动剥离业务所需的一次性和持续运营成本。如今，买方还必须全面掌握在 Day 1 运营业务所需的真实运营费用，包括卖方提供的过渡服务。这种临时状态将导致额外成本，因为买方在开始实现协同效应之前需依赖卖方提供的 TSA。双方的交易团队和律师通常会就高层次的法律框架（例如非约束性的条款清单）达成一致，明确卖方将提供哪些服务以维持业务连续性。条款清单为双方提供了一个机制，在签署交易后继续就 TSA 具体服务内容、持续时间和成本进行谈判。在签署时，条款清单机制是有用的，因为买方担心在不完全了解卖方提供的服务细节的情况下被过度收费。因此，通常会包含一个协商的成本上限："不得向我收取超过母公司对剥离业务当前成本分配的费用。"

在尽职调查阶段，卖方是买方的良师益友。但一旦交易签署，双方的利益立即发生分歧。卖方不再需要这个业务；它不是核心业务，因此他们不愿再投入时间或金钱。除完成交易外，卖方没有任何动力提供 TSAs。如今，卖方面临着与剥离业务共享的基础设施、服务和采购交易所产生的滞留成本。他们的重点将是尽快去除这些成本，而不是支持买方。因此，他们可能不会向买方提供最优秀的人员，并且在 TSAs 的持续时间和范围上可能采取强硬态度。认识到这一点非常重要，因为买方会希望有更多时间来深入了解他们实际获得的人员、流程和系统，并可能需要更多时间和灵活性来做出关于 TSAs 范围、定价和持续时间的明智决策。

在签署交易到完成交割的过程中，TSAs 需要在跨职能和协调的基础上被明确、评估成本并进行谈判。通常，具备跨领域视角和运营知识与专长的整合领导者可以作为与卖方协商的核心联络人。TSAs 的退出时机在收购公司的过程中呈现出特殊的功能间依赖性。例如人力资源 TSAs 的退出，包括工资、福利和绩效管理系统（HRIS），可能会严重依赖于 IT 整合的时间线及相关人力资源系统。在买方能够退出 IT TSAs 之前，他们必须继续为这些人力资源 TSAs 付费，这意味着这些 TSAs 的实际成本可能远超最初的预期。

对于剥离业务来说，Day 1 所带来的影响也有其独特性。当卖方在 Day 1 之前未能完全剥离业务时，TSAs 将提供必要的业务连续性。尽管如此，也存在一些必须进行分离的领域，买方需要对这些领域进行全面的压力测试。例如卖方需要将业务作为一个合法运营实体进行转移，这将涉及银行账户、合法员工转移、联邦和州税务识别号，以及第三方合同等多个方面的分离。与卖方共同制订一个全面的分离计划是实现平稳 Day 1 的关键步骤。积极参与 Day 1 的准备活动，包括在法律实体转换前的彩排（实践演练），将有助于验证卖方是否真正准备好进行切换，并交付一个完全运转的业务。

五、总结

过往的企业整合方式与今日截然不同。它们曾经聚焦于模板和官僚流程。CEO 们往往会持有一个由咨询公司提供、印有两家公司标志的文件夹。这个文件夹内装载着一个剧本——一个相对固定的剧本。它的页面详细列明了 IMO 团队、指导原则、任务书、Day 1 的准备工作、协同效应沟通、交易交割后的愿景、工作流的名称等。咨询顾问会集结所有人员进行项目启动会议,并向他们分发最终难以应对的模板。更糟糕的是,这种做法会让团队领导感到被小看,被迫遵循他们无法控制或投入的状态报告和规划蓝图。这接着会导致数月的战略定位和政治斗争。

我们在第六章和第七章中所提出的方法则是在项目启动之初就争取到投资和支持,使领导们能够共同做出许多关键决策。我们不是让 IT 团队聚集起来在 6 个月的时间里就关键选择进行争论,而是让领导们在项目初期就做出有指导性的决策。这为团队提供了正确的结构和框架,以继续他们的规划,并向员工以及向 IMO 负责人报告的人员提供清晰的指导。

这种级别的整合规划使新组织能够立即履行交易交割前规划的运营决策,实现协同效应的早期胜利,并完成交易交割后的终态愿景规划。

在第八章中,我们将探讨这种大规模规划如何从过渡状态转变为交易 Day 1 之后的日常业务,实现交易核心理念所期许的目标。

第八章

梦想触手可及吗

Day 1 是个激动人心的里程碑，但在操作层面上，它应该相对平静。这一天涉及与员工和客户的沟通、确保达到监管要求，并保证银行账户处于可用状态。然而，交易一旦完成，Day 1 的庆典一过，新公司的整合和其未来状态的规划就正式开始。请做好准备，因为在你揭晓业绩的那一刻起，所有这些都将在公众的放大镜下进行检视。[1]

交易交割后的执行，必须受到与公告日和交易前筹划同等的管理层的关注。在这场交易的余波中，保持势头的连贯性是通往成功的关键。虽然在 Day 1 之前已做出了无数决策，但这些决策还未在新组织的试金石上经过检验和实践。本章将重点探讨如何提高交易计划执行的成功概率，以及如何快速而高效地实施交易前的所有规划，同时避免出现失误。但在此之前，需要首先关注风险。

Day 1 之后，新的重大风险开始悄然浮现。例如那些被忽略的依存关系，或是那些缺乏足够领导支持的改革计划，它们如细水长流般积聚，直到引起管理高层的警觉。关键员工可能会离职，带走他们的关键知识，给业务基础造成损害，即使某些协同效应得以实现，也是如此。这种情况可能不仅会导致投资者信心的丧失，还可能损害与客户、员工和供应商的关键关系。

在交易的帷幕落下之后，便是那些全程呵护项目从摇篮到成熟的高管们，渐渐回归到他们日常经营职责的关键时刻。高管们将逐渐把职责移交给专注于整合方案的管理人员。这种焦点的转移可能给团队的执行工作带来实质性挑战。

我们所见过的最大失误是,收购方的领导层将他们的关注点从交易转移开有时甚至将整合的重担重新落在目标公司管理者的肩上。例如,让他们改变流程,或是实现他们并不真心投入的协同效应,或是让他们独自面对变革管理的挑战。可以肯定的是,目标公司与收购者的目标并不完全一致,其管理层往往更愿意延续他们在收购前的运作方式。

另一个亟待解决的问题是,对最终状态的定义缺乏清晰度。也就是说,过渡期何时结束的界限模糊不清,不确定两家组织何时真正以一个统一实体在市场中运作。

还有其他障碍同样摆在眼前。其中包括对正在进行的协同项目缺乏清晰洞察,从而导致未能有效追踪协同效应。诚然,大家都因冲刺至 Day 1 而筋疲力尽,这种疲惫可能引发糟糕的决策,如过早地解散 IMO。在交易完成后,当 IMO 转变其架构时,维持其原则性变得尤为重要。

"交易脱轨"的迹象和症状有哪些?虽然这个问题的答案纷繁复杂,但有几个不容忽视的迹象:当核心管理者因感到被边缘化、无力参与而纷纷离去;当员工因缺乏归属感和不得体的整合而士气低落、满意度下降;当客户因需求未获满足或承诺落空而投向竞争者的怀抱;以及当负责执行的团队感到与初衷相悖、难以达成既定目标,导致交易的重要性逐渐消弭。这些因素共同作用,导致财务绩效的失败——尤其是当交易在 12—18 个月后远远未能达到预期的协同效应时。

事实是,交易交割后执行阶段的拖延,将直接影响管理层实现最

第八章 梦想触手可及吗

初交易理念中描绘的价值、向股东和客户做出的承诺的可能性。在一个无情的市场环境下，这不仅可能导致收益预期的调整，还可能使管理层无法实现交易前两家公司预期的财务成果。更进一步的是，随着交易交割后整合活动的持续，原本可以用于增长的宝贵时间和资源不断被耗费，这不仅分散了对其他机遇的关注，还限制了后续收购和增长的潜力。

交易交割后的主要执行活动应在交易交割后的一年内完成，绝不应超过 18 个月。时间一旦过长，兴趣便会渐渐消逝。在第一年内无法完成关键整合任务，不仅会削弱交易价值，因为预期协同效应的现值减少，还意味着跟踪运营收益变得更为复杂。执行的迟缓还使变革管理变得棘手，因为管理者和员工的行为日渐僵化，他们开始将过渡期的商业模式视为"新常态"。

交易完毕后整合成功的首要步骤莫过于确立一个专注于此的团队——通常是 IMO。这个团队致力于整合相关活动，由一群明确的领导者和值得信赖的职能与业务负责人领衔，他们全身心投入整合与过渡工作，并被赋予了决策的权力。

交易完成后的核心使命是引领新公司走向实现初始交易论证所设定的目标，并执行在 Day 1 之前制订的各项计划和决策。因此，交易完成后的执行重心应聚焦于尽快使整合后的业务及其新的运营模式步入日常运营轨道。总体上，这涉及五个主要过渡阶段的管理。

1. 从 IMO 向日常业务的过渡。
2. 从组织设计向人才选拔和劳动力转型的过渡。
3. 从协同效应规划向协同效应跟踪和报告的过渡。

4. 从清洁室环境向客户体验和业务增长的过渡。

5. 从员工体验向管理和文化变革的过渡。

接下来的章节将分别探讨这些过渡，重点关注细节，即追踪那些导致交易完成后高效执行的关键过渡。

一、过渡 1：从 IMO 向日常业务的过渡

IMO 及其管理的结构不会在第一天就画上句号，而是会经历一次明显的转型。在向 Day 1 冲刺的过程中，IMO 承担了管理和监督各工作流程的重任，特别是那些超越单个职能领域的关键相互依赖性和优先事项。Day 1 过后，IMO 开始逐渐将职能转化为日常运营。在交易完成前，IMO 的重点是定义最终目标、制订计划和协同效应项目；而交易完成后，IMO 则全面转向执行、过渡和重塑结构，以达成既定的目标。

由于 Day 1 可能带来一种暂缓感，这是由之前冲刺的疲劳和将 Day 1 视作某种终点线的心理造成的。IMO 必须保持动力，确保在人们分心之际整合工作不会偏离轨道。记住，这只是开始实施交易完成前所有规划的序幕。那些在 Day 1 中帮你渡过难关的临时解决方案或权宜之计，现在在你从 IMO 结构过渡到日常运营时必须得到正视和处理。

交易交割后，整合规划将面临执行的真正挑战。尽管"实现交易理论中的价值"这一原则听起来非常优雅，但实际上，交易交割后的第一天，IMO 的一项主要任务是管理各工作计划的持续相互依赖性

和各工作流的日常重叠，确保计划和里程碑按时实施，整合流程顺畅进行。只有当整合工作不再需要这种额外的协调时，工作流程才可以顺利过渡到"日常业务"。

"日常业务"究竟是什么意思？在我们的定义中，它指的是各职能部门的常规协作模式，这种模式在未来将继续存在，不再依赖像IMO这样的机构进行跨工作流的额外协调。

过渡到日常业务的目标分为三个重要方面。

1. 使团队能够将执行任务交由业务部门承担，并从定期的IMO会议流程中退出。

2. 为工作流提供清晰的路径以完成所有整合目标，并达成协同目标。

3. 向执行发起人和SteerCo表明，某个工作流不再需要IMO的积极协调和支持。

一个常见的误区是将工作流达到日常业务状态与实现特定规模的协同效应挂钩。比如IT或财务部门可能已实现100%的协同效应，但因其他工作流仍依赖它们的其他整合活动而未能顺利"毕业"。IT和财务可能仍是其他工作流实现其协同效应或运营整合要求的关键路径。过渡到日常业务的真正意义在于，整合活动不再需要额外的协调。

一旦某个工作流顺利"毕业"，IMO就不再负责该工作流的整合管理。这意味着不再需要出席IMO会议，这些会议的主要目的是协调工作和对里程碑以及整体工作计划的状态进行报告。在过渡到日常业务之后，整合工作流将不再存在，其项目和活动将被整合进常规业务或职能的现有项目组合中。预算也将纳入常规的年度运营规划和预算流程中。项目经理将负责相关文件的支持和工作流的交付成果。

因此，"毕业"后，工作流负责人将承担剩余与整合相关的承诺，包括配置执行计划所需的资源。

尽管工作流已"毕业"，但仍需在中央规划工具中更新整合准备项目，以便进行跟踪和报告。同时，由 IMO 和 FP&A 部门领导的协同效应捕获和整合支出的跟踪也将持续进行。

从 IMO 过渡到日常业务的步伐会根据不同职能而异。通常情况下，像人力资源、IT 和财务这样的后台运营部门更需要 IMO 的密切关注，因为这些部门是整个过程的关键支点，它们的整合进度最缓慢，且对其他职能部门至关重要。收购方与目标公司在这些领域的整合最初可能面临异质系统的挑战，这些系统在新组织过渡到日常业务的过程中需被统一和标准化，这通常需要超过一年的时间。在剥离交易中，只有当 TSAs 得到满足并退出后，业务才会真正过渡到日常状态。根据 HSR 规定，必须先解决相关剥离问题，才能实现日常业务运行。

以协同效应跨职能工作流为例。当各工作流程已经确定了目标，并将自下而上的计划纳入职能或业务的财务预算中（通常预期更低的开支或更高的收入）时，它们就可以正式过渡到日常业务。最终的跟踪工作将转交给 FP&A 部门——这通常是追踪业务绩效的标准做法。对于某些公司而言，一旦实现或超过交易宣布时设定的目标，协同效应团队就会解散。其他公司可能会选择在协同效应实现良好、趋势达到或超过预期时，再过渡到 FP&A 部门。

在正式过渡到 FP&A 之前，IMO 有责任确保协同效应被妥善记录和跟踪。否则，业务或职能单位可能在第一年内操纵系统，以规避IMO的持续监督。如果没有明确的协同目标和验证成果的机制，业务单位可能会故意设定较低的目标，向IMO报告容易实现的协同效应数据，从而将实际上并非真正协同效应的成就记入账中。

明确IMO完全解散的时间点是整合最终状态愿景的关键部分。定义"完成"意味着什么是规划的重要组成部分，这将根据不同的整合项目和工作流程的复杂性而变化。但是，执行团队需要清楚地知道每个职能和业务领域何时达成预定目标。在理想状况下，最终状态被定义为两家公司作为一个整体在市场上运营，以及交易理论的价值已被完全实现的时刻。

由于工作流将随时间推进逐步完成，IMO的结构将相应地调整，其规模会缩小，重要性逐渐降低。这可能体现在减少团队成员数量、减少会议次数和频率，或允许工作流退出治理结构。会议的节奏和向高层管理者的报告将专注于协同效应的捕获，而非程序性的整合。IMO的结束通常标志着IMO领导人转岗，以及许多团队成员恢复到IMO前的业务角色或寻找新的职位。通常，IMO团队中经验较浅的成员将承担完成整合的最后职责。

但要记住，在整合过程完成之前，某种形式的IMO仍然存在。

日常业务"毕业"过程的典型案例

1. IMO识别出有可能"毕业"的工作流。如果工作流认为自己已准备好，可以主动联系IMO。

2. IMO与符合条件的工作流合作，完成"毕业"所需的文件。

> 3. IMO 和符合条件的工作流共同参与所需文件的审查，并寻求相应工作流的执行发起人的批准。
>
> 4. 一旦获得批准，工作流领导将承担对其组织相关的整合和工作计划的完全责任。

二、过渡2：从组织设计到人才选拔和劳动力转型的过渡

完成组织设计和角色决策之后，接下来的任务是挑选那些将领导并执行新公司计划及协助其余劳动力过渡的关键人才。

（一）人才选拔

人才选拔由组织设计团队领导，不只是关于挑选合适的人才。这一过程根本上关乎决定哪些员工将留在或离开各自的公司，以及谁将获得何种角色。此外，它还涉及忠实地应用商定的、优先级较高的选拔标准，如相关经验、技能、薪酬（成本）、绩效评分、地理位置、多元化、平等与包容（diversity, equity, and inclusion, DEI）目标等。到达 Day 1 时，L0 至 L2（可能包括 L3）层级的高层领导者应已被选定并宣布，这对于新合并公司的未来方向是重要信号。当前的任务是选择、通知并过渡 L3 或 L4 层级及以下的领导者，这涉及更广泛的劳动力。

现在是时候执行第七章中描述的交易交割前在规划过程中所做

的选择了：选项 1（每个选定的领导者设计自己的组织和角色，然后逐层选择其团队成员）或选项 2（通常由 L3 层级的领导者从上至下设计他们的结构和角色，随后进行人才选拔）。无论采用哪种方法，都将由每个受影响职能或业务的协同效应目标指引，而在组织的顶层（L1—L4）实现协同效应目标通常比深入组织内部寻求节约更为容易。

无论你选择了哪个选项，当前的任务都是将待填补的职位与候选人名单进行匹配。组织设计和人力资源团队必须确保负责选拔人才的业务领导熟悉商定的标准，并且一致地应用这些标准（同时考虑到合适的人选）。在任一选项中，适配性、标准和成本之间几乎总会存在一定的紧张关系。

选项 1 能为双方领导提供人才意见的机会，这在考虑到他们的历史经验时可能非常宝贵。然而，这个选项可能受到领导者与候选人之间关系的影响。选项 1 容易出现"走廊游说"，因为它是逐层进行的。这可能导致结果偏见，因为可能变得更难（或许是无意地）清晰公平地应用商定的人才标准。我们都有我们非常重视的同事，即使他们没有"适合"的背景，我们也认为他们几乎能胜任任何工作。

但选项 1 也有其优势。具体来说，每一层的成本都可以进行合理性检查，以确保在进行到下一层之前符合协同效应目标。问题在于，可能存在保留高薪但效率高的人才的诱惑，领导者认为他们不可或缺，但随后必须在后续层次中找到削减点——这可能导致另一种"千刀万剐"的情况。

让我们展开这个例子：马克被选为 L2 层级的领导者，一个分部的执行副总裁，他选择的直接下属之一是艾米。马克通知艾米以及任命她,然后艾米设计角色,挑选她的人员并通知以及任命他们。他们随后选择自己的团队,以此类推。如果顶层领导者没有与他们的协同效应目标保持一致,他们将把节约成本的负担推到下一层,再到整个组织的底层。随着在组织深处找到节约成本方法变得越来越困难,他们可能不得不回头重新进行整个过程,有时候要重复多次。当发生这种情况时,领导者可以选择回头做出他们第一次没有做出的艰难决定,或者放弃协同效应目标,这并不少见(这是我们在第七章讨论过的"漏损"的一个例子)。而且由于人员已经收到通知,撤销决定可能很痛苦且困难。

选项2采用了一种以数据为驱动的人才选拔方法,通常由L3层级领导及其人力资源业务伙伴负责,覆盖到组织的最基层。这种方法的显著优势在于,它可以在整个企业范围内公平且严格地实施商定的选拔标准,而非仅局限于部门间决策。在设计阶段,已经考虑了职位的平均成本,而在选拔阶段则专注于个别人才的具体成本。直接应用这种方法可能导致次优选择或过高的成本,因为通常最高效的员工往往也是成本最高的。这意味着最终可能选择最昂贵的人选,因为成本被放在了最后考虑。另外,新组织因为优先考虑成本,可能失去最优秀的人才,这成了一个人才问题而非成本问题(如果人才池由与职位共同成长的具有潜力的年轻人才组成,则这种情况可能是可以接受的)。

领导者如果不愿轻易接受严格应用标准的结果,会产生更多紧张关系。他们可能会感觉不仅无法设计自己的团队,还无法选择最佳人员。尽管选项2在总体上减少了不公平或不一致的风险,但人们可能对被迫接受的结果感到不满或不快。虽然达到了协同效应目标,但他们并没有得到理想中的团队。如果高层管理者对结果不满,或低层管理者反抗，那么可能就需要调整。在未达到协同效应目标的情况下，可以重新审视标准。如果基层管理者不满意，组织可以帮助他们与现有团队共同取得成功，这可能意味着需要更长的过渡时间、实施更多的培训项目或投入更多的领导力。

无论采取哪种方法，都必须包括法律和协同效应团队的审查。法律团队的任务是确保标准得到一致应用，没有不公平或偏见。协同效应团队则是要确认领导者没有有意或无意地偏离批准的协同效应估算和目标。法律和协同效应团队通常处于不被羡慕的位置，扮演规则执行者的角色。

整个员工队伍的审查提供了了解流程可能造成的不公正（例如通过无意识偏见）以及解决或重塑这些流程以促进长期 DEI 目标的机会。Day 1 为新组织提供了一个透明化的时刻，来了解每家公司在哪些方面以及如何面临挑战，并在选拔决策中主动解决这些不平等问题。至少，重新设计的劳动力不应该破坏任何一家公司已经取得的进展，并且应当展望未来，创造与更广泛的 DEI 目标一致的职业发展路径。

（二）劳动力转型

在劳动力转型中有两个主要主题。首先是向所有员工以及监管机构、工作委员会、工会等通知他们将如何受到影响。大多数国家都有自己的员工通知要求，用于工厂关闭和裁员，必须遵守这些要求，例如美国的《工人调整和再培训通知》（WARN）法案。通知包括向留下的员工（担任新职务）提供工作机会，向临时工提供留任协议，以及向离职员工提供离职计划和再就业服务。此外，对那些未受影响的员工来说，让他们了解周围正在进行的重大组织变革也是重要的。

第二个关键主题是知识转移，这对于员工在新角色中顺利开展业务至关重要。有些员工拥有宝贵的知识，他们需要的不仅仅是对其价值的认可和赞美，而且需要财务激励，甚至是在过渡期间"随叫随到"。接受此类留任奖金的员工数量应尽可能保持最低。

有序安排劳动力转型的其他重要考虑因素包括时间安排、后勤和顺序问题，这些都基于30天、60天和90天的时间规划。一个重要的决策是哪些职能应同时过渡，哪些不应该。组织设计团队可以评估即将发生的关系、文档、主要账户变更和技术变化，以及它们将如何影响不同群体。例如销售团队可能同时学习全新的客户关系管理系统、适应新的客户基础和账户新指标，同时还需与在学习新事物的内部支持人员建立新的关系。顺序问题涉及提供合适的时间和支持，以最大限度地减少对客户的干扰和减轻员工压力。

因此，基于不良转型所带来的风险水平，劳动力转型在不同职能中看起来会有所不同。最常见的方法是在转换面向客户的人员之前，快速通知启用功能，并尽快重新调整员工。在 Day 1，谁拥有主要客户关系可能并不明确，因为这些信息存在于清洁室规划中。公司通常视其客户关系和顶尖人才为竞争敏感资产，因此领导者需要在做出重要决策之前充分理解客户组合和销售关系。

我们知道通常后台支持功能将受到何种影响，因为在 Day 1 前的规划中已经包括了外包、共享服务中心和 IT 系统选择的决策。然而，需要注意的是，这些变化可能需要 12—18 个月才能完全实施，这意味着在系统淘汰的期间，需要保留大部分支持人员（例如薪资系统管理员）。

此外，时间、后勤和顺序也是知识转移中的重要因素。通过迅速的通知和迅速的离职，积累多年经验的关键知识可能会被淘汰出局。如果即将离职的员工愿意提供帮助，为了留住他们，可能需要支付30天甚至更长时间的短期留职奖金。这些奖金可以根据过渡合同或留职协议中列举的成功的知识转移、介绍关键关系或传递重要文件等条件而定。

举例来说，如果艾伦被选中留下，而迈克尔不被留用，知识转移规划应确保当迈克尔退出，艾伦接替时，不会对正常运营产生负面影响。引导员工进行自我反思的对话应充分考虑迈克尔在工作中积累的知识、关系、文件等要素，以及艾伦需要继续为客户提供无缝服务所需的信息，无论是在内部还是外部（正如我们在第六章中所称的服务交付模式）。其目标是提供一致甚至高级的服务。

这个过程可能会给员工带来负担，因此需要考虑过渡所带来的额外时间和努力。对于员工的客户来说，这段时间可能充满不确定性，同时员工也会失去他们的财务或人力资源业务伙伴，并与事实上是陌生人，对新流程不熟悉的人打交道（缺乏信任或共享历史）。对一些人才来说，可能感到压力重重。员工过渡团队必须有效地管理这些变化的顺序和时间安排。

组织设计团队还需深入评估，哪些部门相较于其他部门能更迅速地适应变革。确保变革过程对员工和客户干扰最小，这一点至关重要。当然，也存在一些情况，企业文化已破碎至极，人们可能迫切期待干扰带来立即的改变，但这类情况并不多见。对多数后台员工而言，离职的普遍时间窗口可能是两周；而对那些正在转型但尚未离职的面向客户的部门而言，此过程可能持续数月之久。然而，需要特别强调的是，劳动力的平稳过渡和知识的有效转移，必须像整个收购过程的其他方面一样，经过周密的规划和有序的安排。

三、过渡3：从协同效应规划向协同效应跟踪和报告的过渡

在 Day 1 前，协同效应团队督促各工作流制订了倡议和工作计划，并为每个倡议设置了里程碑式的路线图。这些计划旨在至少实现它们所分配的成本或收入协同效应目标。SteerCo 已批准这些计划，并已将其整合到高管计划和目标中，同时附上了实际的项目代码。这一部分相对容易。然而，前方还有很长的道路需要走。

现在，清洁室已经开启，数据轻松可得，两家公司可以作为一家公司运营。新公司必须开始培养投资者对交易的信心，因为收购方刚刚以溢价正式收购了目标公司的股份。协同效应计划，无论是劳动力方面还是非劳动力方面，都必须由协同效应团队和工作流程重新审视和确认，并立即评估每个职能部门中可能会有的其他倡议，因为新的管理团队已经就位。

更为重要的是，在 Day 1 前，IMO 与协同效应团队将启动一个积极的财务报告和跟踪流程，此流程在之前已经经过设计和批准，将确保所宣称的协同效应是可审计的，并且可以直接归因于将产生这些协同效应的倡议和工作计划。真正的协同效应是最终将对损益表产生影响的独立项目。它们必须与已经为两家公司制订的运营计划（如果没有交易）明确区分开来，同时它们必须能够抵御有关其真实性的质疑。

第八章 梦想触手可及吗

根据我们的经验,收购方将受益于一个追踪节奏,最好是每周一次,以保持对进展的紧密关注,并通过"敲钟"来庆祝成就。例如在 Ecolab,他们在 Day 1 之后的第一周就因采购协同效应而获得超过 2 100 万美元的收益。尽管节奏可以随着时间的推移而有所调整,但各个职能部门必须为至少达到其净协同效应宣布的运行速率(即总财务改进减去额外的需要实现的持续性成本)做好长期准备。

没有经过积极管理和跟踪的协同效应计划和成果很可能会偏离计划。业务领导人可能只想付出最少的努力来实现那些起初不是他们构思的目标,甚至会私下认为这些目标是不切实际的,尽管他们已经提供了实现这些目标的倡议和计划。他们可能会尝试通过超额执行营运计划来达到协同效应目标(例如在短期内不使用预算,并将其计算为协同效应),这样他们可以回到以前的工作方式。人们之所以不遵守计划,不是因为他们不理解,而是因为执行计划很困难。因此,建立监控计划、确认实现的协同效应以及在 Day 1 之后立即传达和强调达到并超越协同效应目标的重要财务激励是至关重要的。

例如当两家大型环保服务公司合并时,新公司宣布,如果能够达到每年 1 500 万美元的协同效应目标 EBIT,就会向高级主管和近 700 名员工提供高达 7 000 万美元的协同效应奖金。只要一次性成本和实现协同效应所需的持续性成本没有超过约定的金额,他们还将获得一系列奖励,从 25% 到 100%,前提是实现协同效应不会导致成本超过约定金额。这样的激励措施具有非常重要的意义。

正如我们在第七章中所讨论的那样,协同效应计划由一系列优先级确定的倡议组成。每个倡议都有一位负责人,并需要制订工作计划,其中包括一系列里程碑,这些里程碑基于完成倡议所需的项目数量以及相关的净协同效应。Day 1 之后，IMO 需要将协同效应工作计划和里程碑与最终的职能运营整合计划相结合，以强调哪些协同效应依赖于一般整合活动。

这听起来可能是一项庞大而复杂的任务，事实确实如此。然而，只有 IMO 拥有所有工作计划的完整视野，实现协同效应必须与协同效应计划所依赖的运营整合协调进行。这些里程碑包括首次合并季度结算或房地产或设施的整合。达到这些里程碑将直接为新合并的组织成本节省。最终，对 IMO 来说，这是一项关键的优先级划分工作，因为一些协同效应可能具有较少的依赖关系，但相对于那些更为复杂、价值较低（并且需要更长时间才能实现）的协同效应，它们提供更高的价值。此外，协同效应工作计划和运营整合活动的顺序必须与新的运营模式和领导层交易事项（例如业务现行优先事项）保持一致，因此，优先事项的更改将需要 SteerCo 批准。

成功的协同效应报告和跟踪计划将包括三个相互强化的组成部分。

1. 财务报告，建立了跟踪每个协同效应倡议的好处和相关成本的机制，这些倡议都标记到内部成本中心、部门或项目代码上。

2. 里程碑跟踪，由 IMO 驱动，跟踪每个倡议的项目里程碑，以确保计划中的日期和依赖关系得以满足并保持在正轨上。

3. 领先指标，这些关键绩效指标是基于主要协同效应驱动因素开发的，以主动监测它们的依赖关系，并提供前瞻性（而非反应性）的纠正措施。领先指标是一项持续的"健康检查"，可以提前发出警告信号，表明协同效应倡议可能偏离轨道，并可能无法到达其里程碑。

第八章 梦想触手可及吗

具有高回报和多个重要里程碑的大型倡议是使用领先指标的主要候选项。这些倡议通常需要更长时间，更为复杂，可能需要持续监测以确保按计划进行。

还记得我们最喜欢的 CEO——家园科技的查斯·弗格森吗？嗯，家园科技继续进行了对 Affurr Industries 的收购。家园科技在 Day 1 没有出现任何问题，现在正在实施协同效应报告和跟踪计划。整合贸易展览会和出席、赞助其他活动是一个倡议，家园科技认为它可以通过与 Affurr 合并实现数百万美元的成本节省，因为两家公司参加了许多相同的展览会。这类倡议的里程碑可能包括确定它们共同参加的贸易展览会以及分配的支出；就哪些展会或会议提供了合并的最佳机会达成协议；谈判新的条款以及合并的顺序。一个领先的指标可能是，在全部待合并的贸易展览会中有多少展览会已经成功谈判。

或许，回顾一下我们在第六章中提到的化妆品公司合并案例会更有启发。该化妆品公司将香水生产外包给了四家合同制造商。重大的协同效应之一来自利用收购方的设施，将香水生产内部化。关键里程碑包括对收购方的制造设施进行重组、购置新的混合化学物质和灌装容器的设备、进行试点生产、扩大生产规模、招募更多工人，并逐步替换合同制造商。领先指标涉及为新机器准备技术规格并下单（这些机器至少需要 6 个月才能交付）、监测新员工招聘和培训的进展，以及现有外包安排的逐步退出进程。

此外，我们还需关注财务报告和跟踪流程，这包括六个核心概念：基线、指定的协同效应目标、职能或业务的财务规划、周期性预测、实际业绩，以及对差异的分析，以凸显问题并在各个方向上进行重新预测。

图 8-1 揭示了这六项内容如何融合，形成财务报告和跟踪的流程。起点是合并前未含协同效应的前瞻性基线计划。指定的延伸目标是职能或业务在运行速率下需实现的最低目标。计划是 Day 1 由职能部门或业务部门制订的自下而上的财务计划，这个计划至少要达到目标，但在有激励机制的情况下通常会超越目标。预测将在 Day 1 与计划相等，并将根据实际情况（由 FP&A 核实的成本或收入协同效应）每月或每季度重新预测。理解计划与预测之间的差异至关重要，因为在下一期间，劳动力和非劳动力协同效应的新预测将被进一步细化。

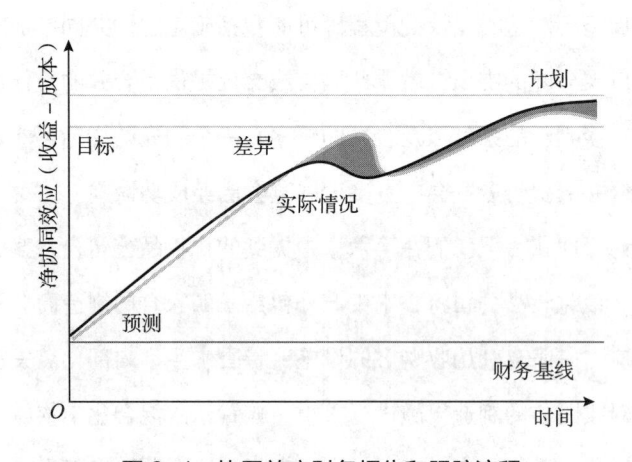

图 8-1 协同效应财务报告和跟踪流程

注：为了简化，我们保持基线、目标和计划不变，以便专注于实现计划过程中的预测、实际情况和差异。

正是这个财务报告和跟踪流程，以及里程碑跟踪和领先指标，协同效应团队、IMO 和高级管理层将用来管理收入和成本协同效应项目，并交付收购方所做的绩效承诺。

实际上，协同效应团队和 IMO 必须进行月度实际数据追踪；每季度进行评估和重新预测;对比预测和计划的差异分析,以了解公司为什么超出或未达到预期;并向 IMO、SteerCo 和董事会提交高管报告。

协同效应的实现将综合考虑劳动力和非劳动力协同效应。这意味着 IMO 和协同效应团队必须共同设定一个标准的方法和时间表,所有人都会按照常规的周期性来收集有关人员和运营(成本和收入)协同效应的数据。

在迈入合并的 Day 1 之前,未能就合并基线达成共识,便可能开启混乱的大门。需牢记,合并后的功能基线展现了如果未发生合并,成本和收入预期计划将如何呈现。这是协同效应追踪计划的起点,因为协同效应将转化为合并公司日常运营的新预算组成部分。在 Day 1 之前不确立这一基线,可能导致任一方会在其预算中增加额外成本,进而影响协同效应的衡量和奖励。

需要注意几个重要区别:一次性成本与实现协同效应的持续成本之间的区别,以及运行速率协同效应与损益影响之间的区别。一次性成本通常包括外部顾问费用、租赁违约费用或供应商解散费用、新设备或新 IT 系统的启动成本等。而持续性的增量成本可能来自不断增加的销售团队等,用于推动增长协同效应。请牢记,净协同效应是总体改进减去实现它们的持续成本,最终反映在 EBIT 和 NOPAT 的提升上。

在第四章中,我们讨论了协同效应逐步增加的情况,并假设了在给定年度内的完整损益表影响。"协同效应的运行速率"是一个常用的术语,指的是前瞻性的年度化节约目标,而损益表影响则指的是整个年度的实际总数(在第四章中,我们将运行速率与损益表影响等同）。考虑以下例子，一名年薪20万美元的工程师在年中离职，按季度展示的节约影响如表8-1所示。

表8-1　年薪20万美元的工程师在年终离职所造成的节约影响

2020年各季度	节约影响			
	第一季度	第二季度	第三季度	第四季度
预期的协同节约	0	0	$50 000	$50 000

在这个示例中，我们预计年底的运行速率为200 000美元（4 × 50 000），但全年的损益影响仅为100 000美元（全年改进总和）。当协同效应增加趋于稳定并在一整年内生效时，损益影响将等于运行速率。

协同效应团队需要留在原地，直到有足够的信心表明各职能部门或业务已经在实现公告日承诺或超额目标方面取得良好进展，然后他们可以被纳入FP&A办公室，成为持续执行计划和预算的一部分。

四、过渡4：从清洁室向客户体验和收入增长的过渡

尽管成本协同效应代表了许多并购交易的价值核心，但许多交易也侧重于增长。有价值的并购收入增长取决于保留当前收入、实现已包含在独立业务财务目标中的未来增长预期，以及通过交易的战略优势实现的额外收入，即收入协同效应。与成本协同效应不同，收入协同效应通常需要更长的时间来实现，因为它们受到竞争对手和客户的反应的影响，通常依赖新的销售系统、客户报价和销售队伍的重新调整。

这些改进通常是通过运营模式变更来实现的，这将使合并后的公司更加关注客户，意味着新的增长取决于客户是否相信，他们通过合

并后的公司得到了比以前更好的服务以及更高价值的优惠。

有效的客户体验,无论在并购内外,都可以提高客户保留率,刺激每位客户消费更多并更频繁地消费,或降低价格敏感度。它建立在通过正确的渠道、正确的时间以及以客户愿意支付的价格传递正确的信息和产品或服务的基础上。任何增长计划都必须围绕着提升客户体验来制订。

客户体验战略和收入增长计划在尽职调查阶段开始,并在清洁室期间继续,贯穿整个签约至交割的期间。前期考虑事项应包括客户购买行为的驱动因素;改进当前优惠的方式;变更优惠如何影响客户以及他们可能的反应;哪些客户最有可能转向竞争对手以及为何如此;以及在宣布交易时,从签约到交割,在 Day 1 以及之后向客户传达的信息。

在并购过程中,客户流失是一个真正的风险。客户会由于多种原因离开,例如服务中断、信息不足、销售队伍之间的竞争行为(通常是由激励不一致引起的),以及可预见的竞争对手采取激烈的客户沟通方式,宣传交易的负面影响。通过按维度和渠道评估当前客户体验,倾听客户的反馈,然后在接触点路线图上优先考虑客户体验改进机会,可以避免很多这种流失。甚至在交易完成之前,与客户直接互动也是一个可行的选项。例如当一个半导体设备制造商收购了一家互补的清洁业务时,收购方的顶级客户之前与目标公司的销售队伍和领导团队关系不佳。在交易交割之前,采取措施减轻这些问题,包括与客户进行广泛的会议,解释收购将使新的领导团队以及他们的客户团队如何受到影响。在交易合并前,通过与客户进行对话(前提是在它合法化之前不以一家合并后的公司的身份进入市场),允许客户表达他们的担忧，收购方通过解释合并带来的利益，努力减少与收入流失相关的风险，以及在交割后立即解释合并的销售利益，从而促进增长。

即使没有直接的交流，也应该能够轻松获取大量关于客户及其行为的数据。合并后的销售团队和来自所有销售渠道的数据都是充分了解客户需求的极其有价值的资产。有了足够多的正确数据，分析人员和人工智能才会开发出更多有价值的算法。

销售团队，特别是销售人员，是与客户建立联系的关键。他们的关系和知识是收入增长的基石。出色的销售人员了解客户购买或不购买的原因，知道他们何时购买、购买的数量、满意度和不满意度，以及未满足的需求。他们还了解客户愿意支付的价格，以及客户考虑换产品的原因，甚至了解客户在午餐时或在工作中的抱怨内容。因此，销售团队的成员必须准备好回答问题，并且应该乐于代表客户向领导层反馈问题，因为在清洁室中进行的规划将逐渐过渡到执行新的增长机会。

（一）从清洁室到增长机会

从签署合同到交割阶段期间，清洁室提供了一个无菌的环境，用于评估两家公司的产品和服务组合，包括重叠的客户、重叠的产品和服务、定价、直销与经销商方法，以及客户的盈利能力和销售轨迹，以便确定并优先考虑潜在的增长和盈利机会。

但让我们回归到基本。实际上，收入协同效应只是所有公司在评估和考虑改变其市场推广策略以提高增长时所面临的一种特殊情况。广义上说，改善市场推广策略归结为两种方式：要么扩大可服务市场

（超出我们在第三章中所称的"可服务市场"），要么通过改善客户体验、创建新的优惠或这两者的组合来提供更好的优惠，这是客户所看重的。

扩大可服务市场始于关注"捕获点"或让企业能够接触客户的时刻——可以说是"上场机会"。例如在金融服务领域，银行分支机构是一个传统的"捕获点"，是吸引存款人并提供新的、相关的、有价值的产品或服务的具体地点。即使是千禧一代，他们仍然更喜欢亲自前来并参与。[2]

市场推广策略的变化通常会侧重于"获胜主题"，这些主题旨在强化或扩大客户"捕获点"（客户细分、地理位置、渠道），或者满足你目前尚未被满足的客户偏好（服务、响应速度、产品质量），或者提供现有产品的捆绑销售，这些产品真正符合客户需求，并可能由于新的优势而减少价格敏感性。在内部，这可能涉及重新设计销售激励计划和销售团队，通过提供更快的定价批准、更好的客户关系管理系统，或者改进从订单或开票到交付的销售系统，以优化销售流程。

在并购方面，问题虽然并非完全不同，但肯定更加复杂。并购带来了一整套新的可能性和机会，包括大量新的"捕获点"和潜在的产品或服务选择，这些选择可能是独立公司所不具备的。公司 A 可能在大客户方面拥有更牢固的关系或更出色的数字渠道，而公司 B 可能在地理位置或国际市场上拥有更强的存在感。综合考虑，它们拥有一系列可以一起销售的产品或服务，从而实现现有产品的跨销售、具有吸引力的新产品捆绑销售、扩大地理覆盖范围，或者提供全新的产品或服务。

现在，让我们从一个自然增长的案例开始，这是潜在收购方应该感兴趣的：IDEXX，一家兽医诊断和信息管理公司的成功转型案例。这个案例生动展示了市场推广策略的戏剧性变革，涉及跨销售和提供新的更具吸引力优惠的组合。

2013年，IDEXX北美伴侣动物团队领导者杰伊·马泽尔斯基（Jay Mazelsky）着手进行商业模式的转型，以更引人入胜的方式与客户互动。这次转型涉及从以个别产品为重点，转向建立面向伴侣动物兽医诊所的解决方案市场模式。这一理念拉开了一个跨年度的序幕，分为两个步骤的市场推广策略转型，旨在重新定义IDEXX与客户互动的方式。

最初的商业模式包括一个按产品或服务组织的专业销售团队，以及三家大型国家经销商，这些经销商都与相同的兽医客户群有联系。这意味着诊断分析仪器、实验室服务和早期诊断的"SNAP"血液测试是不同的产品组，通常由不同的销售人员销售。这种分门别类的客户互动方式妨碍了能够利用向同一买家提供多种产品跨销售的机会，而销售人员的职业路径则相对孤立，几乎没有在不同产品领域之间流动。这还意味着IDEXX没有足够的商业资源，没有足够的时间或客户覆盖面来建立与客户的信任关系。任何已经发生的跨销售都需要复杂的协调。

IDEXX首先将商业模式重构为一个客户经理模式，销售专业人员负责管理分配给他们的领域内的客户账户，而不仅仅是销售个别产品或服务。这使客户有权选择最适合他们诊所的解决方案，无论是单一产品还是综合解决方案。例如这种模式使得在销售诊断分析仪器时，可以包含对实验室服务、SNAP测试的讨论，以及介绍集成IDEXX软件解决方案。这个解决方案包括了存储单一动物受治者的所有历史测试结果的数据库。

这一举措带来的直接影响包括在销售点实现更多的跨产品销售；通过解决方案模型，扩大了兽医诊所的访问，因为销售人员可以充当"战略顾问"，更广泛地了解诊所所面临的业务挑战（这些诊所本质上是小型企业）；以及实现更加协调的商业运营框架，支持定价、合同和服务访问。这种市场推广策略的变化，有效地将跨销售与新的和改进的优惠相结合，取得了成功，以至于在第二个重大步骤中，IDEXX在2014年底宣布了一项分销商退出战略，用自己的销售团队取代了分销商联系人。通过拥有诊断领域的专家，公司的商业足迹不断扩展，销售额迅速增长，客户满意度提高，并最终在新的北美运营模式中取得成功后实现了全球推广。

潜在收购方应该有与IDEXX相同或更大的机会来重新思考其市场推广策略。在并购交易中，任何关于增长协同效应的分析都应显示出一系列机会，这些机会在预期价值、实现时间、复杂性和所需投资方面各不相同。优先考虑这些机会必须既能实现速赢以获得早期发展势头，又能投资于长期项目，例如新的创新产品，以充分实现交易理论的承诺。

跨销售，即通过公司B的渠道或关系来销售更多公司A的产品。反之亦然，可以通过立即扩大可服务市场来提供快速成功。这还有助于新公司品牌的建设。领导层必须明确定义这些机会，以便销售团队知道谁向谁销售什么（以避免两家公司同时拜访同一客户），以及如何联系它们，并准备好宣布一项销售激励计划，以便在Day 1激励跨销售。

销售团队通常对于跨销售的机会充满热情，但必须回答许多问题。公司 A 是否真的能够销售公司 B 的产品？销售这些不同产品的专业采购人员是否相同？如果在同一个客户账户中存在重叠的销售团队，采购部门是否会寻求折扣，就像你在 Day 1 后试图与供应商争取成本协同效应一样？公司是否能够协调不同的合同和定价条款？销售团队是否能够得到足够的激励和培训来销售另一家公司的产品？

无论是纯粹的跨销售现有产品，还是考虑新的捆绑销售或新产品，不可避免的是，在讨论收入协同效应时，会出现"互补"这个术语："我们拥有互补的销售团队"或"我们拥有互补的产品"，或者"客户将喜爱我们的捆绑优惠"，等等。然而，关键在于，"捕获点"、产品或服务并不仅仅因为领导者这样说就会变得互补。新公司必须能够更好地服务现有客户，接触更多客户，并以新方式提供让客户满意的优惠。

成功的捆绑销售优惠事例层出不穷，将现有产品和服务巧妙地组合在一起。一个简单但强大的捆绑销售优惠是，当亚马逊收购 Quidsi（Diapers.com 的母公司）并提供尿片折扣的同时，还赠送了亚马逊三个月的免费订阅，这导致双方销售额都大幅增加。另一个更复杂的捆绑销售优惠是一项交易，将重型卡车的传动系统和发动机组合在一起。通过适当的修改，这个组合带来了一个燃油效率更高的动力系统，远远超过了客户分别购买或从其他供应商购买（不同发动机和传动系统的组合）的效率。还有一个例子是，一家化学公司收购了一家数据服务公司，使其能够自动订购，从而客户不再需要密切关注库存，降低了他们缺少关键化学成分的风险。捆绑销售优惠可能会开拓一个对价格不太敏感，更关注其他好处的客户细分市场的机会，例如当两家航空公司合并航线并提供更多选择、更多目的地和更方便的直达航班时，吸引了利润更高的商务旅行者。

全新产品通常需要最长时间才能实现价值，它们将从联合创新中产生，公司重新构想了产品或服务在提供捆绑优惠之外的潜在形态。这两家公司已经在不同的阶段设定了各自的创新路线图。联合创新应该通过审视联合产品开发路线图、整合知识产权和技术能力，并探索"可能性"的艺术来引领，如果没有交易，这些"可能性"不会存在。这个过程还将帮助领导者形成未来愿景，并决定要推进哪些正在开发的产品，哪些研发工作需要合理化，以及未来的产品线将是什么样的。联合创新可以简单到通过新的化学物质或技术为常规业务流程创建新的应用程序。

有价值的并购营收增长具有挑战性和复杂性，但并非无法实现。

新的增长取决于客户是否相信，与交易之前相比，他们通过合并后的公司获得了更高价值的优惠。以清洁室团队的工作为基础，不断关注客户需求，并利用对客户行为的了解，将为创造增长机会打下坚实基础，否则这些机会不会存在。跨销售、新的捆绑销售和新产品都可以提供实现真正的、持续的增长途径。

（二）Ecolab 的增长

Ecolab 和 Nalco 的产品和服务互补，构成了合并后公司的增长战略的基础，为跨销售、捆绑销售以及新产品和服务提供了机会。Ecolab 将成功定义为通过利用现有渠道和关系来建立和增长市场势头，提高关键客户的渗透率。考虑到这些及其他增长目标，Ecolab 在交易交割后的前 10 天内举行了为期三天的全球销售大会。会议包括来自两家公司的前 50 名关键客户负责人以及主要业务领导。议程包括产品演示、跨部门培训、客户负责人会议以及为每个客户制订的行动计划，其中包括联合的综合价值主张。

与会者在销售团队重组、覆盖模式修订以及划分新领地和职责的背景下讨论了协同效应和增长机会。这些讨论揭示了为合并后的公司扩大市场份额的新机会，并确定了责任人。来自双方的产品专家提供了培训课程，解释了联合产品路线图，并确定了创新机会。

Ecolab 和 Nalco 还专注于它们的重要客户和客户需求，确保充分利用销售团队来确定它们的重要客户的长期目标，并了解合并后的公司如何最好地满足客户需求。根据《哈佛商业评论》的说法："该公司的模式是为客户提供现场评估和培训，然后根据这些访问构建定制的产品和服务组合。"[3] 许多客户已经与这两家公司合作多年，因此保持这些强大的关系至关重要。

交易交割后，对于 Ecolab 来说，跨销售是一个重要机会。全球知名的酒店连锁集团之一是 Ecolab 的关键客户。它们在运营中使用 Ecolab 的清洁产品。然而，Nalco 一直无法渗透该客户并为其提供水处理解决方案服务。合并后，销售团队共同努力，阐明了 Ecolab 与 Nalco 服务相结合如何可以增强其现有的水处理服务，并创建一个更完整的端到端解决方案。通过合并，这个"新"的 Ecolab 增强了以客户为重点的现场服务。例如用于洗浴巾的水现在可以用于浇灌景观——这是合并后的结果，提供了一种新的捆绑解决方案。

Ecolab 还专注于新产品和服务。例如 Nalco 的一个现有服务包括对暖通空调塔的传感器监控。这些传感器收集数据，帮助监测运营情况并识别需要预防性维护的情况。作为一项长期的产品开发目标，Ecolab 探索并创建了一项新的监控服务，利用 Nalco 的传感器来跟踪初始产品的有效性。例如 Ecolab 提供了一种用于清除管道积垢并消毒的化学品。利用 Nalco 的传感器技术，Ecolab 推导出一种监测积垢的方法，随后跟踪了其产品在客户用于管道脱垢时的有效性，从而实现了预测性维护和减少停机时间。

五、过渡 5：从员工体验向管理和文化变革过渡

在第七章中，我们讨论了规划员工体验的一部分，重点是"提前了解痛点"，即预测员工将面临的重要变化，按岗位、跨群体地满足员工的需求，以使员工为即将到来的变化和过渡做好准备。事实上，本章详细介绍了许多交易后的变化。这些变化可能看起来容易规划，但变革管理却充满挑战。正如哥伦比亚商学院教授托德·吉克（Todd Jick）在他的经典文章《关于变革的接受者》中所写：

对于大多数人来说，对变化的负面反应与控制有关，即对他们的影响力、周围环境、引以为傲的事物，以及他们已经习惯的生活和工作方式的掌控。当这些因素看似受到威胁时，安全感就会受到威胁。理解、吸收和处理自己的反应需要相当大的精力。我不仅需要处理变化本身，还需要处理我的反应！即使在理智上接受了变化（事情在这里确实进展不顺利），或者它代表着进步（我终于获得了晋升），通常人们也不会立即接受。相反，大多数人会感到疲惫；我们需要时间来适应。[4]

并购变革管理的性质更为复杂，因为涉及诸多不同的要素，包括

劳动力规划和过渡、执行员工体验计划、实施新的运营模式和组织设计，以及管理合并，不仅涉及两家企业的合并，还涉及两种不同的文化和工作方式的融合。[5]

高管团队需要迅速提出关于未来可能性的激发人心的观点，使投资者和客户能够信服，同时还需要平息员工的焦虑，并激发员工的积极性。这两个目标需要精心设置不同但相互关联的信息，这自然导致了紧张感，也需要高管们设定并行工作路径的优先次序。在第一个目标中，他们需要管理外部企业级需求。在第二个目标中，他们需要系统地满足员工不同层次的需求，包括工作安全、奖励、社交关系和个人成长。

在企业层面，高管必须"安抚、激励、鼓舞"。激发和点燃的过程从公告日开始，持续到 Day 1。外部市场希望了解战略和愿景：如何创造价值，协同效应在哪里，以及实现这些目标的新运营模型。信息传递通过分享更多关于交易如何改善客户体验、创造增长和价值的详细信息，来激发市场的信心。随后，高管通过展示合并后的公司如何在 Day 1 后导航未来，开始实现预期好处，来稳住市场和董事会。

员工有不同的期望。对员工来说，高管必须"安抚、激励、鼓舞"，似乎与市场的需求相反。员工在一开始不太关心愿景。他们希望通过了解他们的工作和福利来安抚自己，这个过程从交割前开始。激励发生在交易交割后。一旦他们知道自己有工作，员工希望通过探索公司和品牌的愿景来激发他们的灵感，建立对未来的兴趣。然后，他们希望获得启发，帮助他们与新公司建立联系，设想自己在职业生涯中留在公司继续成长，拥有归属感和目标。

紧张关系可能会因为市场和员工这两个群体在同一时刻寻求竞争

性信息而产生。一小部分高管在30 000英尺[①]的高度运作,但成千上万名甚至更多的员工则从距离地面仅1英尺的地方看到整个组织。员工体验团队通常会过渡到关注变革管理,变革管理团队负责继续帮助缓解这种紧张局势。他们必须在交易封闭前通过完善并执行变革管理举措来完成自己的任务。

在Day 1之前的规划中,员工体验团队致力于解决员工对未来的焦虑——解释了人才选拔过程,传达了时间表,宣布了新领导者,澄清了福利,并为员工做好变革的准备。这些都是减少员工不确定性的要点,让他们从容面对合并的现实,这样他们就能更好地专注于自己的角色。Day 1之后,问题如"我是否有工作""我向谁汇报""我是否需要搬迁"和"我的福利是否有变化"应该迅速得到答复。没有人需要担心自己的身份证是否有效,保险提供者是谁,向谁报告,以及他们的位置在哪里。这就是平静。

一旦员工得到保证,问题开始发生变化。现在是时候激发灵感了。变革管理团队将专注于创建一种从属感,解决诸如"这家公司的价值观、社区承诺和品牌是否与我的信仰相符"等问题。随着员工建立起与组织的联系感和归属感,激发灵感的时刻到来了。变革团队必须为员工的未来展示可能性。他们会为员工提供成长的机会吗?解决像"升职、流动和领导机会是什么"这样的问题,让员工在未来的多年里感到满足。

然而,这种方法需要类似的细节:通过了解主要的里程碑并以"日常生活中的一天"的方式传达它们,变革管理团队将帮助员工

---

① 1英尺 = 0.304 8米。——译者注

（现在是 L3 级或 L4 级及以下，员工数量更多）建立从属感，并赋予他们看到在新组织中理想职业路径的能力。

那些不进行充分变革管理的组织——仅仅依靠传达新领导是谁或只是将员工分配到新角色的组织——看到的流失率和不满水平是极高的。为什么？因为员工根本不知道自己属于哪里，结果要么离开了，要么留下却变得不快乐和沮丧。其他错误包括在没有明确解释的情况下减少员工的自主权或进行其他重大变更。如果员工感到自己的权利被剥夺，他们会感到不满，对自己的角色和未来感到困惑。例如如果有人失去了直接报告的人，他们可能仍然选择指挥那些人，如果那是他们喜欢的方式的话。人们会有选择性地记住他们想要的并采取相应的行动。请记住，人们之所以不适应变革并不是因为他们不理解，因此变革管理工作的一部分是花时间帮助他们感到变革是有道理的，是符合他们未来最佳利益的。

变革管理的策略可以包括培训课程、双向沟通以及轮岗机会。领导层还可以更深入地参与，向员工提供个人关注和激励。每一个接触点都是展示核心价值观并将其具体化的机会。这个经验必须对每个员工都是公平的，但也要个性化，不仅是金钱奖励，还有表达感激之情的举措，表明他们的工作受到高度重视。如果你没有预见到一些员工群体将如何体验变革，那么他们可能会对你的计划产生抵触。

因此，收购后的变革管理必须像事前规划的员工体验一样精心策划，包括在 30 天、60 天和 90 天内设定的里程碑，以认可员工所面临的变化，特别是与整合里程碑相关的变化。整个过程必须对每个人都是公平的，包括那些即将离开的员工，以帮助留下的员工降低可能的幸存者负罪感。正如哥伦比亚大学社会心理学家乔尔·布洛克纳

（Joel Brockner）所说，一个高质量的过程（程序公平性）包括员工的参与、一致性和问责制，可以帮助每个人更满意地接受结果。[6]

（一）文化

在文化方面，任何与并购有关的讨论都会聚焦在文化上。文化的讨论可能会显得有些"轻飘飘"的，但实际上，与合并文化相关的问题非常复杂，且深刻地影响整合工作。共享的信念，即"在这里我们是如何工作的"，涉及决策权、获取信息的途径、奖励和激励措施，这些因素在不同公司之间可能存在戏剧性的差异。这些共享的价值观和期望不会在一夜之间形成，它们是多年来逐渐演化并由不同的管理者和员工代代相传的。[7]

公司文化通常被视为理所当然的，以至于来自不同文化背景的人可能会认为对方的做法和信仰是荒谬的，从而导致所谓的文化冲突。文化的核心作用是使行为变得相对可预测。因此，早期着手共同塑造文化非常重要，可以从宣布并购计划的那一天开始。我们曾经见过一些客户犯下错误，他们会说："我们会在整合工作结束并有更多时间之后再处理文化问题。"然而，到那时已经为时已晚。

各组织可能在许多方面存在差异，这些差异需要根据新的运营模式和共同打造的组织文化愿景进行评估。文化评估将揭示在以下方面的差异：对组织的自豪感和归属感、对包容性的态度、风险和治理流程、对变革和创新的接受程度、关注客户与产品的程度、员工协作和团队合作的重要性，以及影响工作方式和可接受行为的日常规范和仪式等。文化还是一个支撑整个组织的支柱，可以推动绩效。以一个CEO的极端案例为例，她专注于利润最大化。在会议上做决策时，她和她的领导团队首先询问如何最大化利润。当他们批准新产品时，只批准那些达到明确规定的运营利润门槛的产品。员工内化了这一理念，甚至采取了极端措施来节约成本，比如在垃圾箱中搜寻铜线，以用于新产品设计。他们的利润最大化和成本意识的文化是通过一种分红机制来强化的，该机制每年支付的分红是基本工资的 35% 以上。考虑一下文化在这一方面有多与之相关：从战略到执行，再到领导层设定的愿景，都得到了激励措施的支持。

或者考虑一下迪士尼在 2006 年收购皮克斯时所采取的措施，为其动画部门注入新的活力、技术和创新。皮克斯的创意负责人约翰·拉塞特（John Lasseter）被任命为华特·迪士尼动画公司的负责人，直接向当时的迪士尼公司 CEO 罗伯特·艾格（Robert Iger）汇报。双方还就一些具有文化重要性的问题进行谈判，达成了一项"社会契约"。迪士尼承诺保留一切，使员工感觉到他们仍是皮克斯的员工，电子邮件地址和建筑物上的标识仍然会显示为皮克斯，而像每月的啤酒派对以及欢迎新员工的仪式等传统也将保留下来。正如艾格在他的《终身之旅》一书中写道的："如果我们不保护你们所创造的文化，我们将摧毁使你们有价值的东西。"[8]

文化信号和符号从宣布并购计划的那一天开始，并在交易交割前得到强化，在交割后得到深化，无论你是否希望如此。选择哪些领导以及他们的风格和价值观都会发送关于新文化的重要信号。员工还会观察并对新的优先事项有所感受，比如谁具有影响力，决策如何做出，什么行为会受到奖励，谁有发言权并参与决策，甚至运用于运营业务的系统是什么。每一点都是向员工传递的信号，表明通过合并正在形成一种共同的文化。交割后的阶段也提供了公开庆祝早期成功的机会，比如新客户或成功的跨销售，以向员工展示未来成功的重要因素。

然而，这些都在你的控制之下，应该有意识地加以处理，并对其员工的影响有所了解：不仅是对文化的影响，还包括对员工的归属感和成长的影响，这些是保持员工满意和高效并将自己视为公司长期一员的关键因素。如果文化是关于工作方式的共同规范，而工作方式即将发生变化，那么机会就在于积极参与塑造新的共享规范，而不是在员工已经做出决定并且他们的新行为已经固化之后才来介入。[9]

（二）Ecolab 的文化

在 2016 年 4 月的《哈佛商业评论》杂志上，哈佛商学院的杰伊·洛施（Jay Lorsch）和他的助手艾米莉·麦克泰格（Emily McTague）采访 Ecolab 的 CEO 道格·贝克，询问了他是如何塑造公司文化的。贝克于 2004 年接任 Ecolab 时，公司的年收入为 40 亿美元，到 2014 年通过完成 50 多项并购交易，其中包括收购规模最大的 Nalco，将公司的年收入增加到了 140 亿美元。在他的任期内，员工人数增加了一倍以上。[10]

随着 Ecolab 进行新的并购交易，复杂性和组织层次增加，部门和管理人员开始形成信息孤岛。正如洛施和麦克泰格所写："不断膨胀的官僚体系侵蚀了 Ecolab 以客户为中心的文化，这对业务产生了不利影响。"

贝克的目标是恢复客户关注和定制化服务作为核心优势，这意味着进行了一项重大的变革工作。他着重将决策权下放到最前线，交给了离客户最近的员工。Ecolab 还通过培训这些一线员工，使他们更能够自行判断哪种解决方案最适合客户的需求。

尽管将决策下放似乎有风险，但贝克"发现这样做能更快地发现和纠正错误。最终，经理们开始放手并信任员工，这是一个巨大的文化转变"。最终，这促进了一线员工的责任感，并允许Ecolab与客户保持联系，以满足其不断发展的需求。

贝克在变革管理和塑造文化方面提出了一个重要工具：通过晋升和认可进行公开承认。洛施和麦克泰格写道：

> 贝克还强调了激励员工实现业务目标的晋升制度的重要性。他说："人们关注谁会被提拔。晋升和其他奖励被用来传达在公司受重视的行为方式。"贝克发现，随着时间的推移，公开承认比财务激励更重要。"你称赞人们的原因是什么，你庆祝什么，人们如何在同行中获得认可？红利支票并不是不重要，但它是沉默的，而且不是公开的。"他指出。赞扬应该给到那些将决策权下放到与客户直接联系的员工手中，并鼓励员工展现主动性的经理们。

跨部门的这种协作方式对新的Ecolab产生了持久的积极影响：

> 随着一线员工因维护客户关系并相互协调而获得奖励，一种自主文化逐渐形成（这也释放了高级管理层的时间，使高管能够专注于更广泛的问题）。一旦各级别的员工感到被信任，他们反过来也开始信任公司，认为自己的工作和使命（让世界更加清洁、安全和健康）为社会做出了实质性的贡献。不过，这一转变需要时间，因为每一次收购交易都需要一次又一次地进行这一过程。

"当我们收购业务时,员工不会立刻喜欢新公司,"贝克说,"爱需要一些时间。"

六、总结

在 Day 1 到来之前,就像短跑一样,而在 Day 1 之后则像马拉松。虽然 Day 1 是令人激动且重要的里程碑,理应庆祝,但 Day 1 之后还有很多工作要做,但它是有限的。请记住,目标是创建一个在战略和运营上完全一体化和协调的组织,以实现交易的承诺。通过周密地规划和有原则性地执行,这一目标是可以实现的,从而帮助组织实现比员工、投资者、客户和董事会期望的回报和价值更大的成果。

第九章

如何规避协同效应的陷阱

在履行重大责任时,董事会所肩负的是忠诚和审慎的双重信义义务。注意义务要求他们审视采取与"普通审慎人士在相似情况下会采取的措施"。董事会定期会接收一本董事会手册,其详尽回顾了管理层倾力推动的交易策略及其估值。在这些信息的引导下,董事们自然会展开一系列犀利的质询。然而,诸多失败的交易故事是在董事会中产生的。他们是否真正触及了问题的核心,开展了应有的深度讨论?[1]

尽管作为收购方的董事会受到商业判断法则的广泛保护,但如果董事们就这些重大资本投资决策提出普通审慎人士可能会问的问题,情况会如何?例如如果协同效应未能实现,我们将置多少股东价值于危险之中?用现金与用股票支付,对投资者而言,意味着怎样的不同?我们向投资者所做的成本削减与收入增长之承诺究竟有多少分量(同时对市场亦是如此),这些预期真的站得住脚吗?我们是否对整合的成本以及参与的人手有清晰的了解?我们是否制定了一个明确的架构,在交易尘埃落定前引导整合规划,并拥有一份真金不怕火炼的商业计划?如果有工具能迅速揭示重大隐患,引导我们向管理层提出关于拟议交易可行性的切中要害之问,以及辨别那些高风险的失败案例,又将开启怎样的新篇章?

在决策的关键时刻,董事们渴求的不仅是关于拟议交易的信息,更是这些信息的质量与深度。市场的负面反馈往往源自管理层与投资者之间观点的微妙差异。因此，董事会迫切需要一套精准的工具，以此来全面检验交易策略的稳健性、CEO对市场的应对方式，以及迅速兑现承诺所需的全方位准备。在今日的商业舞台上，任何有远见的董事会都不会单纯地将投行券商的意见作为支付显著收购溢价的唯一理由。

本章提供了几种简洁明了的分析工具和直接的问题，这些工具和问题能帮助董事会洞悉那些可能引发市场负面反应的交易，并激发关于潜在重大交易的更深层次的讨论。这些工具包括：

- 股东价值风险（SVAR）：一种衡量交易重要性的度量工具。
- PMI董事会资料包：在并购董事会文件中，与估值和战略规划并立。
- 达成溢价（MTP）线与可行性框架：通过绘制成本和收入协同效应的关键点（如同投资者演示中所示）来评估拟议交易的立场，并基于公司、行业在协同效应实现的历史来判断交易是否合理。
- 能力/市场接入矩阵与协同效应组合：从即将合并的资产性质出发，这是一种评估拟议的成本与收入协同效应组合是否合理的工具。

这些工具将帮助弥合管理层的认知与投资者可能的感知之间的差距，而且能够在市场做出反应之前就实现这一目标。显然，高层管理人员在董事会开始介入之前，应当对所有这些问题都心中有数。借助这些工具，董事会将更加胸有成竹地回答这一至关重要的问题：这次交易究竟将如何影响我们的股价，背后的逻辑又是什么？

一、股东价值风险

在第四章中，我们提出了一个观点：收购的购买价格通常由其他类似收购案例的定价所驱动（称为"类似交易案例"或"先例交易"），这种做法往往缺乏对管理层在何时何地以及如何能够实现真正绩效提升的严格评估。董事会至少应能清晰阐述，他们决定批准一项交易所立即置于风险之中的股东价值具体有多大。此外，管理层推荐的其他选择（尤其是使用现金还是股票支付交易费用）会影响董事会应当理解的风险水平。[2]

在决定进行一项重大交易之前，双方都需要评估，如果预期中的协同效应未能实现，这将对各自公司的股东价值产生何种影响。换言之，董事会必须提问："我们公司的市值有多大比例正押注于这次收购的成败上？"

对于评估协同效应风险相对重要性的收购方而言，我们所说的SVAR简易计算法是一个实用的工具。SVAR即支付的收购溢价除以收购公司在公告前的市值。

这一指标亦可通过溢价百分比乘以目标公司相对于收购方的市场价值来计算。我们将其视作"赌上整个公司"的风险指数，或者说是一种衡量交易重要性的标尺。这个指数揭示了如果收购后的协同效应未能如愿实现，公司的股东价值将面临多大的风险。所支付给卖方的溢价比例越高，他们的市值与收购方相比越大，SVAR就相应地更高。我们曾讨论过，如果交易损及任一公司的独立增长价值，收购方遭受的损失甚至可能超过其支付的溢价。在这些情况下，SVAR 可能低估了真正的风险。

选择现金或股票作为支付方式，对收购方和目标公司的股东都产生深远且显著的影响，同时显著地影响 SVAR。在现金交易中，双方的角色分明，金钱与股份的交换实现了所有权的简洁转移。相比之下，股份交换则描绘出一幅关于买卖双方身份更为复杂的图景。在一些情况下，目标公司的股东最终可能成为购买他们股份的收购方的主导股东。[3]

以股票支付收购费用的公司，不仅与被收购公司的股东共享交易价值，还共同承担了交易风险。选择股票而非现金支付也可能影响股东回报。历史上对并购的研究一致表明，在发布公告时以及之后，收购公司的股东在股票交易中的表现通常不如现金交易。更进一步，我们的并购研究结果也证实了这一发现，并显示出现金和股票交易之间早期业绩的差异随时间推移变得更加显著。[4]

尽管这些议题极为重要，但它们往往未能得到应有的重视。董事会、高级管理人员和媒体通常主要关注的是收购价格。虽然关注价格是合理的，毕竟价格确实是双方股东面临的一个关键问题，但当公司考虑发起或接受股份交换的报价时，公司估值仅仅是管理者和投资者需要考虑的诸多因素之一。接下来，我们将探讨股票交易和现金交易之间的基本差异。

深入探讨基础原理：现金与股票交易的权衡之道

现金交易与股票交易之间最根本的区别在于：在现金交易中，收购方股东完全承担着那份协同效应的现值可能无法实现的风险，这种风险藏匿于收购溢价之中。而在股票交易中，这份风险则由目标公司的股东与之共担。更具体地说，在股票交易中，协同效应的风险按照合并后公司中收购方和目标公司股东各自持股比例来共同分摊。

让我们通过一个虚构的例子来解释这一道理。假设家园科技想要收购 Affurr Industries。家园科技的市值为 50 亿美元，由 5 000 万股组成，每股售价 100 美元。Affurr 目前的市值则为 28 亿美元，分布在 4 000 万股中，每股价值 70 美元。家园科技的管理层估计，通过合并两家公司，家园科技能够创造出额外 17 亿美元的协同效应价值。家园科技提出以每股 100 美元的价格收购 Affurr 的全部股份。因此，对 Affurr 的估值达到 40 亿美元，相较于公司宣布前 28 亿美元的市值，存在 12 亿美元的溢价。

从一次收购中预期获得的净收益，即净现值（NPV），是通过收购实现的预期协同效应现值与支付的收购溢价之差（如我们在第一章中所定义的）。如果家园科技选择以现金支付这笔交易，那么其股东的 NPV 就是预期协同效应的现值 17 亿美元减去 12 亿美元的溢价，也就是预期的 5 亿美元收益。

但若家园科技选择通过发行新股来资助此次收购，其现有股东的 NPV 势必将遭受减损。设想一下，家园科技提议以其一股换取 Affurr 的一股。此举对 Affurr 的估值与现金提案相当，但在交易落定之后，收购方股东在家园科技的持股比例将有所下降。在收购后的新股总计 9 000 万股（原先 5 000 万股加上新增 4 000 万股）中，收购方的持股仅占 55.5%。因此，收购方在预期的 5 亿美元净现值中所占比例仅为 55.5%，约为 2.775 亿美元。余下的部分则归属于 Affurr 的股东，他们现在成为规模扩大的家园科技的新股东。

要让家园科技原有股东从股票交易中获得与现金交易相同的净现

值，唯一的途径便是向 Affurr 提供更少的新股份。他们可能会辩称，考虑到预期协同效应，每股股份的价值将更高。换句话说，新的股份将体现出家园科技高层所预测的合并后公司的价值，而非仅仅是公告前每股 100 美元的市值。

然而，尽管这种做法在理论上似乎公正，但在实际操作中，Affurr 的股东不太可能接受较少的股份，除非他们确信合并后公司的估值将超出家园科技的预测。鉴于收购方在股票交易方面的历史业绩并不尽如人意，这种说服力显得颇为薄弱。

因此，从表面上看，股票交易似乎为目标公司的股东提供了一种机会，使他们能够从收购方所预期的协同效应收益中受益，这一收益超越了所支付的溢价。这正是收购方通常所强调的。然而，这也意味着，目标公司的股东同样需要共担风险。

设想一下，家园科技完成对 Affurr 的收购，采取的是股票交换的方式，但所有期待的协同效应并未化为现实。在一笔纯现金的交易中，家园科技的股东将完全承担为 Affurr 支付的 12 亿美元溢价所带来的全部损失。然而，在全股票交易的情况下，他们的损失仅限于溢价的 55.5%。剩余的 44.5% 损失（约合 5.34 亿美元）将由 Affurr 的股东们肩负。

在众多收购场景中，收购方规模常常远超目标公司，导致目标公司的股东在合并后的公司中仅拥有微不足道的股份。面对这种局面，目标公司的董事会必须做出决策：是否推荐成为收购方股东的方案（同时相对较少地担心方案的其他细节）。

现在，让我们来深入分析一下设想交易中的 SVAR 数据。家园科技提出了 12 亿美元的溢价，自身市值为 50 亿美元。在全现金交易中，其SVAR是12除以50,即24%[或是56%(即28亿美元相对50亿美元的比例)乘以43%的溢价比例]。但如果向Affurr的股东提供股票,家园科技的SVAR便会因风险的部分转移而降低。计算股票交易中家园科技的SVAR时,需将全现金交易的SVAR 24%乘以家园科技在合并后公司中的持股比例,即55.5%。因此,全股票交易的家园科技SVAR仅为13.3%(见表9-1)。

现金和股票混合交易的SVAR则是现金部分交易价值百分比乘以全现金SVAR加上股票部分交易价值百分比乘以全股票SVAR的加权平均。因此,混合交易的SVAR将介于全现金或全股票交易的SVAR之间,具体数值取决于现金和股票的比例。根据上述家园科技数据,若交易包括50%现金和50%股票,其SVAR将是18.7%[(0.5×24%)+(0.5×13.3%)]。

表9-1 全现金交易与全股票交易中的收购方股权价值比率(SVAR%)

目标公司独立价值与收购方独立价值的比率	—	0.25	0.50	0.75	1.00
全现金交易					
溢价(%)	30	7.5	15	22.5	30
	40	10	20	30	40
	50	12.5	25	37.5	50
	60	15	30	45	60
全股票交易[①]					
溢价(%)	30	3.75	7.5	11.25	15
	40	5	10	15	20
	50	6.25	12.5	18.75	25
	60	7.5	15	22.5	30

① 收购方拥有合并后公司的50%。

SVAR 的一种变体，我们称之为"风险溢价"，它能在协同效应未能兑现的前景下，协助出售公司的股东和董事会深入评估面临的潜在风险。对于卖方来说，核心的问题是：在一项股票报价中，溢价有多大比例可能面临风险？这个问题的答案十分明确，风险大小即卖方在合并后公司中的股权比例。在我们设想的交易案例中，Affurr 股东面临的风险溢价为 44.5%（由新增的 4 000 万股相对于总共 9 000 万股的比例决定）。

值得强调的是，风险溢价的计算实际上采用了一种更为谨慎的风险评估方式，这种方式假定独立运营的业务本身是稳固的，唯有溢价部分才真正处于风险之中。然而，众多收购案例已经清晰地显示，失败的交易可能给双方带来的损失远不止于溢价本身。

二、公司如何做出明智的选择

鉴于支付方式可能对企业价值造成巨大影响，两家公司的董事会均肩负着在决策过程中考虑这些影响的责任。收购方必须向其股东清晰阐释，为何交易带来的协同效应收益需要与目标公司股东共享。同样，目标公司的股东——作为合并后公司的新股东——必须明白他们实际上是在进行新的投资，而这种投资充满风险。这一切无疑增加了董事会成员的责任。

（一）收购方的关键考虑

在决定支付方式之前，收购公司的管理层和董事会应深入探讨两个关键的经济问题。首先，公司的股价是被市场低估、公正估值还是高估了？其次，支付收购溢价所需的协同效应无法实现的风险有多大？对这些问题的深思熟虑将引导公司在现金和股票报价之间做出明智的选择。让我们分别探讨这些问题。

关于收购方股份的估值。如果收购方认为其股份被市场低估，那么它就不应发行新股来资助交易，因为这将对现有股东不利。研究表明，市场通常将公司发行股票视为一个信号，这意味着知悉公司长远前景的管理层认为股票被高估了。因此，当管理层选择用股票作为收购的支付手段时，公司股价下跌几乎是可以预期的。

当管理团队考虑使用他们认为被市场低估的股票来支付一项收购时，他们通常会基于当前的"低估"市场价来定价新股，而非基于他们认为股份的实际价值。这种做法可能导致公司支付超出原计划的金额，有时甚至超过收购本身的实际价值。例如如果家园科技认为其股票实际价值为每股 125 美元，而非 100 美元，那么其管理层应将计划发行给 Affurr 股东的 4 000 万股估值为 50 亿美元，而非 40 亿美元。这样，若家园科技估计 Affurr 的价值仅为 40 亿美元，它应仅向 Affurr 股东提供最多 3 200 万股。

然而，在现实世界中，说服持怀疑态度的卖方接受更少但"更有价值"的股份并非易事。如果收购公司的高层真的认为市场极度低估了他们的股票，那么他们理应选择用现金进行收购。不过，那些公开声明公司股价被低估的 CEO 却常常愉快地以这一"低估"的价格发行大量股票来支付他们的收购。究竟市场会更倾向于哪种信号呢？

关于协同效应的风险。选择使用股票还是现金也向市场传达了收购方对实现预期协同效应风险的评估。充满自信的收购方通常会选择用现金支付，从而使其股东不必与目标公司股东分享任何超出溢价部分的预期协同效应收益。

但如果管理层认为未能达到预期协同效应水平的风险较大,他们可能会倾向于通过发行股票来对冲这一风险。这种做法通过稀释公司的股权,也就在一定程度上减少了参与交易前后可能出现的任何损失。然而,市场往往能够做出自己的判断。事实上,包括我们的研究在内的实证研究一致表明,市场对现金交易的公告反应通常比股票交易更为积极。

因此,股票报价向市场传达了两个强烈的信号:收购方的股票可能被高估,以及管理层对于收购的信心不足。从原则上讲,对于那些对成功整合收购充满信心且认为自己的股票被低估的收购方,应始终选择用现金支付。对于那些认为自己被低估的收购方以及对收购公司真实价值存疑的卖方来说,现金报价简单地解决了估值问题。[5]

但事实并非总那么简单明了。例如收购方往往可能没有足够的现金资源或债务能力来支持一项现金报价。在这种情况下,决策就变得不那么清晰了,董事会必须评估,发行被低估股份所带来的额外成本是否仍然证明了收购的合理性。

(二)卖方的关键考虑

当面对现金报价时,卖方公司的董事会所承担的任务相对明晰。他们需要的仅仅是比较作为独立实体的公司价值与所提出的报价。唯一的风险在于,他们可能会坚持更高的报价,或者认为如果公司继续独立运营,管理层能够创造更多价值。想要证明后者通常较为困难。

设想这样一种情景:Affurr 的股东收到每股 100 美元的报价,比当前 70 美元的股价高出 43% 的溢价。假设不考虑税收,他们可以通

第九章 如何规避协同效应的陷阱

过将这笔资金投资于风险水平相当的渠道中，获得10%的年化回报。五年后，这100美元将增长到161美元。若拒绝这一报价，Affurr需要在其目前70美元的股价上实现超过18%的年化回报，以达到同等效果。这种不确定性的回报需要与当下确凿的利益相权衡。

然而，更常见的情况是，目标公司的董事会将面临股票或现金和股票混合报价的选择，从而必须评估合并后公司提供给其股东的股份价值。从本质上看，目标公司的股东将成为合并后企业的合作伙伴，他们对实现协同效应的期望与收购方的股东同等重要。如果预期的协同效应未能实现，或者在交易完成后出现了其他不利信息，目标公司的股东可能会在他们所获得的溢价上遭受重大损失。

如果目标公司的董事会接受股票交换报价，这不仅代表着对该报价作为公司股份公允价格的认可，也意味着承认合并后的公司是一个吸引人的投资选择。因此，它需要对交易的逻辑和整合计划进行评估（参见下文的"PMI董事会资料包"）。因此，董事会必须同时扮演买家和卖家的角色，并且必须经历收购方在代表股东投资决策之前所经历的同样的决策过程。

无论如何提出股票报价，目标公司的股东都不应该假设公告的价值就是他们在交割前后能够实现的价值。提前出售可能会限制风险敞口，但这种策略因为目标公司的股份在交割前通常会低于报价而带来成本。当然，那些等到交割后才出售合并后公司股份的股东无法预知届时这些股份的价值。

我们此前讨论的问题——收购方的价值有多少？预期协同效应实现的可能性有多大？——涉及提供或接受特定支付方式的并购决策相关的经济议题。此外，双方董事会的顾问还会关注税务处理和会计问题，并提示董事会注意。但这些问题在评估 SVAR 时不应发挥关键作用。

三、PMI 董事会资料包

正如我们在第六、第七和第八章深入探讨的那样，并购后整合 PMI 是一个充满复杂性的过程。其中涉及的决策数量、重要性和速度远远超过常规决策。在努力管理日常业务并保护日常现金流的同时，将两个拥有截然不同文化的组织结合在一起，无疑是一项巨大的挑战。然而在多数组织中，PMI 并不是核心技能。[6]

董事们必须对管理层的主张有充分信心，确信其至少基于一个初步的整合计划，才能批准交易——而高层执行官们知晓这一点，因此应准备好评估交易所需的所有工作。最终，投资者将期望确信管理层有一个明确的计划。

董事们定期回顾交易策略和估值，这些通常得到公允意见的支持，但关于公司如何整合的详细信息通常较少。PMI 董事会资料包的设计旨在帮助董事会确保高层已准备好避免 PMI 的常见陷阱。以下是导致 PMI 未能实现承诺的四个主要原因。

1. 注意力不集中：PMI 缺乏结构导致高管和员工从日常经营业务中分心，忧虑客户和竞争对手的事务。员工花费大量时间寻求其他机会。

2. 时间浪费：组织在交割时似乎无法开始产生协同效应，因此最终获得的任何协同效应的现期价值显著降低。随着延误持续，员工对交易的战略原理失去信心,而竞争对手则自然会做出反应。管理层未能优先处理并做出艰难决策,无法及时应对重大挑战,或陷入缓慢的决策过程。

3. 竞争对手反应和不断变化的商业环境:尽管 PMI 经过精心规划,但缺乏灵活的结构,使组织无法迅速重新审视和在必要时修改计划。简而言之,PMI 过于专注内部,以至于组织无法应对不断变化的商业环境。

4. 未能坚持计划:PMI 着重于设计新组织和实现早期协同效应,但未能解决成千上万的自下而上的细节问题,以帮助组织实现最终愿景。结果是未能打造出支持业务和实现协同效应目标所需的新组织。

在进行交易审查的过程中,董事会处于一个关键的立场,它们不仅有责任确保所提议的交易在战略和财务上的合理性,而且还需确保已经为实现交易中所承诺的成果铺平了道路。若没有这样周密的计划,交易的价值可能逐渐流失。通过对高级管理团队提出精确要求,董事们能够在很大程度上影响最终的成效。在董事会批准并向公众宣布交易之前,高管应该提出以下五个关键组成部分。

1. 用于描述活动和决策的各个阶段的 PMI 过程日历。
2. 需要提前做出的关键性高层决策。
3. 清晰的量身定制的整合方案。
4. 用于执行 PMI 的结构、团队和资源配置。
5. 旨在实现交易所承诺的绩效目标的商业计划。

（一）PMI 过程日历

成功的 PMI 是精心构建的一系列事件，这些事件不仅在交易启动前就开始酝酿，而且在交易完成后仍将持续进行。一个精细规划的活动日历及其后续时间表，应该能让董事会对 PMI 活动的阶段性安排有一个清晰的了解。在众多失败的交易案例中，CEO 们已承认，他们在 PMI 规划方面所做的准备甚少。通过仔细审查这些日历和时间表，董事会本可以轻易识别出潜在问题。实际上，当董事们开始考虑合并提案时，PMI 过程的规划应该已经相当深入。在这个阶段，尚有待做出数百甚至数千个关键决策。尽管如此，高级管理层应能讨论 PMI 计划的基本要素。

虽然高层无法像我们在前文所讨论的那样细致深入，但他们可以向董事会概述典型 PMI 的各个阶段、应对方法以及时间安排。这些阶段包括：

- 提前规划和方向定位。
- 数据收集。
- 设计与决策制定。
- 执行与实施。

提前规划和方向定位与尽职调查和估值工作同步进行。在充满敌意的交易中，这一过程仅能依赖于目标公司的公开信息来完成。在此阶段，高层决定整合方式和新运营模型的大体框架（将公司的交易理论和商业目标与其流程、能力和组织结构相融合），并就时间安排、团队结构和角色、资源配置以及绩效目标等方面做出关键决策。这些要素作为 PMI 董事会资料包的其他部分，必须在交易公告前准备就绪。[7]

数据收集和分析阶段，始于尽职调查并应在公告日之后迅速展开，是整合工作的关键环节。此阶段将会收集两个组织当前运作的详细信息，然后进行共享和对比，以揭示关键的差异和相似点——特别是着眼于主要的整合活动和潜在的协同效应。在法律顾问的协助下，必须明确制定数据共享的指导原则，规范交割前哪些数据可以交换，哪些敏感竞争数据需放入清洁室中。分析的核心内容包括建立合并组织的财务基准线以及如何在 PMI 期间稳定业务运营。

设计和决策制定阶段将涉及一系列关键问题，包括与新运营模型相协调的整合机会、组织架构设计、协同效应目标，以及能够带来实际成果的整合工作计划。这一过程从数据共享开始，视监管审批进度，在交割后可能继续进行。在这一关键阶段，团队将开始塑造新公司的面貌，深入了解每家公司的历史、文化、战略和决策风格。在设定、评估和讨论新公司的整合选项时，这些理解将逐渐成形。此阶段提出的建议需确保实现承诺的协同效应。

实施阶段始于交割，直至完成所有关键整合步骤，这可能需长达 12 个月到 18 个月。此时，管理层的首要任务是领导从整合团队结构向新组织的日常运营过渡。这一过程必须包括严格的整合和协同效应跟踪，确保协同效应承诺的高度可见性和对实现这些承诺所需行动的明确责任，同时还要保持基础业务的动力和连续性。

重申一点，管理团队可能不会拥有所有答案。但其应该能够提供一个日历和时间表，概述所有这些步骤，并提出起初指导合并的原则。

（二）关键高层决策

在最初阶段，为了推动 PMI 向前发展，高层团队需要做出一些关键决策或有意识地推迟某些决策。这些决策聚焦于整合的范围和高层组织问题，包括哪些部分将被完全整合，以及其他顶层决策，如谁将担任 CEO（L0）、他们的直接下属（L1）以及运营模型和新组织结构的初步变更详情。

这些事先做出的决策的范围和性质将依情况而定，但一般来说，这些决策并不会轻易被委派给整合决策结构。其中一些决策可能是交易谈判的关键部分。

有时，一些重要决策可能需要有意推迟。例如在最近的一次金融服务行业合并中，由于需要时间解决重大的战略品牌问题以及数据保护法律限制共享客户数据的问题，关于如何合并两个分支网络的问题被暂时搁置。需要强调的是，并非所有细节都适用，但这些关键决策有助于为新组织设定方向并产生重大影响，应向董事会清晰表述。

（三）量身定制的整合方案

在 PMI 过程中，几乎没有什么问题比不确定性更普遍地影响着组织的日常运作。如果不妥善管理这种不确定性，它可能变得具有破坏性，严重损害整个整合过程。考虑到每一笔并购交易都具有其特有的性质，高层团队必须形成一种明确、定制化的 PMI 方法，并准备向董事会清晰地传达这一策略。这种方法应涵盖整合的范围、步伐、基调、早期整合的优先事项，以及关键决策的沟通方式及时间（第六章有更详细的内容）。

如果新组织被赋予了期望——而事实确实如此——董事会则应清

楚了解这些期望是什么。高层团队必须确保所采用的方法逻辑上符合指导并购的交易理念——交易的核心所在,并且其后续行动与为组织设定的期望保持一致。

在紧张关头,管理层和员工需要确信高层团队"站在同一战线上"。方法上的失误可能会导致 PMI 的失败,这些失败可能会被归咎于文化冲突。董事会通过细致的监督,可以对这种方法进行压力测试,帮助管理层避免这一陷阱。

(四)结构、团队与资源配置

在关键决策落定且整合方向明确之后,管理 PMI 所需的是一个与日常业务运作相独立的专门整合架构。高层不可能亲自参与 PMI 过程中所需做出的无数大小决策。因此,必须成立具有明确职责、角色和汇报体系的授权 PMI 团队,向高层(即 SteerCo)提供明确的建议供其批准。

这一过程的核心是整合管理办公室(IMO)及其监督的工作组。IMO 及其团队促进对公司信息的有序收集,并在公司间建立早期工作关系,这些关系为实现一些早期成功奠定了基础。IMO 结构内的团队还推动自下而上的方法,结合紧凑的日程,迫使高层做出或确认艰难的决策,以保持整合过程的动力。董事会应该了解 IMO 和主要工作组的情况,谁将从日常业务中抽身出来专注于整合工作,有多少其他员工将参与协助以及持续多长时间,还有任何外部支持的成本。

高层还需考虑如何为 PMI 团队,尤其是 IMO 提供足够资源。让高层和中层管理人员中的 10% 或更多人员深度参与 PMI 过程并不罕见。因为这些管理者应是两家组织中最有才华的人,他们需要明确投入的时间，以确保在 PMI 期间保持业务的竞争力，而不会分散注意力。

总之，董事会应该深入理解这种结构，结构中的关键执行人员，以及推动整合过程所需的人力资源的可能时间和规模。这一切都应与选定的整合方法保持一致。

（五）商业计划

在迈向新实体的征途上，高层必须精心策划并向董事会展示一份可信赖的商业计划。这个计划应细致描绘协同效应的目标、重大举措、一次性整合成本。尽管这些可能已在估值报告中提出，董事会应深刻理解这些宏大目标及管理层如何预期实现它们——包括新的运营模式和可能的市场进入策略变化，这些都是推动增长协同效应或成本节约的关键，为溢价提供合理性。这些协同效应目标应明显超越两家公司在并购未发生时的预期成就。商业计划的细节将随着 PMI 的深入发展而演变，从最初的协同效应目标转变为最终内部预算和计划中的具体承诺。

协同效应往往缺乏充分且严密的发展，可能被隐藏在财务计划甚至估值中，缺少清晰度和可见性。这可能导致在 6 个月到 12 个月后几乎无法判断是否实现了任何协同效应。为了提高绩效目标的可见性，董事会应了解一些额外的整合措施和里程碑事件，如预计的劳动力和非劳动力协同效应的时机、设施交割或新产品推出，使董事会能在未来的会议中评估整合工作的进展。

商业计划是对业务案例和交易理念的实际化运作：解释合并后的组织如何超越两家公司股价中已内置的业绩轨迹，以及如何以竞争对手难以模仿的方式更好地满足客户需求。整合过程包括对商业计划的细化和承诺的加强。董事会不仅需要了解一个宽泛的计划，还需要看到在实施阶段对计划进行测试、调整并持续跟踪的过程。

PMI 董事会资料包为董事会在每一笔交易中提供了评估五个关键要素的机会：活动的日历和阶段；关键的顶层决策；整合方法；结构；团队和资源配置；以及实现交易绩效承诺的商业计划。

对于商业计划这一关键环节，我们提供了一系列工具，协助董事会在公告日向投资者展示前，对交易的财务目标进行严格的压力测试，确保其健全性和可行性。

四、达成溢价线与可行性框架

虽然大众已认识到依靠盈利增长和市场倍数作为并购决策依据具有局限性，但在短期内增加收购方盈利仍是评判交易是否值得进行的一个主流标准。这通常也是投资路演中的首要议题。因此，我们在此不再提出反对使用盈利评估并购交易的论点，而是展示一种在高层和董事会决定为另一家公司支付显著溢价之前，如何更有效地使用基于盈利的财务信息进行评估的方法。[8]

针对任何具有显著 SVAR 的交易（其重要性由董事会决定），我们提出一个简化的"盈利"模型，用于目标公司。该模型提供了一系列成本削减和收入增强的组合，以合理化给定的溢价。通过这种方法，任何关于交易对盈利增长的讨论（连同交易的逻辑）都可以用公司管理者和投资者熟悉的运营术语进行细致审查。尽管这不能代替正确执行的折现现金流估值，但它为董事会提供了一种避免明显错误的

并购增值

方式——特别是在交易似乎带来"增值"的情况下。我们的方法还提供了一些简单的指标,用于对 PMI 商业计划进行合理性检查。[9]

公开目标公司在并购公告前的股权市场价值（MV_T）可以表达为其税后盈利（E_T）的倍数（P/E_T）如下:

$$MV_T = E_T \times P/E_T \quad (9-1)$$

当收购方提出为目标公司支付溢价（%P）时,提供的溢价的美元价值即溢价（%P）与公告前目标股权市场价值（MV_T）的乘积。

溢价也可以从目标公司的税后盈利（E_T）和市盈率（P/E_T）的角度来表述:

$$\%P \times MV_T = \%P \times (E_T \times P/E_T) = (\%P \times E_T) \times P/E_T \quad (9-2)$$

公式（9-2）意味着,为了实现为目标公司所提供的美元溢价,目标公司的税后盈利（E_T）必须增加 %P,然后永久维持。但这需假设目标公司的盈利倍数（P/E_T）保持不变。[10] 分配相同的市盈率还假定,协同效应带来的任何盈利改善都将分配与市易前相同的 P/E。[11]

进一步讲,如果收购方提出的溢价超过目标公司公告前市值的 20%,并假设市盈率保持不变,则目标公司必须实现 20% 的税后盈利增长。通过将税前利润率（Π）、收入（R）和有效税率（T）代入 E_T,我们得到了所需的增量税后盈利表达式:

$$\%P \times E_T = \%P \times (R \times \Pi) \times (1 - T) \quad (9-3)$$

因为这种税后盈利增长必须通过产生税前协同效应来实现,因此这些税前协同效应——%P × (R × Π)——成为我们的关注焦点。

一些收购方可能专注于成本削减或收入提升,但更常见的策略是寻求两者的结合。在收购方计划通过成本削减来完全赚取收购溢价的情况下,我们将 %SynC 定义为目标公司收购前可处理的运营成本基础上所需的税前盈利改善百分比。我们发现,%SynC 可以从运营角度有效衡量收购方证明收购溢价合理的难度。通过将成本削减表达为百分比,CEO 或业务领导需要证明削减的可行性。

$$\%SynC = \frac{\text{所需的税前协同效应}}{\text{运营成本基础}} \quad (9\text{-}4)$$

当我们借助税前运营利润率(Π)和收入(R)来映射分母中的运营成本基础时,我们得到了以下表达式:

$$\%SynC = \frac{\%P \times (\Pi \times R)}{(1-\Pi) \times R} = \frac{\%P \times \Pi}{1-\Pi} \quad (9\text{-}5)$$

式(9-5)表明:仅考虑收购溢价的百分比和税前运营利润率(我们将其定为 EBIT)的话,交易提议中所建议的税前盈利改善可以迅速地通过成本削减百分比来评估。例如对于一个税前利润率为 18% 的目标公司,如果提出 35% 的溢价,则需要 7.7% {0.35 × [0.18/(1 − 0.18)]} 的运营成本削减,以实现足够的税前利润改善来合理化溢价并仅仅达到收支平衡。值得注意的是,为了确保这些成本削减代表了并购所带来的协同效应增益,成本节约必须超出两家公司原有计划中已预期的任何削减。

虽然这看似直观,但模型表明,在给定收购溢价的情况下,利润率较高的企业应采用更激进的 %SynC。这反映了一个简单的道理:更高利润率的业务拥有较小比例的成本基础。在这样的业务中更深入地实行激进的 %SynC 才能影响底线,而这种深入削减可能意味着同时削减公司的"脂肪"和"肌肉",使得通过成本削减实现溢价变得更加充满挑战。[12]

在存在潜在的收入和成本协同效应的情况下,可以对式(9–5)进行简单调整,以在考虑预期收入增长百分比或收入协同效应(%SynR)的益处后,估算所需的成本削减。换言之,来自收入增长的协同效应越多,对成本削减的依赖就越小。

$$\%SynC = \frac{\%P \times (\Pi \times R) - (R \times \%SynR \times \Pi)}{R(1-\Pi)} \quad (9-6) \text{ 或,}$$

$$\%SynC = \frac{\%P\Pi - \%SynR \times \Pi}{1-\Pi} = \frac{\Pi}{1-\Pi} \times (\%P - \%SynR) \quad (9-7)$$

使用式(9–7),我们可以计算出任何交易所需的成本协同效应,以赚取提出的溢价,这涉及三个变量:提出的溢价、税前运营利润率(EBIT)和预期的收入协同效应百分比。[13] 如果 %SynR 等于溢价百分比,那么对于特定的收购溢价,在此模型中不需要成本协同效应。

此方程导出了我们称为"达成溢价"(the Meet the Premium,MTP)线的结果。图 9–1 显示了 MTP 线,描绘了 %SynC 和 %SynR 的组合。要达到(而不是超过)35% 的溢价和 18% 的税前运营利润率,%SynC 和 %SynR 的组合需要满足 MTP 线的数值。如果预期的收入增长百分比等于溢价百分比(在这个例子中是 35%),那么不需要成本削减来证明溢价。正如我们已经指出的,如果没有预期的收入增长,满足溢价所需的成本削减为 7.7%(这些端点实际上代表了在缺乏另一个的情况下,满足溢价所需的 %SynC 或 %SynR)。

第九章 如何规避协同效应的陷阱

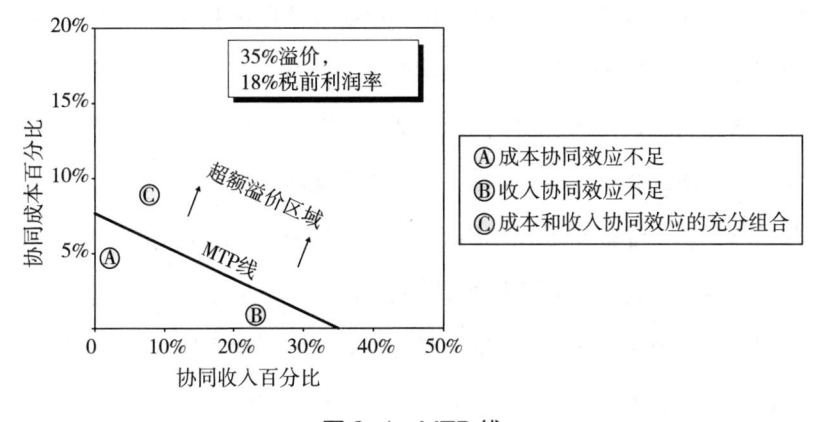

图中标注：
- 35%溢价，18%税前利润率
- 超额溢价区域
- MTP线
- Ⓐ 成本协同效应不足
- Ⓑ 收入协同效应不足
- Ⓒ 成本和收入协同效应的充分组合
- 纵轴：协同成本百分比
- 横轴：协同收入百分比

图 9-1　MTP 线

MTP 线对高层团队和董事会的重要性是明显的：位于此线以下的交易应该避免，或至少受到更多的审查。A 点和 B 点是收购方应该避免的交易，而 C 点代表的交易的预期则足以证明使用此方法所需的溢价。

而且，为目标支付的溢价越高，赚取溢价所需的 %$SynC$ 和 %$SynR$ 的组合就越大。在图 9-1 中，任何超过 35% 的溢价提议都将需要 MTP 线的平行向上移动。

这个简单的图可以用来指导关于管理层认为在潜在交易中可以实现的收入和成本协同效应组合的详细讨论——这应该成为管理层向投资者沟通的重点。最终结果是：如果你不能绘制出一个点，你无法向投资者解释。

除了质疑可能推动预期收入协同效应的竞争性假设，还需要回答其他几个问题。例如可处理的成本基础是什么——即实际上可以减少多少成本基础（是否包括管理费用、间接费用等）？看似成本基础高的交易实际上可能只有少量可优化的组成部分，除非收购方具有特定

285

的能力。这也引出了一个重要问题：收购方及行业中其他收购方在类似交易中实现协同效应的经验是什么。

根据我们的经验，公司通常在降低成本方面比增加收入更为成功。例如通过关闭设施和裁减人员等方式来削减成本相对容易，因这些是可控制、可见且具体的内部问题。一般来说，成本通常是首要关注的。这些问题往往由精力充沛的新团队来解决，他们专注于完成任务并快速实现成本削减的成效。另外，收入受到竞争对手和客户反应的影响，因此更难以预测和控制，尤其是在预期收益主要来自跨销售计划的情况下。此外，增长收入线所需的分析和承诺通常会被推迟，直到业务稳定且成本问题得到控制（第八章提供了关于收入增长的更详细讨论）。

然而，这种延迟通常会带来不希望的后果。竞争对手自然会在市场上做出反应，通过保护他们的客户并接触新合并公司的客户。他们会预测收购方的行动，并通过强调新公司的混乱和可能随之而来的客户服务不足，来吸引收购方和目标公司的最佳客户。推迟对收入协同效应的关注也为猎头和竞争对手提供了充足的时间来挖走最佳销售人员。而且，这通常还意味着在组织关注其新的市场进入策略以及如何以以前无法实现的方式服务客户时，它已经因PMI的要求而疲惫不堪。此外，当成本削减优先于收入增长，或者仅被独立地看待时，支持潜在收入增长所需的基础设施可能会被削减。

在评估预期的协同效应时，设定合理的门槛，超过这些门槛成功的成本削减和收入改善变得不可信，这对于评估与任何正在考虑的交易相关的运营挑战的程度至关重要。在图9-2中，我们展示了这些门槛如何形成一个"可行性框架"，用于评估给定目标所需协同效应组合的合理性,即使该点在 MTP 线上或高于 MTP 线。

图 9-2 展示了一个假设的框架,其上限为 10% 的运营成本削减和 10% 的收入协同效应。[14]（只有 C 点既可行又足以满足溢价）实际上,收购方可以根据自己的意愿设定这个框架的参数,前提是它有支持证据。这些证据可以来自收购方的经验或行业协同效应基准。这也是一个有用的合理性检查工具,用于评估在各种成本和收入协同效应组合下的合理价格范围。

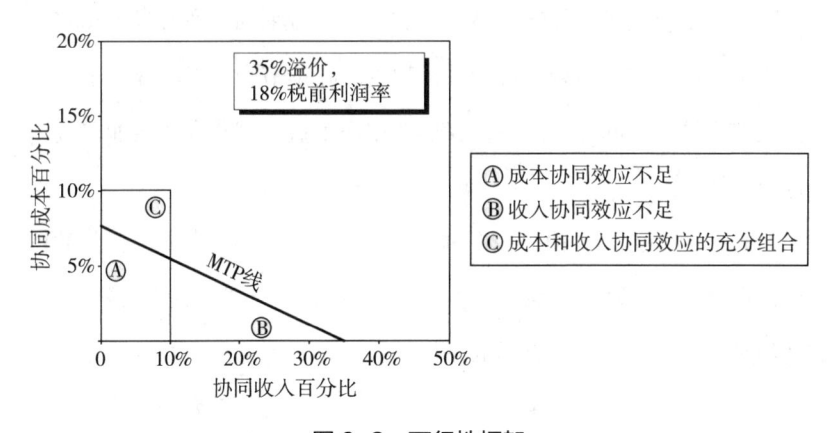

图 9-2 可行性框架

我们的假设是协同效应将立即开始,因此任何预期的收入与成本协同效应时机上的差异必须明确并得到解决。任何在实现所需协同效应以证明任何显著溢价的预期延迟都会导致投资者在公告时将收购方的股价标记下调,以反映这些延迟。正如我们的并购研究清楚地显示,这种价格下降会使收购方陷入困境,并设定一个可能影响组织士气的负面基调,尤其是影响那些养老资产投资于收购方股票的员工。

总结来说,董事会在评估拟议的交易时必须考虑以下两个问题。

1. 拟议的百分比成本削减和百分比收入增长组合,即协同效应,是否高于MTP线?

2. 该点是否也落在一个可行的范围内?

五、能力/市场准入矩阵和协同效应组合

在为这两个问题建立了基础后,下一步是考虑提出的成本和收入协同效应组合是否在战略交易意图和交易所带来的资产背景下具有运营意义,即使这一组合在可行性框架内。在本节中,我们提出了一个框架来讨论这个问题。然后,我们使用四个重大交易来说明如何应用这个框架。

有大量文献探讨多样化和关联对并购增值的影响。[15] 这些文献的目标是将交易分类为单一类别,通常是"关联的""不相关的",或一些中间类别,然后比较这些类别的平均绩效,以判断哪个更好或更差。这些文献还反映了长期以来的学术辩论历史,以及一系列相互冲突的研究结果。[16] 虽然这一辩论为学术界提供了素材,但对于评估具体交易的从业者几乎没有提供帮助。而且不幸的是,从业者文献也采用了这种"分类"的方式来处理这一主题。在这一领域的研究中,交易通常被称为"核心",占据"相邻"领域,或构成了一种"多元化"举措。[17]

将交易分为这些类别的问题在于未考虑到任何一笔交易可能会横跨多个类别,这取决于组合带来的能力和市场准入。

图9-3(a)呈现了一个"三乘三"矩阵。我们发现,在运营和董事会层面的讨论中,这一矩阵比基于模糊的关联概念将交易分为单一类别更有帮助。使用我们的框架,交易可以根据创造价值的策略和

合并的资产落入不同的类别组合。[18]

借助图 9-3（a）的帮助，任何交易都可以根据以下方面来描述：（1）两家企业具有相同能力的部分（例如研发、产品设计、产品组合、运营、成本结构、供应链、系统）和市场准入（例如销售团队和第三方关系等渠道，地理位置，品牌，渠道力量）；（2）其中一家公司比另一家公司具有明显优势即更好的业务部分；（3）为业务带来新的，或者非重叠的能力或市场准入的业务部分。

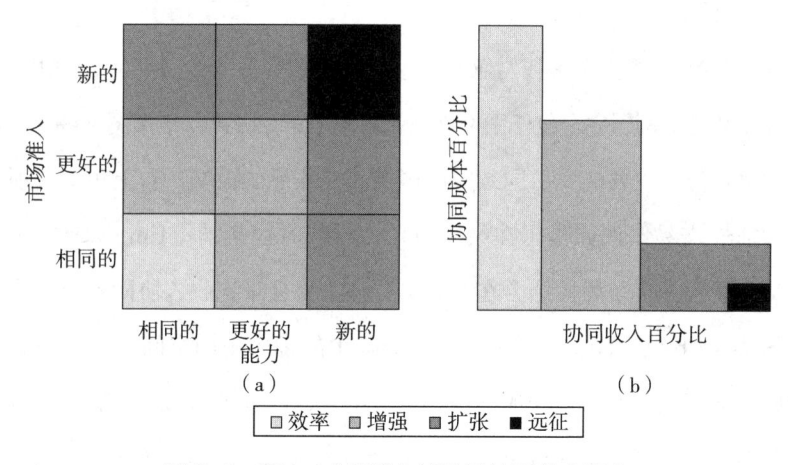

图 9-3　能力 / 市场准入矩阵及协同效应组合

在图 9-3（b）的协同效应组合图中，阴影区域呈现了能力 / 市场准入矩阵中不同领域如何转化为不同类型的潜在协同效应，因此在横纵坐标分别为协同收入的百分比占协同效应百分比的图上绘制了各种不同的组合（如图 9-1 中的 MTP 线所示）。这将为管理层对投资者的协同效应期望组合奠定基础。

能力 / 市场准入矩阵中不同领域的存在表明，交易可能主要产生成本协同效应或收入协同效应，或两者兼而有之。将相同的能力和市场准入组合在一起的交易通常会主要带来成本效益（效率），因为存在规模经济和冗余的潜在影响。交易可能存在重叠领域，但却能提供更优能力或市场准入，这样的交易既能带来收入协同效应，又能带来成本协同效应（增强）。而将新的能力或市场准入领域结合在一起，且重叠较少的交易，通常预计将主要通过增加收入来增加价值（在存在一些重叠的情况下称为"扩张"，在没有重叠的情况下称为"远征"）。

大多数重大交易将涉及矩阵中九个领域的某种组合。现在将更进一步讨论。

1991年的化学银行与汉华实业银行交易是一个经典的"市场内"效率交易案例，完全位于图9-3(a)的左下角。因此，根据图9-3(b)，它也将位于主要成本协同效应的区域。在相反的极端，右上角是一项远征性交易，例如美国在线（AOL）收购时代华纳（Time Warner），将互联网和传统媒体结合在一起，预计主要会带来收入协同效应［见图9-3(b)］。如果一项交易跨越矩阵中的多个不同空间，其协同效应组合将是这些收入和成本协同效应组合的加权平均值，根据它们各自的比例计算。由此得出，无论是全部成本、全部收入还是某种效益的组合，都是与合并的资产相一致的点，它将位于图9-1中较早显示的MTP线的上方或下方。投资者希望能够在图中绘制收购方建议的这一点。[19]

从"能力/市场准入矩阵"的角度来看待交易有两个主要好处：交易可以按其各个组成部分拆分和估值；更重要的是，可以根据这些空间产生成本或收入协同效应的可能性来评估预测的收入和成本协同效应的合理性。它迫使管理层回答以下问题：对于提出的交易，考虑到构成整体交易的各个部分的性质，哪个点位于MTP线上方是合理的？如果管理层呈现的收入和成本协同效应组合与特定交易在矩阵上所占的空间明显不一致，那应该发出警告信号。例如如果一笔交易主要位于图9-3（a）的右上角框中，而管理层预测将实现重大成本节省，而没有或描述不清的收入协同效应，那么这项交易应该受到严格审查。

除了协同效应组合的合理性，图9-3（a）还让我们对在不同交易中实现改善表现的可能性有了一些了解。图9-3（a）所示的交易矩阵各组成部分的集中，基本上可以看作交易的重心。正如前面提到的，成本协同效应的预测通常比收入协同效应的预测更可靠。因此，对于相同的溢价，那些重心更接近左下角的交易通常更有可能实现预测的协同效应，并更容易为溢价提供合理的理由——这至少是投资者的观点。

这种战略分析对于董事会评估交易的价值、整合计划以及撰写成功的投资者演示都具有重大影响。当宣布一项重大交易时，投资者努力了解价值将从何而来以及收购方是否有实现该价值的计划。然而，经常出现的情况是，交易只提供一个庞大的协同效应数字，没有明确的时间表，并声称该交易将增加盈利。问题在于投资者无法理解或追踪一个单一的数字，仅仅提供一个数字意味着收购方缺乏可信的计划，这反过来使投资者更有理由出售股份而不是购买，特别是在溢价显著的情况下。

六、"如何做"的案例

百事可乐公司于2000年12月宣布以134亿美元的全股票收购桂格燕麦公司，就是一个很好的例子。[20]（我们在第五章讨论了百事可乐公司关于这笔交易的投资者演示）。

百事可乐公司的管理层详细描述了他们期望实现协同效应的地方，明确区分了高度可能的增益和那些他们预期但未包括在投资者模型中的增益。请回忆一下，他们确定了总计 2.3 亿美元的协同效应，这些效益分别来自以下对经营利润的贡献：来自增加的纯果乐收入的 4 500 万美元（具备相同的能力但市场准入更好）；通过 Frito-Lay 系统销售的桂格零食收入的 3 400 万美元（具备相同的能力但市场准入更好）；来自采购节省的 6 000 万美元（相同/相同）；来自 SG&A 费用、物流和热灌装制造的成本节省的 6 500 万美元（相同/相同）；以及通过消除企业冗余带来的 2 600 万美元节省（相同/相同）。

因此，这笔交易的重心相对接近核心业务［图 9-3（a）左下角的空间］，投资者和员工都清楚地知道协同效应将来自业务的哪些部分。他们可以轻松地看到这笔交易将如何提高经营利润，并更有效地利用资本，从而充分证明了 22% 的收购溢价是合理的。

管理团队还明确阐述了他们计划如何将桂格燕麦公司及其多个品牌整合到百事可乐公司，并如何利用两家公司的能力实现额外的增长。此外，百事可乐公司即将卸任的董事长罗杰·恩里科（Roger Enrico）强调，管理层对成本节省和收入协同效应使用了保守估计。百事可乐公司的公告受到了投资者的积极回应。百事可乐公司的股价在公告后的几天内上涨了超过 6%（近 40 亿美元），并在 2001 年 8 月交易结束后的 10 年中继续表现得优于其行业同行的股价。

与百事可乐公司类似，Nexstar Media 以总价值 64 亿美元（加上承担的债务）全现金收购 Tribune Media，以 20% 的溢价，提供了一个引人注目的投资者演示，其中包括可追踪的协同效应：公司开支节

第九章 如何规避协同效应的陷阱

省 2 000 万美元，各电视台支出减少 6 500 万美元，以及将 Nexstar 费率应用于 Tribune 用户数量的净转播收入带来的 7 500 万美元，或在交割后一年实现 1.6 亿美元的协同效应（我们在第五章也讨论了 Nexstar 的收购）。Nexstar 的 CEO 佩里·苏克（Perry Sook）强调了公司有着强大的并购整合和实现协同效应的原则性管理团队（在交易完成后，Nexstar 将其协同效应预测提高到 1.85 亿美元）。

将这些协同效应预测放入图 9-3（a）中，可以看出这笔交易的重心接近左下角，来自效率的 8 500 万美元（相同/相同）以及来自收入的 7 500 万美元（具备相同的能力/更好的市场准入）。这产生了与合并资产一致的协同效应组合，投资者可以轻松绘制出收入和成本协同效应的点，该点位于 MTP 线之上，公告时 Nexstar 股票上涨了 11%（接近 4 亿美元）。[21]

七、案例对比

然而，与此形成鲜明对比的是美国在线于 2000 年 1 月宣布的对时代华纳的收购，以及 Hercules 于 1998 年 7 月宣布的对 BetzDearborn 的收购。美国在线/时代华纳交易涉及高达 510 亿美元的溢价（56%），将截然不同的业务合并在一起，然而在投资者演示中，却预测了 100 亿美元的成本协同效应，且没有解释这些协同效应从何处产生。这笔交易属于我们所称的"远征"类交易，因此没有合理的依据来预测成本协同效应的水平。

Hercules/BetzDearborn 全现金交易涉及高达 95% 的溢价（将近 10 亿美元），将一些在纸张加工化学品领域似乎存在一定重叠的业务合并在一起，且投资者演示中预计了1亿美元的成本协同效应。但仔细分析表明，Hercules涉足功能性纸张化学品领域，这些化学品能够改善纸张的性能，而BetzDearborn销售的是能够提高纸张机械性能的纸张加工化学品。此外，在BetzDearborn超过13亿美元的收入中，有一半以上来自Hercules没有涉足的大型水处理业务。

尽管Hercules和BetzDearborn在纸张客户的渠道上存在重叠，但这笔交易主要在图9-3（a）中矩阵的右侧（即扩张和远征空间）展开。因此，根据图9-3（b）中的协同效应组合，我们本可以预期管理层主要会提出来自跨销售举措的收入协同效应的预测，但管理层只提到一些成本削减（例如企业管理开支）。

图9-4展示了这四笔交易的情况。[22] 图中的线表示每笔交易的MTP线，而点表示在相应的投资者演示中呈现的相应收入和成本协同效应的组合。[23] 尽管这四个点都在图9-2中的假设合理性框内，但只有百事可乐公司/桂格和Nexstar/Tribune交易的拟议协同效应组合位于MTP线之上。更重要的是，百事可乐公司/桂格和Nexstar/Tribune的点表明了预计的成本和收入协同效应的组合与交易策略以及合并资产是一致的。

美国在线/时代华纳宣布的100亿美元税前成本协同效应将该交易置于图9-4中的MTP线之下。此外，由此产生的约5%的预计成本协同效应难以证实，考虑到交易具有远征性质［即图9-3（a）中的"新的/新的"］。不足为奇的是，美国在线/时代华纳交易宣布后市场的初次反应非常负面，股价下跌了15%（超过300亿美元），并且协同效应几乎被折价至零，直到交易结束时。[24]

第九章 如何规避协同效应的陷阱

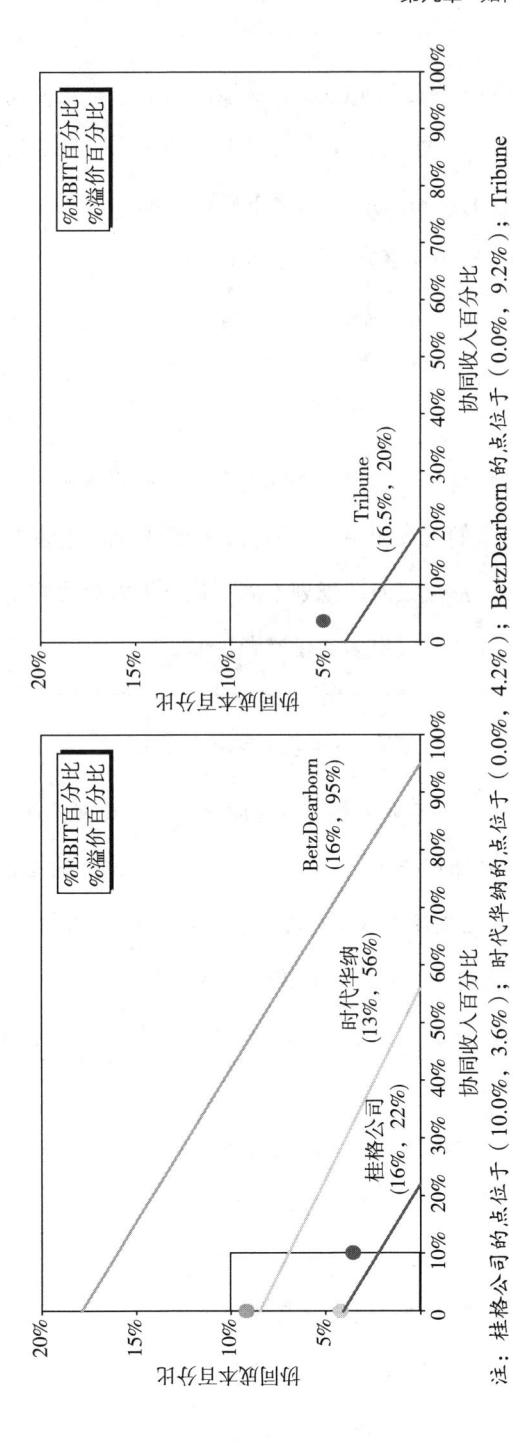

图 9-4 相对于 MTP 线的 %SynR / %SynC 点数

注：桂格公司的点位于（10.0%，3.6%）；时代华纳的点位于（0.0%，4.2%）；BetzDearborn 的点位于（0.0%，9.2%）；Tribune 的点位于（3.7%，5.1%）。

类似地，Hercules/BetzDearborn 交易预计的 1 亿美元税前成本协同效应将该交易置于 MTP 线之下，且没有合理的协同效应组合。这笔交易的宣布导致 Hercules 股价几乎下跌了 14%（或 4.85 亿美元，几乎是溢价的一半），并且该公司的股价继续下跌。

八、结论

重大收购交易只是当今董事会面临的众多治理问题之一，但却是一个重要问题。董事们现在明白，他们将会受到股东的追责，尤其是在涉及"押宝公司"的决策时。规划不周、执行不力的收购交易肯定比管理层的欺诈行为会摧毁更多的投资者价值。

董事会的问题清单

我们提供以下一系列直截了当的问题，任何董事会都可以与其 CEO 就拟议中的交易进行讨论。如果 CEO 不能回答这些问题，那么显然他们没有准备好与投资者或董事会进行对话。

- 是否有证据表明这笔交易源自清晰的战略过程？
- 这笔交易如何与我们的长期客户、市场、产品或技术目标一致？
- 收购方和目标方各自的独立预期是什么？
- 合并后将在哪些方面实现表现提升？
- 预计的表现提升是否与支付的溢价相符？
- 哪些竞争对手可能会受到这笔交易的影响？

- 这些竞争对手和其他竞争对手可能会如何应对?
- 12—18个月实施计划中的关键里程碑是什么?
- 支持计划所需的额外投资(一次性成本)是什么?
- 负责执行计划的关键高管是谁?
- 两家公司的哪些部分适合出售或分拆?
- 为什么这笔交易比其他投资或其他交易更具优势?

尽管我们在这里呈现的方法绝不是对交易论点进行彻底的尽职调查、对拟议交易价值进行适当DCF分析(请参阅第四章中我们对DCF估值的分析),以及早期PMI计划的替代方法,但它是一个有用的补充,我们希望它能够为CEO和董事会提供相对简单但可靠的指导,以及成为与高级领导层进行积极讨论的基础。如果采用我们的方法所产生的结果与DCF分析(或EVA评估)及其输入的逻辑相悖,那么应该对DCF分析的假设进行调查。

董事会必须解决的关键问题是:这笔交易将如何影响我们的股价,以及为什么?压力测试交易战略、拟议的好处、估值、整合准备和高级管理团队的沟通计划的时间不是在宣布交易之后。请记住,市场对重大交易的反应实际上是投资者愿意给予收购方的增长价值的变化,而他们将会根据你告诉他们的内容做出反应。执行我们的方法可能看起来有挑战性,但它实际上转化为董事们的一些最基本的考虑。在批准交易并向股东推荐之前,董事们应确保高级管理层提供明确的业务案例,并设定运营模型——以及计划。高级管理层必须准备好承受这种审查。

第十章

精通并购之道

在某些时候，公司对于差旅费用的审批似乎比对重大并购的把关还要苛刻。这虽略带夸张，但不可否认的是，大多数企业在资金配置的审批流程中，哪怕是细微的投资也需跋涉数月方能得到批准，而数十亿美元的并购案却常在更短的时间内轻松过关——缺乏那份同等的控制、流程或原则性。在竞标的赛道上，过于迫切的冲动往往铸就了遗憾的结局。在那个只想成交的时刻——任何一笔交易都似乎充满战略意义，而其他选择仿佛已然消失——急于成功的渴望往往导致盲目追逐着终点。尽职调查在这时往往轻描淡写，总有那么一个估值理由为高昂的价格辩护。这就是"哇，快抓住"并购的狂热奔腾。

不出所料，公告日往往伴随着股价的下滑，因为投资者（包括员工在内）逐渐意识到，数字的合理性似乎难以成立。庆祝公告之后，收购方往往会失去焦点，无法有效执行交易前的计划，导致交易后的执行陷入混乱，员工士气受挫，客户与股东满怀失望。这听起来或许荒谬，但这正是并购领域的真实写照——一桩糟糕的交易，有可能毁掉数十年的精明经营和增长。而这一切，都在众目睽睽之下上演。

投资者对交易的最初反应，无论喜或忧，往往深刻而持久，昭示着未来的回报走向。他们在交易宣布之时的评估通常颇为精准，因为这正是他们的使命。无论是反应积极还是消极的交易，其投资组合的回报似乎早已注定。尽管一些个案可能会有所翻盘，一个良好的开局并不预示着未来必然的成功,而起步不利则往往难以扭转乾坤,近2/3 的交易在一年之后仍然显现出颓势。

实际上,我们研究中最重要的实践发现是所谓的"持久性差距"——这是一种年度回报率中持续表现积极的交易。那些市场响应热烈并兑现承诺的交易与始终笼罩在投资者初期消极预期阴影下的交易之间,几近有着 60 个百分点的显著差异。正确地迈出步伐并实践这些预期所带来的巨大收益,对于任何收购者来说,都应成为一次深刻的启示。

糟糕的并购所带来的问题,不仅体现在最初的市场反应和持续的负面影响上,而且更关键的是,它将使整个组织长期承受并购的重压,直至最终不得不以令人失望的剥离和高昂的退出成本来弥补这一错误。这是一种艰苦的学习方式。

我们并非交易的终结者,而是恰恰相反。并购所蕴含的承诺是持续而盈利增长、活力四射的员工团队、满意的客户以及卓越的股东回报。请坚信:如果我们没有深信并购的巨大潜力,我们绝不会投入时间和心血来撰写这本书。

因此,如果你清楚地认识到,持续的正面反应远胜于消极反应,那么如何实现这一点便成为关键所在。我们认为,总的来看,失败往往源于缺乏周密的准备、成熟的方法论和明确的策略。大多数收购方仅是偶尔进行交易。因此,他们缺少一个有效管理这些交易的系统。他们既缺少一个定期更新重要交易的战略流程,也欠缺一个为实现预期价值而精心设计的详细整合方案。

我们提出的解决之道,是让你成为在并购的每一步中都做足准备的收购者。无论你的并购经验如何,我们的方法都适用,并将指引你在支付初期成本参与并购游戏时，实现初期及持续的正面反馈。

遵循我们的分步指导并做好万全准备，你将显著提升避免协同效应陷阱这一常见误区的概率。这种误区发生在收购方将只有通过并购才能实现的协同效应与独立公司本已预期的业绩提升混为一谈的情况下。我们已经看到，这种对协同效应与基本情况的混淆，将在整个过程中持续困扰你及你的团队。那些未能充分理解他们所支付以获取的业绩提升——无论新旧——的收购者，从一开始便陷入困境。你必须具备所需的能力、资源、原则以及一个坚实的计划，从 Day 1 起就开始兑现这些承诺，因为无论你是否做好了准备，这正是资本成本开始计时的时刻。请记住，并购并不会仅因为你说它如此就使你成为更强大或更高效的竞争者，协同效应也不是不劳而获的。

只有在你开始设定目标之前就全面理解整个流程，你才能真正做好准备。正如第六章至第八章所强调的，这些章节专注于交割前规划和交易后执行，你应在批准一笔作为增长途径的交易之前，深入了解自己即将面临的一切。在公告日之后的第二天，你最不愿听到的便是那句无处不在的感叹："我才刚意识到这将是一项何等繁重的工作。"

尽管做好准备需要巨大的工作量，但令人欣慰的是，这不是一次性的过程——它是可以重复的。如果能正确完成，你就可以继续你的并购计划。吸收了新的并购之后，任务还未结束。如果你正在贯彻整体增长策略，那么你的观察名单上将已经包含了其他重要的交易，这些交易拥有适当的资产组合，应成为你持续的并购计划的一部分，并助力实现你的增长策略。

一、成功并购的基本原则

我们按逻辑顺序布局了本书：从并购策略和交易论证到尽职调查、由折现现金流估值驱动的协同效应要求、公告日、交割前规划、交易后执行，再到对董事会的影响。每一步都是在前面的教训和决策基础上构建的。

在第一章中，我们提出了五个成功并购的基本原则。现在我们已经完整地走完了整个并购流程，让我们重新来审视这些原则。

1. 成功的并购必须使公司既能够击败竞争对手，又能够回报投资者。
2. 成功的企业增长过程必须使公司能够同时找到好机会和规避坏机会。
3. 有准备的收购方（我们称之为"时刻准备"的公司）不一定是积极的收购方——他们可以耐心等待，因为他们知道自己想要什么。
4. 良好的PMI无法拯救一个糟糕的交易，但糟糕的整合可能会破坏一个好（即战略合理且定价现实）的交易。
5. 投资者聪明而警惕，也就是说，他们可以从公告日起就发觉考虑不周的交易，并会跟踪结果。

核心在于，尽管成功的并购充满了挑战，但存在着一些明确的原则，这些原则能够区分出成功的收购者在一开始是如何思考并购活动的。经过对整个并购流程的深入剖析，显而易见的陷阱和清晰可行的教训已经展现在我们面前。

（一）并购策略

整个流程的宗旨是始终保持充分的准备。这始于部署一种积极主动的并购策略——这与那些对表面看似合适的交易匆忙行动的被动型收购者形成鲜明对比。后者在未经深思熟虑的情况下，就在他们本不应初步考虑的交易上浪费了大量的时间和金钱进行尽职调查。被动型收购者往往缺少明确的优先顺序。

做好准备、随时待命的收购者致力于取得胜利，而非仅仅为了避免失败。他们充分利用选择权，通过为资本制订精心考虑的计划，赋予并购战略上的一致性。他们不会将策略外包给投行券商。准备充分的收购者将资本视为珍贵之物——触碰代价高昂。他们设置了一套严谨的流程，使自己能够发现有利的机会并避免那些可预见的不佳选择。最为关键的是，这些收购者为其并购计划确立了明确的优先事项：他们明确知道自己的目标、为什么以及将如何创造价值。

简而言之，他们已经确定了并购在公司增长战略中的角色。他们维护着一个他们想要收购的公司或部门的观察名单，并且清楚地知道每个目标为何被列入其中。他们还清晰地了解自己不愿购买的对象以及希望避免的交易类型。他们对竞争对手的策略有着自己的预测，并基于此知道出于战略上的考虑他们可能需要参与哪些竞拍。最终，他们明白无论当前交易是否成功，他们的并购增长计划中的下一步将会是什么。

配备明确的并购策略和重点目标的清单，精心准备的收购者能够实现企业发展的双重目标：在竞争中领先并给予投资者丰厚回报。

成为一个"随时准备"的收购者是可学习的，但你必须对这个过程投入时间与资源。这包括对你的自然增长、投资者的期望以及竞争对手的并购活动进行深入评估,确保高层团队就并购的战略重点和最关键的途径达成共识,沿着优先级路线制作目标总表,并根据筛选标准反复审视这些列表,以便确定最具吸引力和实际可能性的目标观察清单。

按照这些步骤操作,如果你以前未曾尝试,你将得到关于最重要目标的详尽资料,并在整个过程中记录下你的每一个决策,尤其是那些不值得关注的交易。在这一过程中,你将识别出未来增长所需的能力差距,并决定哪些路径(比如业务、产品或服务、最终市场等)对并购最为关键,从而帮助你避开"现付或后付"的困境,防止将战略路径与更为细致的筛选标准混淆,避免日后对最初战略本质的质疑。你将明确自己的目标,知晓如何创造价值,并能像对待商业战略一样定期回顾和更新决策。同时,你也将为尽职调查做好充分的准备。

(二) 尽职调查

当定下一套清晰的并购策略,并开始追踪重点目标清单时,你必须做好充分准备,以便针对性地检验目标的潜力是否与你的投资论证(即商业案例)相符。有时候,你对某个目标的吸引力的评估可能会有所偏差,这是完全可以接受的。毕竟,你并非急于完成交易。每一笔潜在的交易都是对你并购理念及优先事项进行深化与磨砺的机遇。我们提出的最佳建议之一就是,识别那些促使客户决定退出交易的问题。

卖方会向你展示其未来收入和利润率的乐观预测,这正是为什么需要进行深入的尽职调查。未来充满了不确定性,无论是对目标当前业务的稳定性、盈利收入增长的可能性,还是合并后实体的潜在价值。因此，你必须对目标的现有业务及其未来增长进行详细审查，因为你将不仅为这两者支付费用，还需要为基于各种潜在结果的溢价买单。

此外，你必须确保所有这些高额投入的资本能够获得相应的资本成本回报，以满足投资者的期望。请记住，在公告日，投资者几乎会本能地将溢价乘以资本成本，以判断你的协同效应承诺是否站得住脚。

因此，请认真对待尽职调查。战略性尽职调查过程重点在于深入理解目标公司的业务，确认目标公司如何与你的战略目标相契合，探索两个实体之间存在的成本和收入协同效应及其实现途径，并确定合理的购买价格。你的目标是打造一个能更好地服务客户并在你的投资上产生超越资本成本收益的合并实体。

在第三章中，我们着重讨论了战略过程的三类核心尽职调查：财务、商业和运营。财务尽职调查（FDD）不局限于了解目标公司已审计的基线财务数据，更是要理解目标公司业务的规范化财务表现——这是构建预测的出发点。收购者需要对历史数据的准确性充满信心，并深刻理解这些数字背后的商业含义。

商业尽职调查（CDD）测试交易的增长理念，涵盖了对未来定期收入和定价产生的利润率、独立增长，以及通过新的市场进入策略实现的组合效益的预测。初级研究是CDD的核心，因为我们相信，市场中蕴含着所有答案。

运营尽职调查（ODD）探究实现成本协同效应的可能性。这包括评估目标公司当前成本结构的效率、其持续的成本削减措施，并建立一个自下而上的协同效应模型，其中包括一次性成本、协同效应的时机，以及与收购方运营的相互依赖性，这些因素可能会挑战或支持目标方投行券商提出的"神奇10%"。

尽职调查并不旨在让你"感到舒适"——它的结果将决定你的估值和初步整合规划。尽职调查的核心目的是确定这笔交易是否正确。它让你深入了解并识别市场和客户相关的问题，以及关键的运营问题和机会。尽职调查实际上还旨在提高报价的合理性，明确运营模型和整合优先事项，增强你对最高出价的信心，并尽可能降低下行风险。如果在此过程中能让你感到安心，那自然是极好的。

（三）你究竟需要多少资金？这是一个至关重要的问题

折现现金流（DCF）分析虽然重要，但对内置假设极其敏感。因此，它可能导致目标定价过高，并可能使你得出的结论是，DCF分析支持你为交易支付的金额，而非你理应支付的最大金额。

我们的研究发现，持续负面表现的群体支付的溢价高于持续正面表现的群体。持续负面表现者平均支付了33.8%的溢价，而持续正面表现者的平均溢价仅为26.6%。在全现金和全股票交易中，这种差异更加明显。正确的估值极为关键，因为你的模型假设将转化为你的承诺。

除了DCF分析，我们还引入了广泛认可的经济增加值（EVA）概念作为DCF的理智检验。EVA方法使你能够从独立实体的角度考察收购方和目标公司，即他们的当前运营价值（COV）和未来增长价值（FGV），以了解投资者已经预期的业绩轨迹。

EVA方法还可以帮助你理解支付目标股份的全市场价值加上收购溢价的含义（即直接增加到FGV）。此分析还清晰展示你承诺的年度改进（即协同效应）如何转化为税后净营业利润（NOPAT）。总之，结果必须表明你正在妥善运用资本（即你承诺的协同效应至少满足溢价的资本成本回报）。在交易的具体操作中准确理解你的财务承诺至关重要，因为你的投资者可以也将会自行进行这些计算——而且只需几秒钟。这种分析还将成为你在寻求董事会批准和在公告日向市场传达故事时的基础。

（四）与董事会的互动

我们将关于董事会的章节放在本书的末尾，一方面是为了提供一套易找到的"董事会工具"，另一方面则是作为你在整个过程中需要汇总、分析和展示的信息的综述——这些信息是并购流程中不可或缺的部分。当然，在你最终敲定并宣布这笔交易之前，董事会的批准是必不可少的。董事会的批准和公告日以及你为这两个阶段准备的材料都是之前步骤的结果：并购战略的拟定、市场评估、目标识别，以及包括协同效应、估值和初步并购后整合计划在内的尽职调查。

董事会应已经对你的并购战略有所了解，因此你提交的交易不应让他们感到出乎意料。针对这笔特定交易，他们会期待了解我们在第九章中提出的问题的答案，这些问题是 CEO 和高层团队必须回答的。如果你在董事会会议之前不能充分回答这些问题，你就不该向董事会或投资者展示这笔交易。

董事会还应利用第九章中的工具深入挖掘这笔交易——不仅关注其细节，而且要评估交易在战略和财务上是否合理，以及你是否有一个明智的计划。相对于其他可能性，董事会是否认为你应该这样使用资金。

从根本上说，董事会必须了解这笔交易将使多少股东价值面临风险。他们应该对 PMI 计划的范围和可行性感到安心。董事会还应对整个交易进行进一步的理智审查，运用达到溢价（MTP）线和可行性框架，审视你提出的成本削减和收入增长的协同效应组合从即将结合的资产看显得合理，并评估投资者如何解读他们所接收的信息。

（五）公告交易

我们在本书的第四章详细讨论了估值过程，这不仅是董事会演示的一部分，也与公告日直接相关。现在，你将向投资者讲述商业计划，请做好准备。

在很多方面，公告日为交易设定了基调：这是你公开并回应股东提出的或心中所思的问题的时刻。他们的问题与董事会的问题相连，但投资者尤其关注的是交易逻辑、协同目标、实现这些目标的计划，以及支付的溢价。员工和客户也会有疑问。如果你不能或不去解决这些基本问题，就将面临困境。而且问题还会越来越严重。

在向投资者和其他相关方解释交易时，有三个至关重要的问题。

1. 是否有一个可靠的交易，具有可辩护且可追踪的协同目标，这些目标可以由收购方实现，并由投资者长期监控？

2. 这个故事是否有助于减少不确定性，并为组织指明方向，以便员工可以有效地执行？

3. 演示是否能令人信服地将合并后整合计划与交易的经济情况联系起来？

请记住，如果你未能回答这些问题，投资者会假设你无法回答，且没有计划——他们会因此对你进行惩罚。这三个问题的核心是高层和董事会必须能够解答的一个至关重要的问题：这笔交易将如何影响我们的股价，以及为什么？

公告日是你获得所有人支持的首要且最佳机会，阐明交易的逻辑以及它如何使所有方受益，并表明你有一个计划。并购中的投资者关系必须应对并帮助解决一个经典的信息不对称问题：管理层对交易的了解比投资者多，所以投资者只能依据管理层提供的信息。换句话说，你了解交易的议案，评估了市场环境，反复推敲了这笔交易的逻辑，撰写了董事会报告，进行了无休止的讨论，完成了计算，准备了溢价，接收投资者演示的一方却没有经历这些。

这意味着需要进行一系列重要的准备工作，包括记录交易的核心议案、明确利益相关者、选择沟通渠道，以及规划领导层的时间安排和出现策略。要提前行动，并预判可能的批评。所有利益相关者都将密切关注——这是交易将获得最高关注点的时候。不要错失这个关键时刻，谨慎地利用这份关注。

（六）交割前规划

公告日并不是终点，而是新的起点。如果你获得了初步的积极反应——恭喜！但现在才是真正紧张的工作的开始：交割前规划和交易后执行是你在长期内实现并持续创造价值的关键。

交割前规划的基础正是始于一个从交易核心议案开始，到董事会报告并延伸至公告日的故事。交割前规划涉及的话题在公开交易前就必须考虑。明确协同效应的来源及其实际实现方式是交易审批过程的核心，新的运营模式也是如此——合并后的组织将如何以不同方式运营其业务，且与合并前的任一组织相比如何产生不同的价值。但规划的步伐还要更远，它从理论转变为实践，朝着实现所有必要措施来整合两家公司的运作以创造新组织的方向迈进。

我们专门用两章来讨论交割前规划，这本身就说明了所需工作量的庞大和其重要性。

由于并购本质上是创造新事物，交割前规划中的许多决策都不是常规性的。从展示新运营模式的细节，到决定如何建立新的领导结构和角色以实现交易目标，再到为 Day 1 做准备，收购方将面对各种问题，这些问题既包括大型和运营性质的，如实施新的企业管理系统，也包括看似小的细节，如夏日星期五的安排和咖啡的品质。

这些非常规决策虽然不会破坏交易，但累积起来却有重要影响。除了重大决策外，它们还需要被有效管理和跟踪：这就是整合管理办公室（IMO）的作用所在。IMO 需要那些了解业务的有影响力的领导者。它负责推动未来运营模式的规划，确定决策优先级，最小化干扰，并维持进展势头。它还为整个过程设定会议节奏。

IMO 负责跟进交易公告前制订的计划（这些计划在尽职调查期间和之后制订），并为新组织在 Day 1 及最终愿景的实现设置更精细的成功路线图。它监督工作流程（完成实际工作），设定每个流程的协同效应目标，识别关键的相互依赖性，并与 SteerCo 就更大、更有影响力的决策和批准进行沟通。

在 IMO 的架构下，设有财务、IT、房地产和营销等各个工作流程，每个流程都有自己的领导和章程，明确在构建新的职能组织或业务蓝图时必须完成的任务，以及如何实现或超出分配的协同效应目标。

第十章 精通并购之道

我们专门用了一整章来探讨主要的跨职能工作流程，这些流程涉及各个独立工作流程之间的定期协调工作。组织设计团队将与新的企业运营模式、新的 L1 级领导层、协同效应目标及功能和业务运营模式选择等方面紧密合作，来设计组织结构和角色。在组织设计过程中，有两种方法可以选择：（1）设计角色并逐层选定人员；（2）完整地设计组织结构和角色，然后挑选人员。

协同效应规划（作为交易逻辑的经济核心）始于接手交易团队的工作，团队完成了商业和运营尽职调查、构建估值模型。这些预期的协同效应将转化为每个流程的自下而上的工作计划。协同团队将与两家公司的财务规划与分析部门合作，共同设定功能或业务的基线预算；在此基础上构建协同计划。协同计划从初步想法演变为优先级项目和详细的项目计划，旨在避免可能破坏协同效应项目的漏洞。

沟通和员工体验工作基于这样一个前提：你正在借用尚未赢得的信任。沟通团队将为所有利益相关者（包括员工、客户、供应商、工会、退休人员和投资者）制订计划。员工体验规划认识到你不是在迎接新员工；他们不是新招聘的员工。该团队的目标是增强员工信心，树立对领导层的早期信任，通过有针对性的沟通减少焦虑，并提供反馈机制，使员工在整个变革过程中感到被倾听，并为即将到来的变化做好准备。

所有这些工作都为 Day 1 做好了准备。尽管 Day 1 看似是一个艰巨的里程碑，伴随着无尽的决策和活动清单，但从运营角度来看，它应该是一个平静的日子。这是一个专注的过程，区分出绝对必需品和锦上添花的事物。Day 1 是一次优先级排序的练习，需要做到完美无瑕，因为任何小差错都可能对士气产生严重影响，并且标志着交割后执行工作的开始。

（七）交割后执行

所有交易前的规划都将得到回报，为一系列交割后的过渡阶段打下了基础，计划得以付诸实施。

交割完成后，随着工作流程的逐步完成和组织逐渐过渡到日常业务，IMO 的结构将逐渐缩小。工作流程的完成意味着它们不再需要 IMO 的积极协调，工作流程负责人也不再需要参加 IMO 会议。工作流程必须完成所有整合目标，实现其协同效应目标，并且减少与其他流程的相互依赖，确保不再有其他事务依赖于它们。

组织设计团队一直在考虑和规划如何结合两个公司的员工，现在转向人才选拔和劳动力过渡阶段。一旦宣布了 L2 级或 L3 级领导层，人才选拔将基于一致的新角色标准进行，这些标准与选定的设计方案一致，且符合法律指导方针。这一过程必须避免无休止的小问题。团队还制订了领导层和员工过渡计划，以促进知识转移，保证员工在转入新角色时业务顺畅运行。

协同效应规划转向协同效应跟踪和报告。未被积极管理和跟踪的协同效应计划和结果可能会偏离原定计划。协同团队实施了三个主要机制：跟踪实现效益及其相关成本的财务报告、每项举措的里程碑跟踪，以及追踪作为前瞻性健康检查的主要指标，确保主要措施按计划进行。IMO 和协同团队积极推动的结果报告节奏，而实现协同效应的重大财务奖金，则是极具价值的激励手段。

增长团队将专注于挖掘增长机遇并塑造客户体验，以实现单独一家公司难以达成的业绩。收入协同效应在市场进入策略中呈现了独特的挑战，而并购为与客户接触和实现新的增长提供了诸多机遇，包括交叉销售现有产品、推出具有价值的捆绑优惠，以及开发能够赢得客户欢心的创新产品。

最后，员工体验团队将转向管理变革并创造新文化，以指导所有其他活动。执行团队需要迅速构建出让投资者和客户信服且展现出未来可能性的鼓舞人心的视角。他们必须同时平息员工的焦虑，并在员工提升需求层级的同时激励他们，让他们在新组织中看到自己和未来的可能性。这两个目标需要两种精心设计但截然不同的信息。我们曾说过："文化从公告开始。"收购方必须小心，因为无论他们是否意识到，他们的行动都在传递关于新文化的信号——在这里将如何开展工作。

交割后执行从理论转向实践，从规划转变为行动。合并的核心是管理众多由之前所有工作指引的决策，以兑现交易的承诺。

二、实现承诺的艺术

在并购的舞台上，你所追求的不仅是眼前的利益，而且还有未来的宏图——那些源源不断的收入、稳健的利润率以及持续的增长。要把这一切做对，无疑需要付出巨大的努力，但这份投入终将带来丰厚的回报。收购，若得其法，能够创造并维系巨大的价值。

我们常在协助 PMI 或分析失败交易时听到这样的话："在我们做这笔交易之前，我就提出过这个问题。"这句话反映了一种责备——源于缺乏有效的过程或未能倾听负责引领愿景并执行计划的执行团队的建议。

通过本书，你将掌握一套能够提出并解决问题的方法，它会指引你做出正确的交易决策，让你的愿景变为现实。通过深入理解本书，并严肃对待其中的每一步操作，你将变得更具洞察力，并能够实现并购的诺言。

然而，正确进行并购不只是完成一个项目那么简单。它意味着一种状态的转变，一场将影响你未来处理收购方式的深刻变革，从而提高你成功的可能性。并购，当得其法，不仅能为收购方及其利益相关者创造持久价值，也能为整个经济带来长远的益处。

附录1

并购中的股东回报

在过去的40年里，已经有数百篇关于并购的研究。1983年《金融经济学》杂志第11卷中发表的文章引发了跨学科领域的学术论文涌现，从而产生了大量涉及金融、经济学、管理学、会计学等多个领域的并购文献。学者研究了从收购方和被收购方的股东业绩到管理者的激励和动机，以及并购经验和不同的会计处理等各个方面。

尽管有关并购业绩的研究往往侧重于公告期间（以不同的天数来衡量）收购方股东回报，但一些研究涵盖了更长时间段。此外，股东回报的测量方式也多种多样，包括原始回报、市场调整后的回报、均值调整后的回报，以及所谓的事件研究中产生的常见累积异常回报（CARs）。学者还广泛研究了基于会计的回报，如资产回报率（ROA）或股权回报率（ROE）等，以及这些回报前后的情况。

同时，需要认识到不同的研究会考察不同的时间段，这是很自然的，因为我们经历了几次重大的并购浪潮。选择覆盖多少年的时间可能会导致不同的结果。

我们的研究旨在探讨在交易公告前后，收购方的投资者的表现如何，我们用公告前后 5 个交易日的 11 天回报，以及宣布后一年的表现（包括公告期）来衡量。这两个指标都根据 Capital IQ 平台的分类，在 S&P 500 指数内进行了同业调整。我们使用股东回报是因为通常会根据这一指标来评估公司的绩效。我们报告了均值行业调整回报，这通常称为"相对总股东回报"（RTSRs）。

我们利用广泛使用的数据库，并采用了既能够说明并购中的股东回报，又容易复制的直接指标。需要注意的是，我们公布的收购方的整体公告回报为 –1.6%，接近 Graffin、Haleblian 和 Kiley 在 2016 年的研究中使用了 770 笔交易的 CARs 发现的 –1.4%。[1]

我们决定从《协同陷阱》(*The Synergy Trap*) 中 Mark 研究结束的地方开始，即研究从 1995 年 1 月 1 日至 2018 年 12 月 31 日公告的交易，为期 24 年。我们通过 Thompson ONE 汇编了一个初步样本，其中包括价值超过 1 亿美元的约 2 500 笔交易，并应用了以下标准：两家公司必须在美国股票交易所上市，基于交易前的股权市值计算，卖方相对于买方的相对规模必须至少达到 10%，且买方在随后的一年内不能完成其他重大交易，以确保一年的绩效测量期不受其他重大交易的影响。

这些标准产生了一个包括 1 267 笔交易的样本，涵盖了 5.37 万亿美元的股权价值和 1.13 万亿美元的支付溢价。我们的数据来源是 Capital IQ，涵盖了买方和卖方的股价、市值、股东回报和行业回报数据（已校正股票拆分和红利）。所有数据和结果都以均值（平均值）进行报告。[2]

一、对于收购方的股东回报：总体结果

在本书第一章有关收购方股东回报的总体发现表中，我们加入了

混合交易（现金和股票的组合），结果显示了与全现金交易和全股票交易类似的趋势，如附表1-1所示。

（一）主要发现：

- 对于这1 267笔交易，经过行业调整后的公告回报为负数（-1.6% 回报），其中60%的交易受到了负面反应[负面反应百分比（PNR）为60%]；56%的交易在一年内产生了负回报（-2.1% 回报）。总体而言，近40%的交易持续呈现负面回报，而23%的交易持续呈现正面回报。
- 在公告期间，现金交易在表现上明显优于股票和混合交易（分别为+1.8%对-2.9%和-2.1%），一年回报也是如此（分别为+3.8%对-5.7%和-1.9%）。这种现金交易的表现优势也反映在现金交易的负面反应（PNR）较低，仅为43%，而股票和混合交易分别为65%和64%。此外，持续呈现负面回报的现金、股票和混合交易的百分比（分别为27%、46%和39%）与持续呈现正面回报的交易的百分比（分别为35%、20%和19%）之间存在明显对比。[3]
- 最初为正面和最初为负面的投资组合在一年内分别保持显著的正面和负面表现，对于每种交易类型而言，市场反应至关重要。例如总体而言，最初为正面的投资组合表现出+7.7%的回报率，维持了强劲的一年回报率+8.4%，而最初为负面的投资组合则表现出-7.8%的回报率，保持了强烈的负面回报率-9.1%。

附表 1-1　收购方的股东回报

	所有交易				现金交易				股票交易				组合交易			
	交易/笔	公告回报	1年回报	溢价	交易/笔	公告回报	1年回报	溢价	交易/笔	公告回报	1年回报	溢价	交易/笔	公告回报	1年回报	溢价
	290	8.0%	32.7%	26.6%	89	8.6%	36.2%	27.6%	92	7.3%	31.1%	22.5%	109	8.0%	31.0%	29.3%
	508	7.7%	8.4%	26.9%	146	8.1%	12.6%	28.6%	160	8.1%	7.2%	23.3%	202	7.2%	6.4%	28.4%
	1 267	**-1.6%**	**-2.1%**	**30.1%**	257	1.8%	3.8%	31.1%	**451**	**-2.9%**	**-5.7%**	**28.2%**	**559**	**-2.1%**	**-1.9%**	**31.1%**
	759	-7.8%	-9.1%	32.2%	111	-6.4%	-7.8%	34.5%	291	-8.9%	-12.8%	30.9%	357	-7.4%	-6.5%	32.6%
	495	-9.0%	-26.7%	33.8%	69	-7.1%	-29.1%	36.6%	207	-9.9%	-27.4%	32.8%	219	-8.7%	-25.3%	33.7%

- 负面反应比正面反应更加持久，65.2%的最初为负面交易保持负面，而57.1%的最初为正面交易保持正面。负面反应的股票交易是最持久的，有71.1%保持负面。[4]
- 持续性差距（持续正面和持续负面投资组合的一年回报之间的差距）总体上为59.4%，其中现金交易的持续性差距最大，为65.3%。
- 随着我们从持续正面投资组合过渡到持续负面投资组合，支付的溢价逐渐增加。总体而言，持续负面交易的支付溢价比持续正面交易高出27%（33.8%对26.6%）。这种差距在现金和股票交易中更为显著，分别为高33%（36.6%对27.6%）和高46%（32.8%对22.5%），这意味着持续负面交易组合的支付溢价要高于持续正面交易。[5]

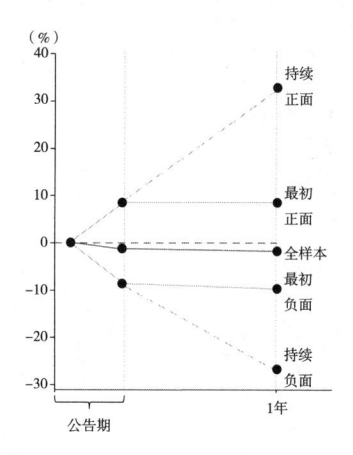

附图1-1 同行相对总股东回报

附表1-2提供了对1 267笔交易的一些有启发性的特征，为总体结果提供了更详细的细节。

并购增值

附表 1-2　样本数据总览

类别	交易数量/笔	交易百分比	公告回报	1年回报	负面反应的百分比	持续性差异	溢价	交易宣布前5天买方市值/亿美元	交易宣布前5天卖方市值/亿美元	美元溢价/亿美元	交易规模/亿美元	相对规模	正面/中性反应的百分比	负面/中性反应的百分比	总股东价值调整的百分比
所有交易	1 267	100%	-1.6%	-2.1%	60%	59.4%	30.1%	93	33	9.02	42	46%	57%	65%	1.45%
现金	257	20%	1.8%	3.8%	43%	65.3%	31.1%	72	17	5.49	23	37%	61%	62%	3.73%
股票	451	36%	-2.9%	-5.7%	65%	58.5%	28.2%	108	42	10.41	53	49%	58%	71%	0.07%
组合	559	44%	-2.1%	-1.9%	64%	56.3%	31.1%	90	34	9.52	43	48%	54%	61%	2.05%

（二）亮点：

- 总体而言，买方的平均规模为 93 亿美元，而卖方的平均规模为 33 亿美元。

- 现金买方的规模较小，为 72 亿美元，而股票买方和混合买方的规模较大，分别为 108 亿美元和 90 亿美元。

- 交易规模（公告前 5 个交易日，卖方市值加上溢价的美元金额）对于现金买方来说要小得多，为 23 亿美元，而对于股票交易和混合交易来说要大得多，分别为 53 亿美元和 43 亿美元。

- 总体上，支付的溢价为 30.1%，或者说总额为 9.02 亿美元。股票交易和混合交易的溢价要远高于现金交易，因为这些交易规模更大，相对规模也更大。

- 相对规模（公告前 5 个交易日的卖方市值与买方市值之比）为 46%。现金交易的相对规模较低，为 37%，而股票交易和混合交易较高，分别为 49% 和 48%。

- 股票交易在最初为负面反应时表现出最强的持久性（持续负面/最初负面或 PN/IN 为 71%），而现金交易在最初为正面反应时表现出最强的持久性（持续正面/最初正面或 PP/IP 为 61%）。

- 总股东价值增加百分比（TSVA%）——买方和卖方的美元公告回报之和，占其组合市值的百分比——为正值，为 +1.45%，其中现金交易的 TSVA% 最高，为 +3.73%。总体而言，并购交易创造了价值（请参阅下文有关 TSVA 的部分）。

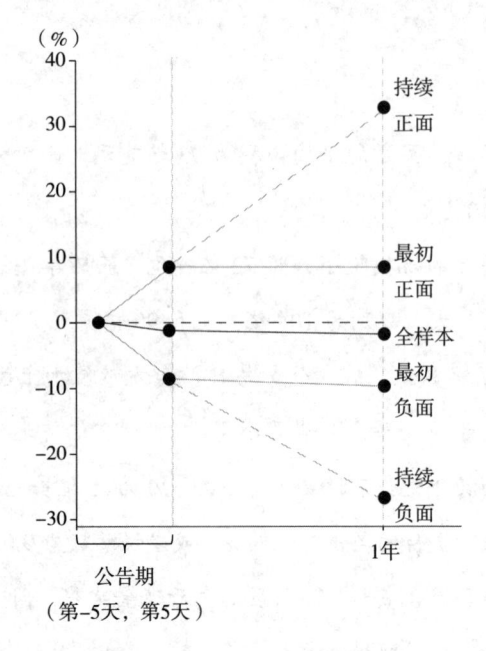

附图 1-2　同行相对总股东回报

二、股东回报随时间的变化

时间段是一个重要考虑因素，因此我们将样本分成了 3 个 8 年期：1995—2002 年，2003—2010 年，2011—2018 年。可以承认，这三个时段是任意划分的，但每个时段都包含了一波并购活动，且在这三个时段中的交易相对分布均匀（分别为 410、415、445 笔）。附表 1-3 显示了这三个时段内 1 267 笔交易的总体结果。

附录1 并购中的股东回报

附表1-3 跨三个时期的收购方股东回报

所有交易

交易数量/笔	交易数量百分比	公告回报	1年回报	溢价
290	23%	8.0%	32.7%	26.6%
508	40%	7.7%	8.4%	26.9%
1 267	**100%**	**-1.6%**	**-2.1%**	**30.1%**
759	60%	-7.8%	-9.1%	32.2%
495	39%	-9.0%	-26.7%	33.8%

1995—2002年

交易数量/笔	交易数量百分比	公告回报	1年回报	溢价
83	20%	6.5%	40.7%	27.7%
149	36%	7.2%	9.9%	29.6%
410	**100%**	**-3.7%**	**-3.3%**	**35.5%**
261	64%	-10.0%	-10.9%	38.9%
174	42%	-11.5%	-28.2%	40.6%

2003—2010年

交易数量/笔	交易数量百分比	公告回报	1年回报	溢价
101	24%	8.0%	31.5%	24.7%
166	40%	7.5%	10.7%	23.5%
415	**100%**	**-1.3%**	**1.3%**	**26.4%**
249	60%	-7.1%	-5.0%	28.4%
153	37%	-7.8%	-25.4%	30.1%

2011—2018年

交易数量/笔	交易数量百分比	公告回报	1年回报	溢价
106	24%	9.1%	27.5%	27.6%
193	44%	8.4%	5.2%	27.6%
442	**100%**	**0.1%**	**-4.2%**	**28.4%**
249	56%	-6.4%	-11.5%	29.1%
168	38%	-7.4%	-26.3%	30.0%

（一）主要发现：

- 公告回报随时间改善（与 2017 年 Alexandridis、Antypas 和 Travlos 的研究结果一致），从第一个时段的 −3.7% 提高到第三个时段几乎为零。[6] 然而，一年回报在第一个时段到第二个时段有显著改善，从 −3.3% 提高到 +1.3%，但在第三个时段仍然为 −4.2%。
- PNR 在这三个时段内有所改善（分别为 64%、60%、56%）。
- 最初为正面和最初为负面的投资组合在这三个时段内仍然保持显著的正面和负面，分别通过它们的一年回报表示（分别为 +9.9%、+10.7%、+5.2% 对 −10.9%、−5.0%、−11.5%），市场反应很重要。
- 这三个时段内最初为正面交易的持续性（分别为 56%、61%、55%）强调了收购方有效交付和报告结果的必要性。相反，最初为负面反应的持续性在这三个时段内仍然保持强劲（分别为 67%、61%、67%），进一步支持了负面反应难以扭转的观点。
- 持续性差距已经从第一个时段的 68.9% 减少到第二个时段的 56.9%，再到第三个时段的 53.8%——在持续正面和持续负面投资组合之间的回报差距仍然巨大。
- 从持续正面投资组合到持续负面投资组合，我们所支付的溢价逐渐增加，尽管极端情况下的差距已经缩小，总体的溢价从第一个时段的 35.5% 下降到第三个时段的 28.4%，但这一关系仍然保持。

附表 1–4 提供了在这三个时段内 1 267 笔交易的其他详细信息概览。

附录1 并购中的股东回报

附表1-4 三个时期样本数据概览

样本详情：1995—2002年

类别	交易数量/笔	交易的百分比	公告回报	1年回报	负面反应百分比	持续性差异	溢价	交易宣布前5天买方市值/百万美元	交易宣布前5天卖方市值/百万美元	美元溢价/百万美元	交易规模/百万美元	相对规模	正面反应/中性反应百分比	负面反应/中性反应百分比	总股东价值调整百分比
所有交易	410	100%	-3.7%	-3.3%	64%	68.9%	35.5%	12 156	4 549	1 327	5 876	46%	56%	67%	-0.26%
现金	39	10%	2.1%	15.6%	38%	81.7%	35.7%	5 766	2 366	634	3 000	48%	75%	53%	4.94%
股票	212	52%	-4.9%	-10.2%	68%	64.5%	33.2%	15 253	5 962	1 636	7 598	46%	56%	74%	-1.47%
组合	159	39%	-3.6%	1.2%	64%	68.5%	38.6%	9 594	3 199	1 086	4 285	45%	47%	58%	1.59%

样本详情：2003—2010年

类别	交易数量/笔	交易的百分比	公告回报	1年回报	负面反应百分比	持续性差异	溢价	交易宣布前5天买方市值/百万美元	交易宣布前5天卖方市值/百万美元	美元溢价/百万美元	交易规模/百万美元	相对规模	正面反应/中性反应百分比	负面反应/中性反应百分比	总股东价值调整百分比
所有交易	415	100%	-1.3%	1.3%	60%	56.9%	26.4%	8 096	2 687	646	3 333	48%	61%	61%	1.41%
现金	106	26%	0.8%	2.6%	43%	59.6%	27.2%	4 129	1 034	290	1 324	36%	58%	65%	3.85%

并购增值

续表

样本详情：2003—2010年

类别	交易数量/笔	交易的百分比	公告回报	1年回报	负面反应百分比	持续性差异	溢价	交易宣布前5天买方市值/百万美元	交易宣布前5天卖方市值/百万美元	美元溢价/百万美元	交易规模/百万美元	相对规模	正面反应/中性反应百分比	负面反应/中性反应百分比	总股东价值调整百分比
股票	109	26%	-1.5%	4.4%	62%	63.4%	24.8%	9 880	3 209	646	3 855	53%	66%	57%	1.21%
组合	200	48%	-2.2%	-1.1%	68%	50.7%	26.9%	9 226	3 279	835	4 114	51%	60%	62%	1.00%

样本详情：2011—2018年

类别	交易数量/笔	交易的百分比	公告回报	1年回报	负面反应百分比	持续性差异	溢价	交易宣布前5天买方市值/百万美元	交易宣布前5天卖方市值/百万美元	美元溢价/百万美元	交易规模/百万美元	相对规模	正面反应/中性反应百分比	负面反应/中性反应百分比	总股东价值调整百分比
所有交易	442	100%	0.1%	-4.2%	56%	53.8%	28.4%	7 750	2 836	748	3 584	45%	55%	67%	4.00%
现金	112	25%	2.7%	0.8%	45%	63.8%	33.3%	10 651	2 149	764	2 913	34%	58%	62%	3.41%
股票	130	29%	-0.7%	-7.0%	61%	44.1%	22.9%	4 329	2 219	402	2 621	50%	53%	77%	6.33%
组合	200	45%	-0.9%	-5.1%	60%	54.3%	29.2%	8 349	3 621	963	4 584	49%	54%	63%	3.53%

(二)亮点:

- 总体而言,买方的平均规模和交易规模已经从第一个时段下降,这主要归因于股权交易,股权交易的规模从第一个时段的153亿美元和76亿美元分别下降到第三个时段的43亿美元和26亿美元,分别下降了一大截。与此相反,现金买方和他们的交易规模在第二个时段从41亿美元和13亿美元增长到第三个时段的107亿美元和29亿美元,分别增长了一倍以上。
- 现金交易在总交易中的比例已经从第一时段并购热潮期间的低谷10%上升到第二个和第三个时段的26%和25%。
- 股权和混合交易的公告回报有所改善,尽管仍然为负值,股权交易的公告回报从第一个时段的分别为–4.9%和–3.6%提高到第三个时段的分别为–0.7%和–0.9%。而现金交易的公告回报在这三个时段内都为正值(分别为+2.1%、+0.8%、+2.7%)。
- 一年回报根据交易类型和时段有所不同,但在第三个时段,所有交易类型的回报都大幅下降,尤其是股权和混合交易(分别为–7.0%和–5.1%)。这反映了我们在第一章中提到的,买方的表现仍然存在不确定性。
- 现金交易的PNR从第一个时段的38%上升到第二个和第三个时段的43%和45%,但仍然明显低于每个时段股权和混合交易的PNR。股权交易的PNR分别为68%、62%和61%,混合交易的PNR分别为64%、68%和60%。
- 总体而言,支付的溢价从第一个时段的最高水平35.5%(13

亿美元）下降到第三个时段的28.4%（7.48亿美元），尤其是股权和混合交易的溢价，分别从第一个时段的33.2%和38.6%下降到第三个时段的22.9%和29.2%，下降幅度较大。现金交易的支付溢价在第三个时段接近第一个时段的水平，为33.3%，并伴有更高的PNR。

- 在第一个时段，积极反应的现金交易表现最持久（PP/IP为75%），与之形成对比的是，股权交易在同一时段表现出强烈的持续负面反应（PN/IN为74%）。股权交易在第二个时段有所改善，导致其最佳一年回报为+4.4%，并具有改善的PP/IP（66%）和PN/IN（57%），但在第三个时段急剧下降至-7.0%的回报，再次成为最持续负面反应（PN/IN为77%）和最弱的持续正面反应（PP/IP为53%）。

- 在持续正面与持续负面交易的回报之间，回报持续性差距在第一个时段从81.7%、64.5%和68.5%减小到第三个时段的63.8%、44.1%和54.3%，"好人"和"坏人"之间的持续性差距仍然巨大。

- TSVA百分比总体而言在这三个时段内有所改善，第三个时段的TSVA百分比总体为+4.0%，股权交易的改善最大，从第一个时段的-1.47%（主要归因于美国在线/时代华纳交易的巨大亏损）提高到第三个时段的+6.33%——支持了并购总体上继续创造价值并且随时间增加的解释。

（三）逐年数据结果

虽然总体和三个时期的结果具有启发性，但逐年查看某些数据可以提供更详细的时间变化视角，并增加额外的见解。尽管存在年度变化（这是可以预期的），但我们的主要发现得到了支持。

附图1-3显示，在研究期的最后四年中，宣告和一年后的股东回报（归属于收购方）虽然有所改善，但都呈下降趋势。

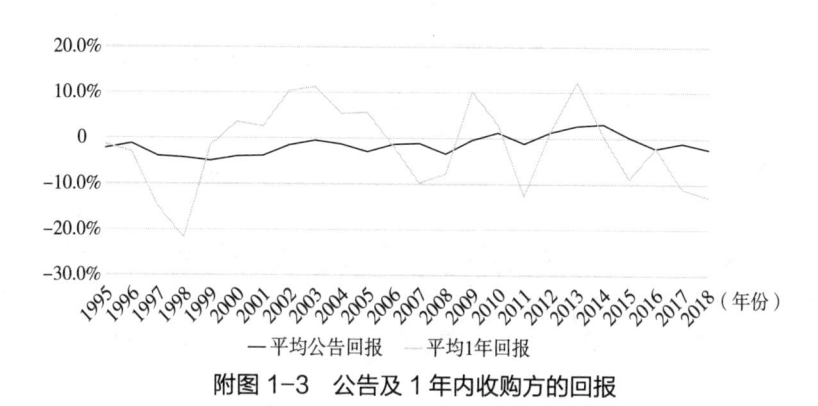

附图1-3 公告及1年内收购方的回报

附图1-4表明，自2014年以来，宣告期市场反应的负面反应百分比和一年后股东回报的负面反应百分比都显著增加，从2014年的43.3%和46.3%增至2018年的64.6%和76.9%。这一趋势令人担忧，尤其是在经历了2008年的金融危机之后。

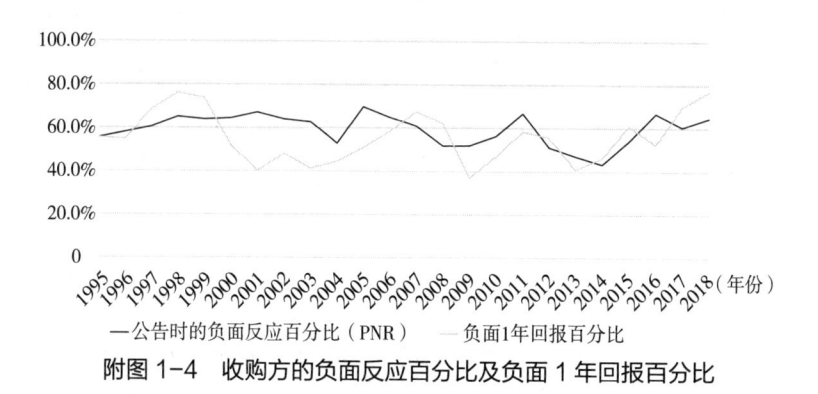

附图1-4 收购方的负面反应百分比及负面1年回报百分比

并购增值

附图 1-5 的结果显示，最初积极和最初消极的投资组合（市场反应）对于收购方的宣告回报不仅明显不同，而且相对稳定，并且接近它们的总体均值，分别为 +7.7% 和 −7.8%。

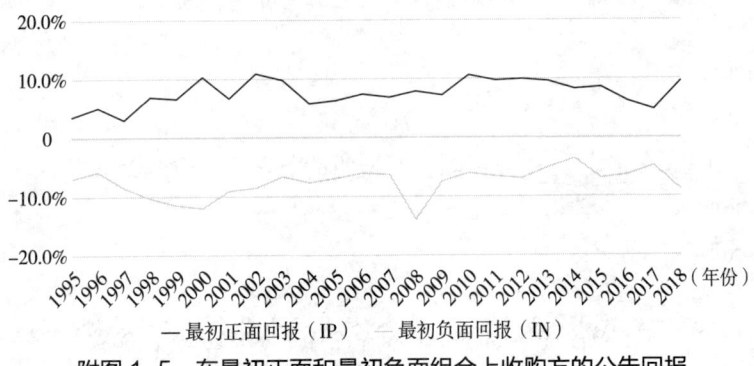

— 最初正面回报（IP）　— 最初负面回报（IN）

附图 1-5　在最初正面和最初负面组合上收购方的公告回报

尽管积极的投资者反应不能保证随后的回报，但如果没有出现积极的消息和结果，那么很难扭转负面反应。附图 1-6 中显示的负面反应的持续性增加以及积极反应的持续性下降，在最后两年（2017 年和 2018 年）部分解释了总体一年回报的相应下降（见附图 1-3）。与不断增加的负面反应率（见附图 1-4）相结合，不断增加的负面反应呈现出令人担忧的态势。重要的是要注意，即使随着时间推移，最初积极的投资组合和最初页面组合的持续性水平有所变化，但正如我们在前面章节讨论的，市场反应投资组合的股东回报仍然反映了这些投资组合在一年内的回报（主要是由于持续性投资组合的回报规模）。

虽然持续性差距（即在持续性积极和持续性负面交易组合上的宣告后市场反应的股东回报之间的差距）有所变化（1999 年出现了一些非常积极的持续性交易），但可以明显看出，持续性积极表现者与持续性负面表现者相比，获益巨大。附图 1-7 说明了持续性差距随时间的变化。

附图 1-6　持续正面/最初正面与持续负面/最初负面交易（PP/IP 与 PN/IN）

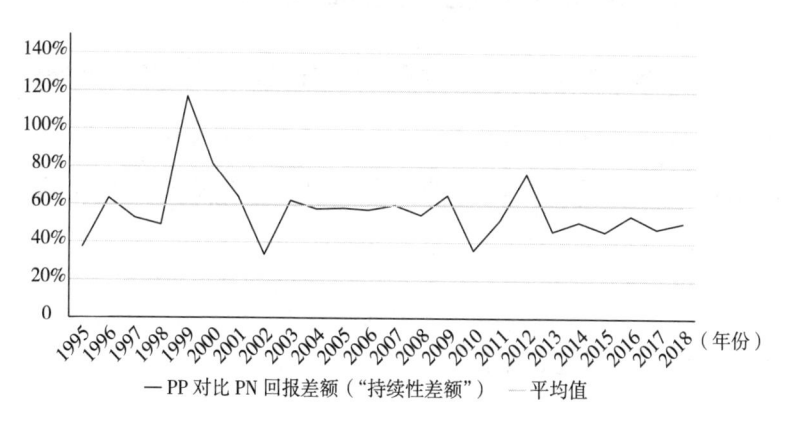

附图 1-7　持续性差额

（四）回报分布

附图 1-8 展示了初始市场反应是对未来的预测、积极和消极持续性及持续性差距的影响。附图 1-8 说明了宣告回报，即投资者反应，似乎是未来的预测，而随着额外信息的发布和投资者重新考虑他们最初的预测，回报在一年内逐渐展开。毫不奇怪的是，在一年回报图表中，最负面的回报（低于 -10% 的回报，占总样本的 42%）中有 71% 最初是负面的。

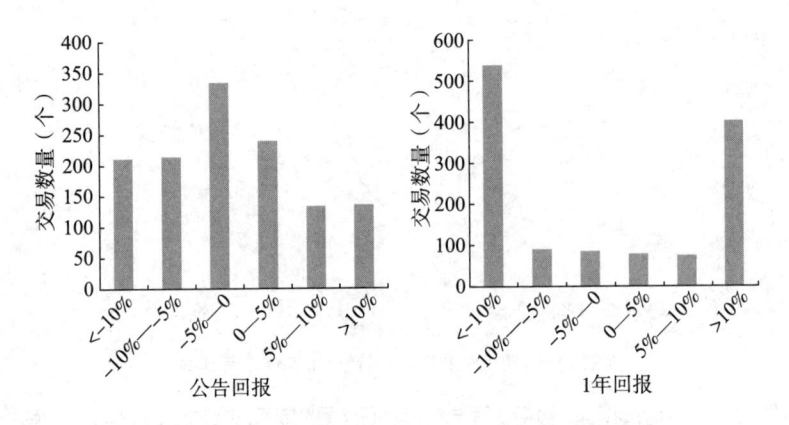

附图 1-8 收购方公告回报和 1 年回报的分布

尽管年度结果存在变化，但我们的主要发现在整个研究期内都保持不变：宣告回报有所改善，但一年回报整体上仍然具有挑战性，初始市场反应是有意义的未来预测，负面市场反应非常难以扭转，而持续性差距多年来一直非常大。

三、总股东价值增值

通常情况下，在讨论并购时，讨论的层次往往容易混淆。区别在于并购对买方和卖方是否有利，以及并购是否总体上创造了价值。换句话说，平均而言，并购对买方可能不一定有益，但问题是：将买方的收益或损失与卖方的收益相加，是否在总体上产生增值？答案似乎是肯定的。

我们计算了 TSVA，这是所有买方和卖方在交易公告前后 11 天内的同行调整美元回报之和。实际上，TSVA 等于买方和卖方各自的美元公告回报之和（即它们的个体美元回报）。我们总结了整个样本的平均美元回报，并根据付款方式和组合类型（初始反应和随后的持续性）进行了划分，这涵盖了我们研究的 24 年时期，详见附表 1-5。

附表 1-5 根据支付方式和组合类型交易的 TSVA（单位：百万美元）

支付方式	收购方股东价值增值	目标股东价值增值	TSVA
所有交易	−285.15	468.67	183.52
现金	−55.03	388.14	333.11
股票	−434.51	446.63	11.12
组合	−270.44	524.28	253.83

	TSVA			
组合类型	所有交易	现金	股票	组合
持续正面	1 005.33	669.88	1 082.10	1 214.44
最初正面	995.49	671.06	1 194.78	1 072.14
全样本	**183.52**	**333.11**	**11.12**	**253.83**
最初负面	−359.94	−111.40	−639.69	−209.19
持续负面	−446.72	−35.60	−650.96	−383.20

接着，我们使用了我们在附表 1-5 中报告的 TSVA 美元值，对全样本和按付款方式以及组合类型进行了划分，分别除以两个不同的分母，以反映两种不同的角度：（1）将 TSVA 除以买方和卖方的交易前市值的总和，以得出总市值变化的百分比；（2）将 TSVA 除以卖方在公告前的市值加上支付的溢价（或总价）以计算 ROI。这产生了基于总市值变化的 TSVA 百分比以及基于目标的总价支付的 ROI 的 TSVA 百分比，两种度量结果如附表 1-6 所示。

附表 1-6　从支付方式和组合类型两个视角出发的交易 TSVA 百分比

项目	并购前市值合计				并购前卖方市值加溢价			
组合类型	所有交易	现金	股票	组合	所有交易	现金	股票	组合
持续正面	9.42%	8.88%	8.79%	10.27%	26.23%	38.53%	20.39%	28.27%
最初正面	9.11%	9.40%	8.28%	9.85%	25.10%	39.07%	20.45%	26.11%
全样本	**1.45%**	**3.73%**	**0.07%**	**2.05%**	**4.32%**	**14.66%**	**0.21%**	**5.86%**
最初负面	−2.61%	−0.98%	−4.17%	−1.58%	−8.13%	−3.71%	−12.95%	−4.69%
持续负面	−3.08%	−0.35%	−4.29%	−2.52%	−9.76%	−1.34%	−13.16%	−7.94%

我们还在同等加权的基础上计算了 TSVA 百分比，即用每个交易的 TSVA（买方和卖方的 SVA 之和），然后将其除以两个分母（对于我们的两种视角），分别针对每个交易进行计算，最后对全样本以及按付款方式和组合类型进行平均。结果模式非常相似，如附表 1-7 所示。

附表 1-7　从支付方式和组合类型两个视角出发的交易等权重 TSVA 百分比

项目	并购前市值合计				并购前卖方市值加溢价			
组合类型	所有交易	现金	股票	组合	所有交易	现金	股票	组合
持续正面	11.26%	11.58%	9.97%	12.09%	38.33%	44.34%	32.33%	38.48%
最初正面	10.98%	11.30%	10.49%	11.15%	36.90%	41.85%	33.83%	35.76%
全样本	3.63%	6.95%	1.33%	3.96%	10.44%	23.77%	3.28%	10.08%
最初负面	−1.29%	1.24%	−3.71%	−0.11%	−7.28%	−0.02%	−13.52%	−4.44%
持续负面	−2.21%	0.87%	−4.41%	−1.10%	−9.53%	−0.47%	−15.68%	−6.56%

从这个 TSVA 部分得到的主要结论是，总体而言，根据我们的公告回报结果，M&A 在总体上创造了价值，但最初负面和持续负面的交易组合则没有。

附录2

M&M 1961 和经济附加值的起源

商界中几乎每个人都熟悉著名的方程11，即贴现现金流（DCF）估值方法，它源自米勒和莫迪格利尼（M&M）1961年在《商业杂志》上发表的文章——《股息政策、增长和股票估值》。方程11如下：

$$MV_0 = \sum_{t=0}^{\infty} \frac{X_t - I_t}{(1+\rho)^{t+1}}$$

在这个方程中，MV_0代表今天的市场价值，X_t代表年度t结束时的税后净营业利润（NOPAT），I_t代表年度t结束时的新投资，X_t-I_t代表年度t的自由现金流（FCFs），ρ代表资本成本。然而，M&M还提出了他们所谓的投资机会方法（IOA），即方程12，他们证明它与DCF（方程11）是等效的。实际上，M&M认为从投资者考虑进行收购的角度来看，IOA更为自然，因为它提供了一种基于新投资回报是否超过其资金成本的价值观。[1]

IOA提出，公司的价值可以分解为今天的经营业务价值以及未来新投资所创造的附加价值的期望部分，即当前市场价值的已知和预期组成部分。这一方法是后来的经济附加值（EVA）概念的基础，由本内特·斯图尔特（Bennett Stewart）在 20 世纪 90 年代推广，并由斯蒂芬·奥伯恩（Stephen O'Byrne）进一步完善和拓展。[2]

内行的金融从业者熟悉 IOA 方程，即方程 12：

$$MV_0 = \frac{x_0}{\rho} + \sum_{t=0}^{\infty} \frac{I_t(\rho^*(t)-\rho)}{\rho(1+\rho)^{t+1}}$$

在这个方程中，x_0 代表当前资产基础上的统一永续"收益"，I_t 代表年度 t 结束时的新投资，$\rho^*(t)$ 代表恒定投资回报率，ρ 代表资本成本。方程 12 假定当前投资的回报是恒定的。

方程 12 实际上将当前市值分为两个部分：维持当前业务运营的价值（统一永续"收益"流的永续价值）以及来自新投资的未来增长的价值，表现为新投资的投资回报和资本成本之间的恒定年度差额的资本化现值。以这种方式重新构建投资者愿意为一家公司支付多少，可以让我们深思一家公司未来的表现有多好，从而创造比今天更多的附加价值。

维持当前绩效，统一永续"收益"流每年只会产生资本成本回报率（$x_0 / \rho \times \rho = x_0$），但不会为投资者带来任何附加价值。因此，公司唯一能够证明价值高于当前业务价值的方式是实现超过新投资的资本成本的绩效改进。这个逻辑构成了 EVA 方法的基础。

从战略角度来看，这意味着相对于竞争对手创造或利用优势。这是前进式业务计划的经济本质，正如 M&M 在 1961 年所解释的那样：

> 方程 12 有许多启示性特点，并值得在估值讨论中更广泛地使用。首先，从方程 12 可以清楚地看出，一家公司并不只是因为其资产和收益随时间增长，就会成为一家具有高市盈率的"成

长型股票"。要进入这个吸引眼球的类别,还需要 $\rho^*(t) > \rho$。因为如果 $\rho^*(t) = \rho$,那么无论资产增长多么大,方程12中的第二项将为零,公司的市盈率将不会升至平淡无奇的 $1/\rho$ 以上。简而言之,"成长"的本质不是扩张,而是存在以高于"正常"回报率投资大量资金的机会。

方程12具有几个独特而有用的特点。首先,它允许将经常性"收益"的永续价值与增长价值轻松分开。其次,它允许以周期性的方式考虑增长所带来的增值,通过在每年对任何资本增加明确计费。最后,更基本的是,它使两个关键点变得十分明确:(1)维持当前业绩仅仅能够证明公司的价值等于当前运营的现值(其永续价值);(2)未来的投资必须获得比这些投资的资本成本更高的回报,才能证明市场价值高于当前运营的现值是合理的。

附录3

经济附加值模型的发展

在第四章中,我们定义了当前市值(MV_0)为初始资本加上未来 EVA 的现值。这与广为人知的市值增值(MVA)概念一致,其中公司的 MVA 是其市值减去投入资本。我们有:

$$MV_0 = 投入资本 + 未来 EVA 的现值$$

我们将未来 EVA 分为两部分:维持当前 EVA 和实现 EVA 改进(ΔEVA)。我们使用以下表达式来表示基于初始投入资本、资本化的当前 EVA 以及预期 EVA 改进的现总市值:

$$MV_0 = Cap_0 + \frac{EVA_0}{c} + \frac{1+c}{c} \times \sum_{t=1}^{\infty} \frac{\Delta \div EVA_t}{(1+c)^t}$$

我们将前两项的总和称为"当前经营价值"(COV),将第三项称为"未来增长价值"(FGV)。投资者期望在 COV 和 FGV 上都能获得资本成本回报率(c),即加权平均资本成本(WACC)。仅维持当前 EVA(EVA_0)将在 COV 上产生资本成本回报,但在 FGV 上将不产生回报。因此,要证明 FGV 需要 EVA 的改进。

尽管 EVA 市值方程是对附录 2 中 M&M 方程 12 的直接适用,但发展 EVA 方程的直觉仍然是有用的。[1] 假设一家公司今天的 EVA 是 EVA_0,预计在第一个期间将发生 ΔEVA 的变化。这意味着本期结束时的 EVA(即下期开始时的 EVA)是 $EVA_1 = EVA_0 + \Delta EVA$。

如果我们假设 FGV 保持不变,并定义 ΔEVA 为等额年度改进,每一项变化都将永远存在,那么每个期间的 EVA 应该比前一期高 ΔEVA。所以:

$$EVA_1 = EVA_0 + \Delta EVA,$$
$$EVA_2 = EVA_1 + \Delta EVA = EVA_0 + 2 \times \Delta EVA,$$
$$EVA_3 = EVA_2 + \Delta EVA = EVA_0 + 3 \times \Delta EVA,$$
$$EVA_4 = EVA_3 + \Delta EVA = EVA_0 + 4 \times \Delta EVA, \text{以此类推。}$$

以 EVA 术语来说,企业的净现值(NPV)是其每期 EVA 的现值(未来 EVA 的现值),因为我们对投资进行资本费用。使用这个概念,我们有:

$$NPV = EVA_1/(1+c) + EVA_2/(1+c)^2 + EVA_3/(1+c)^3 EVA_4/(1+c)^4 + \cdots$$

展开 EVA_1、EVA_2、EVA_3 等,我们得到以下:

$$NPV = (EVA_0 + \Delta EVA)/(1+c) + (EVA_0 + 2 \times \Delta EVA)/(1+c)^2 + (EVA_0 + 3 \times \Delta EVA)/(1+c)^3 + (EVA_0 + 4 \times \Delta EVA)/(1+c)^4 + \cdots$$

我们可以将所有的 EVA_0 项与 ΔEVA 项分开,并将 EVA_0 项分组在一起。我们对 ΔEVA 项也做同样的处理。这将从方程中创造出两个序列:

(1) $NPV = EVA_0/(1+c) + EVA_0/(1+c)^2 + EVA_0/(1+c)^3 + EVA_0/(1+c)^4 + \cdots$

（2）$\Delta \text{EVA}/(1+c) + 2 \times \Delta \text{EVA}/(1+c)^2 + 3 \times \Delta \text{EVA}/(1+c)^3 + 4 \times \Delta \text{EVA}/(1+c)^4 + \cdots$

第一个序列表示从第一个期间结束开始支付的 EVA_0 美元的永续现值（其中今天是时间零）。因此，其值将趋近于 EVA_0/c，这是水平永续的现值。所以，现在我们有：

$$\text{NPV} = \text{EVA}_0/c + \Delta \text{EVA}/(1+c) + 2 \times \Delta \text{EVA}/(1+c)^2 + 3 \times \Delta \text{EVA}/(1+c)^3 + 4 \times \Delta \text{EVA}/(1+c)^4 + \cdots$$

第二个涉及 ΔEVA 的序列也在经过简化并分解为其组成部分后具有直观性。让我们以一种有助于得到封闭形式表达式的直观方式重新编写第二个序列（ΔEVA 序列）：

$$\Delta \text{EVA}/(1+c) + \Delta \text{EVA}/(1+c)^2 + \Delta \text{EVA}/(1+c)^3 + \Delta \text{EVA}/(1+c)^4 + \ldots +$$
$$\Delta \text{EVA}/(1+c)^2 + \Delta \text{EVA}/(1+c)^3 + \Delta \text{EVA}/(1+c)^4 + \ldots +$$
$$\Delta \text{EVA}/(1+c)^3 + \Delta \text{EVA}/(1+c)^4 + \ldots +$$
$$\Delta \text{EVA}/(1+c)^4 + \ldots$$

你会注意到，这个新的重写序列与先前的 ΔEVA 序列是相同的。然而，这更容易解决。请注意上述序列的第一行：它表示从第一个期间结束开始支付的 ΔEVA 美元的永续现值。同样，第二行表示从第二个期间结束开始支付的 ΔEVA 美元的永续现值，以此类推。

我们已经知道这些永续的封闭形式。一个从第一个期间结束开始支付的 1 美元永续的现值是 $1/c$ 美元。从第二个期间结束开始支付的 1 美元永续的现值是 $(1/c)/(1+c)$ 美元，这与前一个永续的价值完全相同，只是多了一期的贴现，以考虑开始支付的一期延迟。类似地，从第三个期间结束开始支付的 1 美元永续的现值是 $(1/c)/(1+c)^2$ 美元，以此类推。

代入这些值，我们得到一个简化的第二个序列：

$$\Delta EVA/c + \frac{\Delta EVA/c}{(1+c)} + \frac{\Delta EVA/c}{(1+c)^2} + \frac{\Delta EVA/c}{(1+c)^3} + \cdots$$

现在，我们需要再迈出一步，以得到这个序列的简化表达式。由于我们假设 ΔEVA 是等额年度的改进，那么除了第一项之外，我们看到第二项以及以后的项都代表了从第二个期间结束开始的 ΔEVA 永续的现值。因此，它的现值将是 $(\Delta EVA/c)/c$。

因此，这个系列的总价值变成：

$$\Delta EVA/c + \frac{\Delta EVA/c}{c} = \frac{\Delta EVA \times (1+c)}{c+c}$$

我们将这个表达式与第一个序列（EVA_0 序列）的表达式相结合，得出了一个简化的公式，用于描述企业的 NPV，其中包括其当前 EVA 和预期的未来年度 EVA 改进。

$$NPV = \frac{EVA_0}{c} + \frac{\Delta EVA \times (1+c)}{c \times c} \text{ 或者,}$$

$$NPV = \frac{EVA_0}{c} + \frac{(1+c)}{c} \times \left(\frac{\Delta EVA}{c} \right)$$

放宽了对 FGV 恒定的假设，并允许每年 t 的 EVA 变化不同，这就得出了我们市值 EVA 方程的第二和第三部分：

$$NPV = \frac{EVA_0}{c} + \frac{1+c}{c} \times \sum_{t=1}^{\infty} \frac{\Delta EVA_t}{(1+c)^t}$$

因此，如果每个 ΔEVA_t 都是永久的 100 美元，并且在恒定的 FGV 情况下，那么 $\sum_{t=1}^{\infty} \frac{\Delta EVA_t}{(1+c)^t}$ 将简化为 $\left(\frac{\Delta 100}{c} \right)$ 或 $\left(\frac{\Delta EVA}{c} \right)$。

添加开始投入的资本（Cap_0）就得到了我们的 MV_0 的 EVA 方

程——投入的资本加上未来 EVA 的现值（或投资的 NPV）：

$$MV_0 = Cap_0 + \frac{EVA_0}{c} + \frac{1+c}{c} \times \sum_{t=1}^{\infty} \frac{\Delta EVA_t}{(1+c)^t}$$

现在，让我们回顾并求解 ΔEVAs，或所需的 EVA 改进，以证明给定的 FGV。公司的当前市值可以表示为其 COV 和 FGV 的总和：

$$MV = COV + FGV$$

上述通用的 MV_0 公式中的前两项——开始资本（Cap_0）和资本化的当前 EVA（EVA_0 / c）——或者投入的资本加上公司今天正在产生的资本化的当前 EVA，代表了 COV：

$$COV = Cap_0 + \frac{EVA_0}{c}$$

第三项包含未来所需的 ΔEVAs，并捕捉了企业的 FGV（预期的 EVA 改进的现值资本化）。因此，假设 EVA 的改进是等额年度的，FGV 是恒定的：

$$FGV = \frac{\Delta EVA \times (1+c)}{c \times c} = \frac{(1+c)}{c} \times \left(\frac{\Delta EVA}{c}\right)$$

解出 ΔEVA 得到：

$$\Delta EVA = \frac{c \times FGV}{\frac{(1+c)}{c}}$$

这是计算所需永久 EVA 改进（均匀 ΔEVAs）的方法，假设 FGV 是恒定的，我们在第四章中介绍过这个方法。允许不同的 ΔEVAs，例如为了证明支付溢价所创造的 FGV 所需的协同效应实现的逐步增加，会放宽恒定 FGV 的假设，得到我们的通用表达式（如前所讨论的）。无论哪种情况，这些 EVA 变化（ΔEVAs）都将成为 COV 的附加部分。达不到这些所需的 EVA 改进可能会导致投资者对未来增长的预期产生怀疑，从而相应降低公司的价值。市值在任何方向的变化都反映了投资者预期的变化。

ΔEVA 和 ΔNOPAT 之间的关系

我们知道 ΔEVA 是相对于前一年（或周期）的 EVA 的变化。因此，如果公司今天的 EVA 是 EVA_0，而一年后的 EVA 是 EVA_1，那么根据定义：

$$\Delta EVA_1 = EVA_1 - EVA_0 \\ = (NOPAT_1 - Cap_0 \times c) - (NOPAT_0 - Cap_{-1} \times c)$$

其中，$NOPAT_0$ 和 $NOPAT_1$ 分别是前一年和第 1 年的 NOPAT 数字。Cap_{-1} 和 Cap_0 分别指的是这些时期初期投入的资本。重新排列这些项，我们得到了 ΔEVA_1 的表达式：

$$\Delta EVA_1 = (NOPAT_1 - NOPAT_0) - (Cap_0 \times c - Cap_{-1} \times c) \\ = \Delta NOPAT_1 - (Cap_0 - Cap_{-1}) \times c$$

$Cap_0 - Cap_{-1}$ 表示业务中净新投资的资本，即总新投资减去折旧费用。我们可以用 ΔCap_0 来表示这一项：

$$\Delta EVA_1 = \Delta NOPAT_1 - \Delta Cap_0 \times c$$

这也是一个直观的结果。当业务中没有净新资本投入时（$\Delta Cap = 0$），ΔEVA 将等于 $\Delta NOPAT$，因为在这种情况下，只有在 NOPAT 发生变化时，EVA 才会发生变化。我们在这里的目标是突出未来 NOPAT 的重要性，它是经营结果的核心。

然而，当存在净新投资时，ΔEVA 等于 $\Delta NOPAT$ 减去上一期净新投资所产生的额外资本成本费用。如果一家公司筹集新资金（例如通过新的股本或债务）或者将 NOPAT 现金流重新投资为业务的净新投资，那么在它可以增加经济价值之前，必须在这些新投资上创造额外的资本成本回报。[2]

致　谢

本书的创作历经 3 年，其中凝结了我们的热爱与心血。我们思考了对于董事会、高管和经理们而言，并购的范围和关键议题是什么，叙述了内容和示例，审视了广泛的并购文献，并完成了一项艰苦的研究任务。

然而，我们并不是独自前行。我们在德勤并购与重组实践领域积累了丰富的经验，同时还得到了一些外部专家的慷慨帮助，他们不仅愿意分享他们的时间和智慧，还对我们的初稿提出了宝贵的建议。

对于我们的核心团队，我们致以深深的感激之情，正是他们的无私贡献使这本书变得与众不同：Ami Rich、Anupam Shome、Ben Kotek、David Nathan、James Rabe、John Forster、Madhavi Rongali、Philip Garbarini 以及 Sauvik Kar。

然而，还有更多的人——当说我们不是孤身前行时，我们是认真的。以下这些专业人士为我们的工作提供了他们的洞见、观点和领先实践，与他们合作让我们深感愉悦。

并购增值

Alfredo Sakar	Gillian Crossan	Lisa Iliff
Amarjot Singh	Guillermo Olguin	Liz Fennessey
Andrew Grimstone	Ian Lundahl	Mark Garay
Ayesha Rafique	Ian Turner	Mark Jamrozinski
Barb Renner	Jared Bricklin	Martin Reilly
Bob Glass	Jayant Katia	Matt McGrath
Brian Kunisch	Jeff Kennedy	Mengyuan Hou
Brian Pinto	Jeffrey Canon	Michael Jeschke
Brice Chasles	Jennifer Lee	Mohammad Obeidat
Bryan Barnes	Jiak See Ng	Monika Rolo
Cesar Kastoun	Joe Ucuzoglu	Orlando Taylor
Chris Gilbert	Joel Schlachtenhaufen	Phil Colaço
Chris Hutnick	John Peirson	Rachel McGee
Danielle Feinblum	Jonathan Cutting	Raghav Ranjan
Danny Tong	Joost Krikhaar	Ram Sriram
Dave McCarthy	Jörg Niemeyer	Randall Hottle
David Hoffman	Julia Rutherford	Richard Bell
David Lashley	Karen Werger	Richard Houston
Deepak Subramanian	Karsten Hollasch	Richard Paul
Derek Lai	Karthik	Ronaldo Xavier
Enrique Gutierrez	Krishnamoorthy	Ryan Gordon
Eric Overbey	Kazuhiro Fukushima	Saadat Khan
Franz Hinzen	Kim Wagner	Samantha Parish
Gary Levin	Lara Treiber	Sandeep Gill

致 谢

Shashi Yadavalli	Stephen O'Byrne	Toby Myerson
Simon Howard	Steve Lipin	Uday Bhansali
Sridhar Kollipara	Steven Wolitzer	Vincent Batlle
Stephanie Dolan	Sumit Sahni	
Stephen Dapic	Susan Goldsmith	

此外，在过去的 25 年里，我们有幸与德勤在并购和重组领域的众多领袖密切合作，他们共同参与了成千上万笔交易和复杂的重组项目。这些领袖包括 Adam Reilly、Andy Newsome、Andy Wilson、Anna Lea Doyle、Asish Ramchandran、Bhuvy Abrol、Chris Caruso、Dan Gruber、David Carney、Faisal Shaikh、Glen Witney、Iain Macmillan、Ian Thatcher、Jack Koenigsknecht、Jason Caulfield、Jay Langan、Jeff Bergner、John Powers、Larry Hitchcock、Mark Walsh、Mike Dziczkowski、Olivier May、Punit Renjen、Rob Arvai、Russell Thomson、Sandy Shirai、Susan Dettmar、Tanay Shah、Tom Maloney、Trevear Thomas 和 William Engelbrecht。我们由衷感谢他们的智慧、鼓励和合作精神。

我们要特别感谢哈佛商业评论出版社的编辑 Kevin Evers，他进行了详尽的审查并提出了有益的建议；感谢我们不可思议的制作编辑 Angela Piliouras，她提供了不知疲倦的协助；感谢我们卓越的行政助理 Diane Kavanaugh 和 Kari Liljequist，以及首席办公室主管 Sharon Piech，感谢他们的耐心和无条件的支持。

注　释

第一章

1. 请参考 Mark L. Sirower, "Bankruptcy as a Strategic Planning Tool", *Academy of Management Best Papers Proceedings* (1991): 46–50。

2. Philip L. Zweig, "The Case Against Mergers", BusinessWeek, October 29, 1995。65% 的数据来源于 Mark L. Sirower, *The Synergy Trap: How Companies Lose the Acquisition Game* (New York: Free Press, 1997)。

3. 有趣的是，这些问题已经被认识和承认了几十年。例如摩根大通在20世纪90年代初的一则广告，标题为"如果它不是正确的事情，那么找到正确的价格又意味着什么"，广告以这样一句话结束："对价格和价值之间的差异视而不见，就像对现实视而不见一样"，这暗示许多CEO可能要么是在遵循糟糕的建议，要么根本就不理解他们在为一个已经存在的资产、人员和技术集合支付比世界上任何其他人都愿意支付的更高价格时所做的承诺。

4. 这句引用出自查尔斯·肖梅特（Charles Shoemate），百吉士（Bestfoods）前CEO。

5. David Henry, "Why Most Big Deals Don't Pay Off," *Business Week*, October 13, 2002.

6. 请参阅，例如 Mark L. Sirower and Stephen F. O'Byrne, "The Measurement of Post-Acquisition Performance: Toward a Value-Based Benchmarking Methodology",

Journal of Applied Corporate Finance 11, no. 2 (Summer 1998): 107–121; Jim Jeffries, "The Value of Speed in M&A Integration", M&A Blog, November17, 2013, https://www.macouncil.org/blog/2013/11/17/value-speed-ma-integration; Decker Walker, Gerry Hansell, Jens Kengelbach, Prerak Bathia, and Niamh Dawson, "The Real Deal on M&A, Synergies, and Value", *BCG Perspectives*, November16, 2016, https://www.bcg.com/publications/2016/merger-acquisitions-corporate-finance-real-deal-m-a-synergies-value。

7. 收益率与标准普尔500指数整体相似，所有数值在 $p < 0.05$ 或更好的统计显著性水平上具有重要意义。

8. 在公告期间，同业调整的收购方回报率范围从 –50% 到 60%，一年内的回报率范围从 –116% 到 281% 不等。另请参阅 Scott D. Graffin, Jerayr (John) Haleblian, and Jason T. Kiley, "Ready, AIM, Acquire: Impression Offsetting and Acquisitions", *Academy of Management Journal* 59, no. 1 (2016): 232–252。这些作者使用1995—2009年价值超过1亿美元的770笔交易样本，根据累计异常回报法找到公告回报率为 –1.4%，与我们的公告回报率 –1.6% 相似。

9. 请参阅 Roger L. Martin, "M&A: The One Thing You Need to Get Right", *Harvard Business Review*, June 2016, 42–48, https://hbr.org/2016/06/ma-the-one-thing-you-need-to-get-right。Martin 指出："但这些都是几乎所有并购研究所证实的规则的例外情况：并购是一个赔钱的游戏，通常情况下，70%到90%的并购都是惨败。"另请参阅 Graham Kenny, "Don't Make This Common M&A Mistake", hbr.org, March 16, 2020, https://hbr.org/2020/03/dont-make-this-common-ma-mistake。Kenny 在文章一开始写道："根据大多数研究，70%到90%的并购都会失败。"

10. 有关20世纪80年代和20世纪90年代并购浪潮的数据，请参阅马克的《协同效应的陷阱》中的第七章和附录。

11. 我们的研究结果进一步支持 Greg Jarrell 在文章中对文献的总结 "University of Rochester Roundtable on Corporate M&A and Shareholder Value", *Journal of Applied Corporate Finance* 17, no. 4 (Fall 2005): 64–84, 他在其中指出:"我们拥有的证据表明,市场最初的反应相当可靠地预示了交易的结果"(第 70 页)。

12. 为了明确,"闭环"是指交易完成并发生所有权转移的事件。闭环的过程可能需要一天,或者在非常大型或复杂的交易中偶尔需要多天。"Day 1"是合并运营的第一天,也是所有权转移生效的日子,通常紧随交易闭环之后立即发生。对于上市公司,**Day 1** 通常被标记为股票代码生效的日子,指的是合并后的公司,也是工资支付和供应商支付责任由控股实体承担的日子。我们将"Day 1"和"闭环"互换使用。

第二章

1. Mark L. Mitchell and Kenneth Lehn, "Do Bad Bidders Become Good Targets?" *Journal of Political Economy* 98, no. 2 (1990): 372–398. See also Jeffrey W. Allen, Scott L. Lummer, John J. McConnell, and Debra K. Reed, "Can Takeover Losses Explain Spin-Off Gains?" Journal of Financial and Quantitative Analysis 30, no. 4 (1995): 465–485.

2. 要了解亚马逊更完整的故事,请参阅 Brad Stone, *The Every thing Store: Jeff Bezos and the Age of Amazon* (New York: Little, Brown, 2013)。交易数据来源:AlphaSense 搜索引擎,截至 2020 年 8 月。还请参阅 Zoe Henry, "Amazon Has Acquired or Invested in More Companies Than You Think", *Inc.*, May2017, https://www.inc.com/magazine/201705/zoe-henry/will-amazon-buy-you.html;

"Infographic: Amazon's Biggest Acquisitions", *CBInsights*, June 19, 2019, https://www.cbinsights.com/research/amazon-biggest-acquisitions-infographic/。

3. Laura Stevens and Annie Gasparro, "Amazon to Buy Whole Foods for 13.7 Billion", *Wall Street Journal*, June 16, 2017, https://www.wsj.com/articles/amazon-to-buy-whole-foods-for-13-7-billion-1497618446; Amazon, "Amazon 588-100372_ch01_6P.indd 356588-100372_ch01_6P.indd 356 11/25/21 4:01 PM11/25/21 4:01 PM Notes 357.com Announces Minority Investment in Homegrocer.com", press release, May18, 1999, https:// press.aboutamazon.com/news-releases /news-release-details/amazoncom-announces-minority-investment-homegrocercom. The Piper Jaffray analyst comment appears in Robert D. Hof, "Jeff Bezos'Risky Bet", *Bloomberg Businessweek*, November 13, 2006.

4. 关于 Kindle 的数据，请参阅 Consumer Intelligence Research Partners, 2013, as cited in "Kindle Device Owners Spend 55% More Every Year with Amazon", https://www.geekwire.com/2013/kindle-owners-spend-55-amazon-study/。

5. Steven Levy 在 "Inside Amazon's Artificial Intelligence Flywheel" 一文中总结了亚马逊对 Evi 的收购，*Wired*, February 1, 2018, https://www.wired.com/story/amazon-artificial-intelligence-flywheel/。

6. Tara-Nicholle Nelson, "Obsess over Your Customers, Not Your Rivals", hbr.org, May 11, 2017, https://hbr.org /2017/05/obsess-over-your- customers-not-your-rivals.

第三章

1. 例如卖方可能通过所谓的免税剥离出售了一家企业，但执行不当，因此导致实际的未支付税款，买方将不得不承担这些责任。

注 释

2. 随后的调整可能包括诸如坏账准备、过时库存准备金、诉讼、重组费用、遣散费、设施关闭费用或已关闭店铺的租金支付等问题。

3. 在过去，如果收购方发现目标公司的某项陈述或保证是虚假的，他们会追究卖方的责任，向其索赔，这些赔偿可能通过托管账户收回，也可能无法收回。如今，收购方购买保险单，以便提出保险索赔。作为保险核保过程的一部分，核保人想阅读所有尽职调查报告，并排除在尽职调查中确定的事实。

4. 这句话出自查尔斯·肖梅特，百吉士前 CEO。

5. 净推荐值是评估客户情绪——品牌或特定产品的黏性维度的一个流行指标。通常通过在线调查执行，被调查者被要求对"你有多大可能向朋友或同事推荐产品 X"进行评分，评分范围是 1—10 分（10 分最高），净推荐值是推荐者百分比减去反对者的百分比。

第四章

1. 本章内容摘自 Mark Sirower and Stephen O'Byrne, "The Measure-ment of Post-Acquisition Performance: Toward a Value-Based Benchmarking Methodology", *Journal of Applied Corporate Finance* 11, no. 2 (Summer 1998): 107–121。

2. 企业价值通常被定义为"股本市值＋净债务＋优先股＋少数股权"。

3. *Smith v. Van Gorkom*, 488 A.2d 858 (Del. 1985). 这是一起针对 Van Gorkom 和 Trans Union Corporation 董事的重要判决。在一次仅持续两小时的会议中，董事们批准了由持有公司 75 000 股的 Van Gorkom 提出的杠杆收购要约，该要约被宣称是公平的。法庭认定董事们极度疏忽，因为他们没有做出知情决策。具体而言，董事们没有试图了解 Van Gorkom 的动机，也没有充分了解公司的内在价值，决策是在没有紧急情况下在两小时的会议上做出的。参见 M. R. Kaplan and J. R. Harrison, "Defusing the Director Liability Crisis: The Strategic Management of Legal Threats", *Organization Science* 4, no. 3 (1994): 412–432。

4. 沃伦·巴菲特在 1981 年《伯克希尔·哈撒韦年度报告》中所说。

5. 关于 EVA，参见 G. Bennett Stewart, *The Quest for Value: A Guide for Senior Managers* (New York: HarperCollins, 1991); and S. David Young and Stephen F. O'Byrne, *EVA and Value Based Management: A Practical Guide for Implementation* (New York: McGraw-Hill, 2000)。有关 EVA 数学的详细讨论，请参见 Stephen O'Byrne, "A Better Way to Measure Operating Performance (or Why EVA Math Really Matters)", *Journal of Applied Corporate Finance* 28, no. 3 (2016): 68–86。

6. Merton H. Miller and Franco Modigliani, "Dividend Policy, Growth, and the Valuation of Shares", *Journal of Business* 34, no. 4 (1961): 411–433.

7. 参见 Stephen F. O'Byrne, "EVA and Market Value", *Journal of Applied Corporate Finance* 9, no. 1 (1996): 116–126。

8. 在这个例子中，我们保持了前一年的资本不变。如果前一年的资本增加了，要维持当前的 EVA 就需要增加 NOPAT 以弥补额外的资本费用，因此维持当前的 EVA（伴随着相应的 NOPAT 增加）将为 COV 提供资本成本回报，但不提供 FGV 的回报。在我们的模型中，只有维持当前的 EVA 意味着 $\Delta \text{EVA} = 0$。

9. 利用 EVA 计算，$c \times \text{FGV} = \Delta \text{EVA} + \Delta \text{EVA}/c + \Delta \text{FGV}$；因此，对于恒定的 FGV，$c \times \text{FGV} = ((1+c)/c) \times \Delta \text{EVA}$，或 $\Delta \text{EVA} = c \times \text{FGV}/((1+c)/c)$。有关更多详细信息，请参见附录 3。

10. 我们使用加权平均 WACC 作为一个很好的近似值。还有更技术性的方法，其中我们需要解除公司股本结构中 "betas" 的权益成本，然后重新估算一个新的 beta，基于合并公司的新资本结构，并得出合并前形式的新 WACC。参见 Susan Chaplinsky, "Methods of Valuation for Mergers and Acquisition", Darden Graduate School of Business, University of Virginia, 2000 (Case: UVA-F-1274)。

11. 这是一个简化的例子，其中两家公司的 WACC 是相同的，并且两家公司的初始资本都较前一年保持不变。在所有表格中，我们都简称为"预期 EVA 改善的资本现值"。

12. 这种方法在 Sirower 和 O'Byrne 的文章 *Measurement of Post-Acquisition Performance* 中进行了讨论。通过对合并后的收购方和目标公司所有新资本进行资本费用计算，以计算新的当前 EVA，即假设在上一年度，公司资产负债表上已经包括了目标公司的市场价值加上溢价以及收购方上一年度的资本，这实际上创建了一个"预设基准年"。也就是说，我们为未来的 EVA 改进创造了一个公平的竞争环境，使得未来 ΔEVA 中的资本费用仅受到收购方前一年度资本的变化和收购后额外的资本增长的影响。否则，由于交易中资本的大幅增加，第一年的 ΔEVA 将产生巨大的负面影响。这个游戏的名字是"改进"。

13. 新 COV = 家园科技 COV + Affurr COV = 3 900 + 1 200 = 5 100；新 FGV = 家园科技 FGV + Affurr FGV = 1 100 + 800 = 1 900。

14. 准确说，该值实际上是 24.545，但为了简单起见，我们将其舍入至两位小数为 24.54，因此 17.27 + 7.27 = 24.54。

15. 请注意，我们使用前一年的初始资本来计算当前 EVA（NOPAT 减去资本费用）。因此，对于 Future，当前 EVA 为 1 889.34 − 32 009.84 × 0.08 = −671.45，对于 Cabbāge，当前 EVA 为 3 151.33 − 29 888.60 × 0.076 = 879.80。我们将每个计算四舍五入到两位小数。

16. 我们使用了加权平均 WACC 的市值。对于分子，我们使用了 40 924.41 +

45 799.24 + 10 000 = 96 723.65，即 Future 的总市值加上 Cabbāge 的总市值再加上溢价。对于 Future，以其 8% 的 WACC 为分子，分子为 40 924.41（其市值）；对于 Cabbāge，以其 7.6% 的 WACC 为分子，分子为 55 799.24（其市值加上溢价）。

17. 对于正在用 Excel 学习的读者，我们在每个步骤之后都将结果舍入到两位小数。在任何情况下，除了"使用我们的方法来提高 ΔEVA 的期望"值，其值将舍入为 57.41 而不是 57.42。

18. 独立计算的 COVs 之和并不等于我们方法中的新 COV，因为前者是基于目标公司之前的初始资本计算的，而新 COV 实际上假设目标公司，最终是收购方，在其资产负债表上，在前一年已经拥有了所有的资本（市场价值和溢价）；创建这个"预设基准年"的用途是，第一年的 ΔEVA 仅受到收购方前一年资本的变化和 NOPAT 变化的影响。新 COV 还受到新的（加权平均）WACC 的影响，这可能在预设基准年的 COV 和产生的 FGV 中造成细微差异。

19. 为了说明这一点并将重点放在 NOPAT 上，这是一个简化的例子。当然，如果有有意义的计划额外资本投资，那么 NOPAT 需要更高，以覆盖对新投资资本的资本费用，以实现所需的 ΔEVA。

20. 100 万美元 = [(1 + 7.77%)/7.77%] × [194.25/(1 + 7.77%) + 293.08/ (1 + 7.77%)^2 + 360.97/(1 + 7.77%)^3]。

21. 另一个例子来说明这一点：如果新的 Future Industreis 在第二年实现了所需协同效应的 50%，在第三年又实现了 50%，这将分别产生 4.19 亿美元和 4.51 亿美元的所需 EVA 改进，以便在第三年之后的运行率达到 8.7 亿美元的税后改进。再次，这与宣布的 5 亿美元的税前协同效应相去甚远。

22. 对于全股票和混合交易（现金和股票的混合）的情况，卖方的价值可以在交易闭环前根据买方股票的变动而波动，因为卖方将成为新企业的联合所有者（在第九章中详细介绍）。无论如何，买方股票的波动主要是基于市场对买方是否能够实现包含在要约价格，尤其是溢价中的业绩改善的预期。

第五章

1. 本章内容摘自 Mark L. Sirower and Steve Lipin, "Investor Communica-tions: New Rules for M&A Success", *Financial Executive* 19 (January–February 2003)。有关董事会对交易的评估，详见第九章。

2. 收购方必须认识到，在并购中的投资者关系必须应对并协助解决典型的信息不对称问题：管理层对交易了解得比投资者多，因此投资者只能根据管理层通过投资者沟通传递给他们的信息来做出决策。全球各地的投资者将聆听管理层的发言，然后决定持有收购方的股票是买入还是卖出。如果交易涉及股票，目标股东将希望得到答案，因为他们的董事会基本上已经推荐了一项投资决策，这项决策应该是符合他们股东最大利益的。

3. 这一引文出自 "University of Rochester Roundtable on Corporate M&A and Shareholder Value", *Journal of Applied Corporate Finance* 17, no. 4 (Fall 2005): 70。有些 CEO 意识到这一点，试图将交易与无关的好消息联系起来，最近的证据表明，那些 CEO 在认为交易有风险时会采用这种策略，并随后行使更多期权，而那些没有提供无关消息的 CEO 没有这样做。研究发现，发布无关的积极消息的 CEO 在下一季度行使的期权要比没有提供无关消息的 CEO 多 6.7%，这表明他们对这些交易结果的信心较低。Daniel L. Gamache, Gerry McNamara, Scott D. Graffin, Jason T. Kiley, Jerayr Haleblian, and Cynthia E. Devers, "Why CEOs Surround M&A Announcements with Unrelated Good News", hbr.org, August 30, 2019, https://hbr.org/2019/08/why-ceos-surround-

ma-announcements-with-unrelated-good-news。

4. 负面的市场反应不仅会危及并购的成功，而且还可能使管理层和员工分心，威胁到已经融入收购方股价中的增长价值，可能导致股价损失远远超过溢价金额。

5. 有关 Conseco，参见 Leslie Eaton, "Conseco and Green Tree, an Improbable Merger", *New York Times*, April 8, 1998。

6. 信息来源于 Nexstar Media Group 收购 Tribune Media 的投资者介绍和电话会议，2018 年 12 月 3 日。在交易完成后的后续电话会议上，预计的协同效应数字提高到 1.85 亿美元。

7. 关于股票交易令人失望的回报的证据，请参见附录1。据推测，卖方的董事会在推荐其投资者持有收购方的股票之前也应该这样做，但平均情况下似乎并非如此。更多细节请参见第九章。

8. 信息来源于 Avis Budget Group 收购 Zipcar 的投资者介绍和电话会议，2013 年 1 月 2 日。

9. David Harding and Sam Rovit, "Building Deals on Bedrock", *Harvard Business Review*, September 2004, https://hbr.org/2004/09/building-deals-on-bedrock。

10. 信息来源于 2001 年 8 月 13 日交割时百事可乐的新闻稿——《百事可乐将桂格合并后的协同效应估计提高至 4 亿美元》，以及引用自 2001 年 8 月 14 日《芝加哥论坛报》(*Chicago Tribune*) 中的"桂格节省开支，百事销售增长预期翻倍"。

第六章

1. HSR 法案申报要么提交给司法部，要么提交给联邦贸易委员会。所有交易都会经过初步审查，监管机构在此过程中决定哪个机构进行调查。因此，交易可以向前推进，并有可能在不到 30 天内完成。如果 30 天的等待期过后没有异议，则交易被视为"无异议批准"。在 30 天内，机构可以要求开会或提供额外数据以解决他们的担忧。他们可能有反垄断担忧，这将触发第二次请求的额外调查。机构可能有许多请求，回应这些请求可能需要许多页材料和数月时间。等待期可能会到期，或者机构可以明确批准，或者它可以回来对这笔交易提出疑问，要求进行一些撤资或治理审查，或者提出针对收购方的禁令，收购方必须予以应对。

2. 关于交割和 Day 1 之间的区别，请参见第一章注释 12。

3. David Carney and Douglas Tuttle, "Seven Things Your Mother Never Told You about Leading as an Integration Manager", Deloitte M&A Institute white paper from the Deloitte publication, "Making the Deal Work", 2007.

第七章

1. 本节内容摘自 Ami Louise Rich and Stephanie Dolan, "Please Excuse My Dear Aunt Sally: The Order of Operations for Organization Design during an M&A Event", Deloitte M&A Institute working paper, July 2019, and from many helpful discussions。

2. 层级和报告关系可能会因公司规模、部门和组成业务单位以及 CEO 的偏好而有所不同。

3. 离任领导人可能仍然会产生重大积极影响。保留他们在原工作岗位上一段时间，可能会让员工感到更加舒适、自信和受重视。收购方还可以利用他们对业务的了解，更好地开启激动人心的新篇章。但有害的人必须离开。非常大型的组织通常有就业合同，因此收购方应小心，不要提前触发控制变更条款。员工还需要了解组织中直接影响他们的下一层，以便他们可以确定这些领导将采取的方向、广泛政策以及与客户的互动模式。如果没有这些信息，两个组织之间将出现权力斗争，因为人们不知道谁会胜出。

4. 选项 1 提供了逐层的精确成本。选项 2 允许进行近似成本的"餐巾纸数学"计算，因为姓名尚未选择。它还让我们更快地认识到我们可能无法达到协同效应目标。

5. 例如，一个 300 万美元的成本基线将很快显示出 200 万美元的协同效应目标是不合理的。此外，如果法律部门的基线为 900 万美元，协同效应目标为 200 万美元，那么协同效应实现后的合并成本结构应为 700 万美元。有两种方法可以达到这个目标，要么从基线直接减少，要么通过降低法律预算来达到协同效应目标。

第八章

1. 关于交割和 Day 1 之间的区别，请参见第一章注释 12。

2. 参见 Val Srinivas and Richa Wadhwani, "Recognizing the Value of Bank Branches in a Digital World", *Deloitte Insights*, February 13, 2019, https://www2.deloitte.com/us/en/insights/industry/financial-services/bank-branch-transformation-digital-banking.html; Rob Morgan, "The Future of the Branch in a Digital World", *ABA Banking Journal*, June 15, 2020, https://bankingjournal.aba.com/2020/06/the-future-of-the-branch-in-a-digital-world/; and Kate Rooney, "Despite the Rise of Online Banks, Millennials Are Still Visiting Branches", *CNBC*, December 5, 2019, https://www.cnbc.com/2019/12/05/despite-the-rise-of-online-banks-millennials-still-go-to-branches.html。

3. Jay W. Lorsch and Emily McTague, "Culture Is Not the Culprit", *Harvard*

注 释

Business Review, April2016, https:// hbr.org /2016/04/culture-is-not-the- culprit.

4. Todd D. Jick, "On the Recipients of Change", in *Organization Change: A Comprehensive Reader*, ed. W. Warner Burke, Dale G. Lake, and Jill Waymire Paine (San Francisco: Jossey-Bass, 2009), 404–417.

5. 有关背景信息，参见以下经典的并购著作。David M. Schweiger, John M. Invancevich, and Frank R. Power, "Executive Actions for Managing Human Resources before and after Acquisition", *Academy of Management Executive* 1, no. 2 (1987): 127–138; and Mitchell L. Marks and Philip H. Mirvis, "The Merger Syndrome", *Psychology Today*, October 1986, 35–42。

6. Joel Brockner, The Process Matters: Engaging and Equipping People for Success (Princeton, NJ: Princeton University Press, 2015).

7. 关于文化对并购的影响，参见 Gary B. Gorton, Jill Grennan, and Alexander K. Zentefis, "Corporate Culture", National Bureau of Economic Research, working paper 29322 (October 2021)。

8. Robert Iger, *The Ride of a Lifetime*: *Lessons Learned from 15 Years as CEO of the Walt Disney Company* (New York: Random House, 2019).

9. John Kotter, "Leading Change: Why Transformation Efforts Fail", *Harvard Business Review*, May–June 1995, https://hbr.org/1995/05/leading-change-why-transformation-efforts-fail-2.

10. Lorsch and McTague, "Culture Is Not the Culprit".

第九章

1. 公司董事会的商业判断规则主要是一种公正的审查工具，只间接规定了行为标准。该规则适用于董事会满足特定条件的情况。参见 Donald G.

Kempf Jr., "'Can They Take My House?': Defending Directors and Officers", *Illinois Bar Journal* 81 (May 1993): 244–248。

2. 改编自 Alfred Rappaport and Mark L. Sirower, "Cash or Stock: The Trade-offs for Buyers and Sellers in Mergers and Acquisitions", *Harvard Business Review*, November-December1999, https://hbr.org/1999/11/stock-or-cash-the-trade-offs-for-buyers-and-sellers-in-mergers-and-acquisitions。

3. 现金、股票或两者结合在过去几十年的合并浪潮中的普及情况发生了巨大变化。例如20世纪80年代几乎完全由全现金交易主导，到十年后，全现金交易几乎占到所有交易的70%。这一趋势在20世纪90年代发生了巨大变化，尤其是在大型交易中，全股票交易的比例大幅上升。从我们的1 267笔交易数据中，我们得到以下每个八年期的现金、股票或两者结合的百分比分布：1995—2002年：10%，52%，38%；2003—2010年：26%，26%，48%；2011—2019年：25%，30%，45%（数据已四舍五入）。

4. 参见附录1以及Tim Loughran and Anand M. Vijh, "Do Long-Term Shareholders Benefit from Corporate Acquisitions?" *Journal of Finance* 52, no.5 (December 1997): 1765–1790. 参见 Mark L. Sirower, *The Synergy Trap: How Companies Lose the Acquisition Game* (New York: Free Press, 1997); and Richard Tortoriello, Temi Oyeniyi, David Pope, Paul Fruin, and Ruben Falk, *Mergers & Acquisitions: The Good, the Bad, and the Ugly* (and How to Tell Them Apart), S&P Global Market Intelligence, August 2016, https://www.spglobal.com/marketintelligence/en/documents/mergers-and-acquisitions-the-good-the-bad-and-the-ugly-august-2016.pdf。

5. 决定进行股份发行的董事会仍需决定如何构建此次发行。这一决策取决于对公布交易至交易完成期间，收购公司股价下跌风险的评估。研究表明，当收购方通过愿意承担更大的交易完成前的市场风险，以此表达对其股票价值的信心时，市场反应更为积极。例如参见 Joel Houston and Michael Ryngaert, "Equity Issuance and Adverse Selection: A Direct Test Using Conditional Stock Offers", *Journal of Finance* 52, no. 1 (1997): 197–219。固定股份要约并非一个有信心的表现，因为如果收购方股价下跌，卖方的补偿也会减少。因此，只有当交易完成前市场风险相对较低时，才应采用固定股份方法。但是，收购公司可以在不向市场传递其股票高估信号的情况下构建固定股份要约。例如收购方可以通过保证最低价格，来保护卖方免受收购方股价下跌至特定底线以下的影响（提供这种"底价"的收购方通常也会坚持对分发给卖方的股票总价值设定一个"上限"）。更加自信的信号是通过固定价值收购，其中卖方保证获得规定的市场价值，而收购方承担交易完成前其股价下跌的全部成本。如果市场相信这一要约的优点，那么收购方的价格甚至可能上升，从而减少需要发给卖方股东的股份数量。在这种情况下，收购方的股东将保留更大比例的 NPV。与固定股份要约一样，固定价值要约也可以通过设定发行股票数量的形式，附加下限和上限。参见 Rappaport and Sirower, "Cash or Stock"; and Carliss Y. Baldwin, "Evaluating M&A Deals: Floors, Caps, and Collars", Harvard Business School Background Note 209–138, March 2009。

6. 改编自 Mark L. Sirower and Richard Stark, "The PMI Board Pack: New Diligence in M&A", *Directors & Boards*, Summer 2001, 34–39。

7. 有关敌意交易的重新出现，请参见 Kai Liekefett, "The Comeback of Hostile Takeovers", Harvard Law School Forum on Corporate Governance, November 8, 2020, https://corpgov.law.harvard.edu/2020/11/08/the-comeback-of-hostile-takeovers/。

8. 改编自 Mark L. Sirower and Sumit Sahni, "Avoiding the Synergy Trap: Practical Guidance on M&A Decisions for CEOs and Boards", *Journal of Applied*

Corporate Finance 18, no. 3 (Summer 2006): 83–95. See also G. Bennett Stewart, *The Quest for Value: A Guide for Senior Managers* (New York: HarperCollins, 1991), chap. 2; and Eric Lindenberg and Michael P. Ross, "To Purchase or to Pool: Does it Matter", *Journal of Applied Corporate Finance* 12 (Summer 1999): 2–136。

9. 我们不提倡以盈利增长或倍数为基础的方法来估值目标公司。相反，无论交易是否会增加或稀释收购方的短期收益，我们都会通过关注目标公司来突出相关的业绩挑战。

10. 恒定的市盈率意味着保持对独立业务的基本预期。在交易宣布时，收购方的市盈率下降可以被解释为目标公司的市盈率下降；这是一个令人遗憾的提醒，协同效应可能会实现，但会以牺牲前瞻计划现有期望为代价。另外，市盈率下降也可以解释为一种调整，反映了协同效应不会给目标公司的市盈率带来增长值的预期，或者两者都有可能。

11. 这是一个重要的假设，但是 CEO 和证券分析师经常这样假设。将相同的市盈率应用于协同效应意味着任何来自协同效应的盈利增长都会与市盈率的增长价值组成部分一起被永久资本化。分析为何不能产生切合实际的估值时，最大的因素可能是对任何协同效应都给予完整的市盈率。例如假设资本成本（c）为10%，那么没有增长的当前盈利的永续价值为 $1/c$，或者是10的倍数。如果市盈率为20，那么额外的10倍是基于未来改善的预期而形成的增长价值。如果协同效应没有增长价值，将完整的市盈率应用于目标公司将导致过高估值。

12. 与任何简化的金融模型一样（包括股利增长模型和DCF中使用的终值计算），在极端情况下存在局限性。%$SynC$ 表达式的实用性会随着利润率接近极端值而减弱。例如当利润率接近零时，%$SynC$ 趋向于零。这可能导致对于极低盈利目标支付的溢价回本所需盈利改善程度的错误结论。另外，当利润率接近 50% 时，%SynC 趋向于 100%。这表明消除所有经营成本是赚取并购溢价的策略。

13. 从概念到实际操作，如果我们使用一个"纯粹"的盈利模型，那么我们将在分子和分母中使用税前净利润率。但是，我们可能会基于一个包括非常规项目的异常低的税前盈利数字来确定所需的协同效应，这也会产生异常高的市盈率。另外，将股本市值建模在 EBIT 上会产生较低的有效市盈率倍数，因此模型中对协同效应的增长价值假设较低。在实践中，我们生成其他税前指标的 MTP 线，以便讨论不同的结果和假设。出于简单和实用性的考虑，这里在分子和分母中都使用 EBIT，因为它侧重于运营。

14. 多年的经验表明，成本削减的第一个估算来自可解决的企业管理费用和销售、SG＆A 成本，通常不超过总成本基数的 1/3。将企业管理费用削减 1/3 通常被认为是一个上限，结果的 1/3 约占总成本基数的 10%（在第三章中我们称之为"神奇的 10%"）。

15. 参见 Richard P. Rumelt, *Strategy, Structure, and Economic Performance* (Cambridge, MA: Harvard University Press, 1974); and Robert F. Bruner, Applied Mergers and Acquisitions (New York: Wiley, 2004)。

16. 见 Sirower 的《协同效应的陷阱》第五、七、八章和附录 1、2；以及 David J. Flanagan, "Announcements or Purely Related and Purely Unrelated Mergers and Shareholder Returns: Reconciling the Relatedness Paradox", *Journal of Management* 22, no. 6 (1996): 823–835。另请参阅 Yasser Alhenawi and Martha L. Stilwell, "Toward a Complete Definition of Relatedness in Mergers and Acquisitions Transactions", *Review of Quantitative Finance and Accounting* 53 (2019): 351–396。

17. 参见 Chris Zook and James Allen, *Profit from the Core: Growth Strategy*

in an Era of Turbulence（Boston: Harvard Business School Press, 2001）以及他们的后续作品。

18. Joseph L. Bower, "Not All M&A's are Alike—and that Matters", *Harvard Business Review*, March 2001, https://hbr.org/2001/03/not-all-mas-are-alike-and-that-matters.

19. Charles Calomiris and Jason Karceski, "Is the Bank Merger Wave of 1990s Efficient? Lessons from 9 Case Studies", in *Mergers and Productivity*, ed. Steven N. Kaplan (Chicago: University of Chicago Press, 2000), 93–178. 银行分析师詹姆斯·汉伯里（James Hanbury）评论说："进行并购是为了尝试通过开发储蓄的新收入来源来应对问题，同时消除两家在同一市场运营的银行的重叠成本。"参见 Paul Deckelman, "Chemical Bank, Manufacturers Hanover Officially Merge", UPI, December 31, 1991, https://www.upi.com/Archives/1991/12/31/Chemical-Bank-Manufacturers-Hanover-officially-merge/3446694155600/。

20. 改编自 Mark L. Sirower and Steve Lipin, "Investor Communica-tions: New Rules for M&A Success", *Financial Executive* 19 (January–February 2003): 26–30。

21. 尽管未详细讨论，但在第五章中描述的 Avis Budget 对 Zipcar 的收购（即使溢价高达 49% 也获得了非常积极的市场反应）是另一个很好的例证。Zipcar 资产与 Avis Budget 的结合，在图 9-3（a）中的中心位置接近左下角。Zipcar 提供了进入邻近市场的机会，但正如 CEO 罗恩·尼尔森在投资者电话会议中所说："他们有着完全相同的核心，即允许人们在他们想要的时间、地点和方式使用不属于他们的车辆。"Zipcar 为 Avis Budget 提供了更好的市场进入机会，而 Avis 则为 Zipcar 提供了更好的车队管理（购买、融资、维护）、优化和利用方面的能力和规模。根据投资者演示中描述的三个价值来源，大约有 3 000 万美元来自成本削减，3 000 万美元来自收入增长，产生了大约（11%，11%）的（%SynR, %SynC）点。Zipcar 的 EBIT 利润率较低（3.4%），主要是因为其车队高昂的成本。其 MTP 线在 %SynC 轴上大约为 2%，在 %SynR 轴上为 49%，这是一个比其他例子更低斜率的线。管理层在其投资者演示中提出的点位于 MTP 线的远上方，恰好在我们假设的可行性框架的边缘。

22. 计算中使用的数据来自公布交易前最后一份 10K 报告——即 1997 年的 BetzDearbon，1999 年的时代华纳，2000 年的桂格燕麦，以及 2018 年的 Tribune Media（后两项交易分别在当年的 12 月宣布）。为百事可乐/桂格交易预测的收入协同效应是通过将预计的营运利润增加额（7 900 万美元）按桂格燕麦的 16% EBIT 利润率放大计算得出的。%SynC 假设了一个包括 COGS、SG&A 和 D&A 在内的可解决成本基数，这些分别是用来计算 EBIT 利润率的相应成本。

23. 对于 BetzDearborn，%SynC 为 9.2%；对于时代华纳，%SynC 为 4.2%；对于桂格燕麦，%SynC 为 3.6%，%SynR 为 10.0%；对于 Tribune Media，%SynC 为 5.1%，%SynR 为 3.7%。这些数字是根据各自的成本和收入基础计算得出的。

24. Mark L. Sirower, "When a Merger Becomes a Scandal", *Financial Times*, August 14, 2003.

附录 1

1. Scott D. Graffin, Jerayr (John) Haleblian, and Jason T. Kiley, "Ready, AIM, Acquire: Impression Offsetting and Acquisitions", *Academy of Management Journal* 59, no. 1 (2016): 232–252.

2. 所有数据和结果在 $p < 0.05$ 或更好的显著水平上具有统计显著性，除

了组合交易的总体一年回报率（p < 0.1）以及完整样本2003—2010年的一年回报率和完整样本2011—2018年的公告回报率，我们无法拒绝零假设。

3. 这些发现再次证实了股票交易普遍表现不佳的报道。参见Nicolas G. Travlos, "Corporate Takeover Bids, Methods of Payment, and Bidding Firms' Stock Returns", *Journal of Finance* 42, no. 4 (September 1987): 943–963; and Tim Loughran and Anand M. Vijh, "Do Long-Term Shareholders Benefit from Corporate Acquisitions?" *Journal of Finance* 30, no. 5 (December 1997): 1765–1790.

4. 尽管在为期两年的业绩期间，收购方可能会发生许多变化，但有趣的是，对于一年期回报为正或负的收购方，无论最初的反应如何，分别有72%和82%的收购方在两年期回报中仍然为正或负。类似地，对于持续为正或持续为负的业绩者，分别有73%和82%的收购方在两年期回报中保持为正或负。

5. 我们关于持续为负和持续为正投资组合支付的溢价的绝对百分点差异的发现与Sara B. Moeller, Frederik P. Schlingemann, and Rene M. Stulz的研究结果一致，"Wealth Destruction on a Massive Scale? A Study of Acquiring-Firm Returns in the Recent Merger Wave", *Journal of Finance* 60, no. 2 (April 2005): 757–782。这些作者发现，大亏损收购方支付的溢价平均高出8%到10%。

6. George Alexandridis, Nikolaos Antypas, and Nickolaos Travlos, "Value Creation from M&As: New Evidence", *Journal of Corporate Finance* 45 (2017): 632–650.

附录2

1. Merton H. Miller and Franco Modigliani, "Dividend Policy, Growth, and the

注 释

Valuation of Shares", *Journal of Business* 34, no. 4 (1961): 411–433.

2. 参见 G. Bennett Stewart, *The Quest for Value: A Guide for Senior Managers* (New York: HarperCollins, 1991); Stephen F. O'Byrne, "EVA and Market Value", *Journal of Applied Corporate Finance* 9, no. 1 (Spring 1996): 116–125 (where the author adapts M&M's equation 12 for the mechanics of EVA); Stephen F. O'Byrne, "A Better Way to Measure Operating Performance (or Why the EVA Math Really Matters)", *Journal of Applied Corporate Finance* 28, no. 3 (2016): 68–86; and S. David Young and Stephen F. O'Byrne, EVA and Value Based Management: A Practical Guide to Implementation (New York: McGraw-Hill, 2000)。

附录3

1. 在方程12中，M&M假设了基于当前资产基础的统一永续收益流，我们称之为 Cap_0。实际上，他们假定上一年度的NOPAT（$NOPAT_0$）将足以维持我们所说的"当前EVA"（EVA_0），后者基于上一年度的NOPAT和上一年度的资本成本。因此，在EVA方程中维持当前EVA，将产生我们所称的COV上的资本成本回报，相当于M&M方程12中第一项的资本成本回报。M&M假设的"$NOPAT_1$"将等于$NOPAT_0$，当上一年度开始的资本等于Cap_0时。此外，由于我们纳入了初始资本，我们可以包括从第一年开始的永续EVA变化（ΔEVA），而M&M假设投资回报和资本成本在投资后的第一年立即实现，所以他们对当前资产基础的恒定回报假设将产生 $\Delta EVA_1 = 0$。因为 ΔEVA_1 永续的现值在时间零点（今天）将是 $\Delta EVA_1/c$，而不是从方程12的第二项可能错误推断出的 $\Delta EVA_1/c(1+c)$，所以我们需要将调整后的第二项乘以（$1+c$），以考虑这种独特的可能性（例如第一年预期的协同效应为正的 ΔEVA_1），正如EVA方程的第三项所表示的。为澄清，方程12的第二项中第一期变化是 EVA 方程中第二期变化，以此类推——但 FGV，即 EVA 方程的第三项和方程 12 的第二项是相同的值。EVA 方程的一个重要特点是，它使我们能够放松方程 12 中的重要假设——当前资产基础上的回报是恒定的，需要新投资来创造额外价值，以及这些投资的回报在永续中是恒定的。因为 ΔEVA 定义为 ΔNOPAT 减去资本成本，EVA 方程允许当前资产基础上的不同回报（如协同效应）和未来投资（例如产生更高 NOPAT 而不必增加资本基础的成本转换）。

2. 我们特别感谢 Anurag Srivastava，他是马克在纽约大学斯特恩商学院开展 MBA 项目的学生，他对我们 EVA 方程的替代推导提供了非常有益的方法和评论。

索 引
（此部分内容来自英文原书）

accounting. *See* financial accounting
acquisitions
  all-cash deals, 7f, 9–10, 266–270, 323, 324t, 325, 326–327, 330–331, 332t
  all-stock deals, 7f, 9–10, 130–131, 133, 266–270, 323, 324, 325, 326, 327, 330–331, 332t, 334, 360n22
  board questions, 270–274, 299
  case study examples, 31–35, 109–116, 116–121, 130–141, 206–207, 218–219
  combo deals, 9–10, 323, 326, 330–334, 360n22
  delays, 108–109
  due diligence, 51–87, 306–308
  growth model examples, 247–250, 251–253
  integration model examples, 181–184
  post-close caveats, 224
  premiums, 7f, 8, 9, 11–13, 15, 96–97, 98, 104–108, 109–122, 267–270, 309, 325, 326, 355n3
  prioritizing and screening, 41–46
  reactors, 19, 23–29, 30, 305
  shareholder returns to acquirers, 4–6, 7f, 8, 9–10, 323–334
  Shareholder Value at Risk, 265–270
  strategy and prepared acquirers, 18, 19, 23, 26, 29–50, 305–306
  strategy and "the acquisition game," 8, 11–17, 24, 304–305
  See also mergers and acquisitions; valuation
adjacent pathways
  acquisitions pathways and cases, 31–35, 40–41, 38, 39f, 43, 75
  deal classification, 290
affiliate marketing programs, 32–33
Affurr Industries (case study)
  acquisition deal detail, 267–270, 271–272, 273
  announcement of acquisition, 129
  fact sheets, 111t
  Homeland Technologies' offer, 109–116
AI
  data analytics applications, 74
  products and development, 32, 34
Alexa (Amazon), 34
all-cash deals
  shareholder returns, 7f, 9–10, 323, 324t, 325–327, 325t, 330, 331–334, 332t–333t
  Shareholder Value at Risk, 266–270, 270t
  stats and trends, 330, 363n3
  total shareholder value added, 339t, 340t
  valuation and risk, 271–274

allocated and unallocated costs, 84, 85
all-stock deals
　shareholder returns, 7f, 9–10, 323–327, 325t, 326t, 330–334, 332t–333t
　Shareholder Value at Risk, 266–270, 270t
　stats and trends, 363n3
　synergy shortfalls and failures, 130–131, 133
　total shareholder value added, 339t, 340t
　valuation and risk, 271–274
"always on" companies. See prepared acquirers
Amazon
　bundled sales, 250
　guiding principles, M&A strategy, 33–35
　history and markets, 31–33, 34, 41
　pathway development (acquisitions), 31–35, 41
　technological disruption, 68
Amazon Web Services, 32, 34, 35, 41
analytics. See data analysis and analytics
announcements and Announcement Day
　atmosphere, 2, 20, 123, 125, 144, 146–147, 150, 310–311
　communication, 20, 123–125, 126–129, 130, 131, 132–138, 138–141, 141–144, 144–149, 149–150, 216, 310–311, 360n3
　essential tests, 128–138
　M&A data and studies, 4–8, 321–322, 328, 330, 335f, 337–338
　model examples, 144–149
　preparation, 141–144, 147–148, 307, 309–310
　principles, 125–128, 310–312
　real-life cases, 138–141, 144–149

stocks falling following, 2, 4–5, 7f, 21, 90, 107, 124, 131–132, 137, 301
stocks rising following, 132, 135, 138, 149
anti-trust regulations, 152, 153–154, 180, 361n1
AOL, 292, 296–298, 334
Apple, Inc., 35
asymmetry of information/knowledge, 311–312, 360n2
audits, financial due diligence, 53–56
Avis Budget Group, 134–135, 366n21

Baker, Doug, 182, 260–262
balance sheets, and financial due diligence, 55, 57
bankruptcies, post-acquisition, 1, 132
BearingPoint, 167–169
Beck, Christophe, 182, 218
best alternative to a negotiated agreement (BATNA), 27
BetzDearborn, 296–298
beverage industry mergers, 40–41, 138–141, 294–295
Bezos, Jeff, 31, 33, 41
biases
　commercial due diligence to combat, 63
　confirmation bias, 27
boards
　duty of care, 263, 298, 300
　M&A consideration and questions, 128, 263–264, 264–265, 270–274, 282–283, 299, 310
　M&A rushes, 2, 25
　M&A tools, 264–298, 300, 309, 310
　post-merger integration, 274–282
　strategic planning alignment, 38, 40, 49, 166–167, 293–294, 309–310
　synergy trap avoidance and guidance, 21, 263–300

索 引

tempering influences, 25, 263
See also management and executives
bolt-on (deal classification), 165
booksellers, 31, 32–33
bottom-up operational due diligence, 77, 78, 79–83
bottom-up synergy targets, 201–202, 233
brand loyalty, 73, 357*n*5
Buffett, Warren, 98
bundling, 247, 250–251, 251–253
"business as usual" stage
  deal thesis transition, 222, 226–230
  graduation process, 231, 315
  integration mistakes, 158
  integration process, 171, 174, 187–188, 204
business models
  acquisition pathways and, 31–36
  customer-centric, 33–34
  unorthodox acquisitions, 137
  See also operating models
business plans
  post-merger integration, 281–282
  valuation as, 90, 92–93, 97
business teams. *See* cross-functional teams
buzzwords, 128

Cabbāge Corp (case study), 116–121
cancelling a deal, 52, 62
Capabilities/Market Access Matrix, 264–265, 290–294, 291*f*
capital expenditures (CAPEX)
  DCF valuation, 92, 96
  financial due diligence, 54, 60–61
capital investments
  acquisition errors, 24, 25, 26–27
  mergers and acquisitions as, 1–2, 15
  outsourcing, 24, 26–27

by prepared acquirers, 23, 26, 29, 41, 305
carve-outs
  integration workstreams, 174, 229
  operational due diligence, 84–86
  transition services agreements and, 220–221, 229
"cascade," of M&A, 18–19, 19*f*, 303, 305
cash deals. *See* all-cash deals
cash flows
  acquisition of, 76
  financial due diligence, 58–59
  reinvestment, 353
CEOs. *See* management and executives
change
  agents, organizational, 215, 253–257, 261
  communication tips and success factors, 210, 211–212, 215
  employee experience to change management, 253–257, 316
  integration, and operating models, 162–163, 189–191
  integration communication and mistakes, 158–159, 208–210, 214, 277, 280
  preparing for, 207–216
  technological tools for management, 177, 219
Chemical Bank, 292
clean rooms and clean teams
  customer experience transition, 245
  data analysis and confidentiality, 153–154, 180
  growth opportunities transition, 246–251
  synergy work examples, 206–207
closing, 356*n*12
  See also "Day 1"; post-close execution; pre-close planning

377

combo deals
  shareholder returns, 9–10, 323, 325t, 326, 330–334
  stats and trends, 363n3
  total shareholder value added, 339t, 340t
commercial due diligence, 19, 53, 62–75, 277, 307–308
communications, corporate, 207–213
  Announcement Day management, 123–125, 126–129, 130, 131, 132–138, 138–141, 141–144, 144–149, 149–150, 216, 310–311, 360n3
  channels, 143–144
  Day 1 management, 218–219
  employee engagement, 207–217
  employees, integration, 158–159, 168, 190–191, 207–213, 214–217, 219–220, 254, 255–256, 314
  investor presentations, 128–138, 139–141, 283, 311
  management methods, 126, 127–128, 133, 141–144, 146–147, 148–149, 190–191, 208, 210–216
  words and terms, 128, 208–209, 214
company management. See boards; management and executives
comparable acquisitions (compaqs), 93, 265
comparable public companies (compcos), 93, 94f
competitive position, in commercial due diligence, 71–72
competitor assessment
  competitor signaling, 37–38, 47
  M&A strategy, 36–38, 39f, 41, 306
compound annual growth rates, 69
confirmation bias, 27
Conseco, 131–132
consultant services, 153, 222
contract management tools, 177

core business
  acquisitions and consideration, 30–31, 32–34, 40, 41–43
  deal classification, 290
  financial due diligence, 56
corporate communication. See communications, corporate
costs
  control, vs. revenue, 287–289
  transition services agreements, 220–221
  types, and achieving synergy, 243
  types, and operational due diligence, 77, 79, 81, 84–85, 86
  See also one-time revenues and expenses; premiums
cost synergies, 204
  analysis elements, 77–83, 285–286
  board decisions, 264–265, 287
  capabilities/market access matrix, 290–292
  discounted cash flow valuation, 89–90
  expectations and timing, 76–77, 202
  and integration planning, 160, 162–163
  Meet the Premium Line, 285–288, 286f, 297f
  model/error examples, 296–298
  and operational due diligence, 76–86, 197, 308
  organization design, and labor, 192–196, 199–200, 206
  plausibility box, 288–290, 289f
  revenue synergies vs., 198, 204, 244
  synergy planning and teams, 199–200, 202, 237–244
  top-down vs. bottom-up targets, 200–202
court cases, 94, 358n3
cross-functional teams
  bottom-up synergy, 201–202, 280–281

employee management, 211
integration workstreams, 173f, 174, 178–181, 228, 229, 280–281, 313–314
cross-functional workstreams
integration planning, 177–181, 184, 313–314
post-Day 1 work, 187–188, 228
teams and activities, 173f, 174, 178–181, 229–230, 280–281, 313–314
cross-selling, 75, 198, 247–251, 251–253
culture
Announcement Day, 126, 216, 258
blamed for failed mergers, 25, 280
diagnostic tools, 176–177
Ecolab example, 215–216, 260–263
employee experience and change management, 207–216, 253–260, 316
employee experience and organizational communication, 208–209, 215
power and pervasiveness, 257–259
signals and symbols, 259
current market value. See market value, corporations
current operations value (COV)
acquisitions with premiums, 105, 106, 110–116, 309
EVA model development, 347–348, 351, 352
valuation, 101–108, 110–116, 117t, 118t, 309, 359n18
customer-centric business models
Amazon, 33–34, 41
culture and, 260–261
customer experience strategy, 244–246, 247, 248–250, 252
employee experience and roles, 211, 213, 261
M&A announcements, 148
synergy questions, 198

customer relationships
commercial due diligence, 68, 70–71, 72–73
cultures valuing, 260, 261
loyalty/"stickiness," 72–73, 245, 357n5
workforce transition and decisions, 235–236, 315–316
customer service employees
changes and change management, 210–211
customer experience strategy, 245–246, 252

data analysis and analytics
clean room activities, 153–154, 207
commercial due diligence use, 62, 74
integration steps use, 277–278
operational due diligence use, 77–78
data confidentiality, 75, 78, 153–154, 180
"Day 1"
defining, 356n12
employee experience and prep, 208, 209, 210–213, 254–256
goals and aims, 216–218, 223, 314
integration management offices work, 169–170, 174, 175, 177–181, 187
integration strategy and planning, 156–157, 158, 166, 168–170, 179–180, 182–184
post-close execution following, 223–224, 226–227
readiness, following integration, 187, 190, 195, 200, 202, 205, 207–208, 210–213, 216–220, 314
readiness assessments, 213, 221
synergy work and timelines, 202, 205, 207, 217

deal classifications, 165–167, 175
deal thesis
　business as usual transition, 222, 226–230
　business plan and, 282
　due diligence of, 52–86
　integration planning and approach, 159–160, 179
　integration planning examples, 181–184
　operating model and, 161, 164
delays
　in post-merger integration, 217, 279
　reasoning and investor reactions, 108–109, 121–122
Deloitte Consulting, 167–169
Del Rio, Frank, 145
direct costs, 84–85
discounted cash flow (DCF)
　improper use, and error potential, 89–91, 95–98, 99, 121, 308–309
　sensitivity analysis, valuation, 96t
　as valuation approach, 89, 91, 92–94, 97, 121, 300, 308–309, 343
Disney, 259
dis-synergy, 203
distribution, shareholder returns, 337–338, 337f
distribution capability, 70–71
diversification, 14, 145, 290
due diligence
　commercial, 19, 53, 62–75, 277, 307–308
　communications during, 126, 128, 149
　financial, 19, 53–62, 81, 84–85, 220, 307
　operational, 19, 76–86, 308
　purposes, 51–53, 62, 63, 75, 76, 86–87, 306–308
　reactors vs. prepared acquirers, 27–29, 41, 52, 305
duty of care, 263, 298, 300

earnings
　acquisition decisions, 282–284
　financial due diligence, 54, 56–60
earnings per share (EPS)
　"drag," 58–59
　stock prices, and deal consideration, 25
Echo (smart speaker), 34–35
Ecolab
　culture, 215, 260–263
　"Day 1," 218–220
　growth, 251–253
　as integration model example, 181–184, 215, 216, 218–220
　synergies, 206–207, 238
economic value added (EVA)
　background, 100–101, 343–345
　calculation of, 99
　improvements, 101–104, 105–107, 110, 112–113, 347–348, 350–352, 359n12
　model development, 347–353
　premium payment examples, 104–108, 110–116
　present value of future EVAs, 100, 101, 347, 348, 351
　valuation and synergy, 20, 90–122
　valuation approach, 90, 91, 99–104, 309, 344–345
employees
　announcements communication, 126, 128, 133–135, 142–144, 146, 147, 148–149, 152
　change management, 207–217, 253–257, 316
　contractors use, 193
　culture, 126, 215, 257–260
　direction and performance, 133–135, 152, 208, 210–212, 261
　engagement and experience, 207–217, 253–257, 316
　headcount synergy definitions, 203
　integration communication, 158–159, 168, 190–191,

207–213, 214–217, 219–220,
  254, 255–256, 314
integration methodology, 168–169,
  191–197, 199, 254–255,
  280–281
integration mistakes, 158–159,
  208–209, 214
integration workstream staffing,
  173, 174, 180–181, 228,
  280–281
layoffs, 133–134, 214, 234–235
notification regulations and
  processes, 234–235
promotions, 261
as shareholders, and assets losses,
  124–125
talent selection, following organi-
  zation design, 230–234, 315
workforce transitions, 234–237,
  315
engagement, employee, 207–217, 316
Enrico, Roger, 140
enterprise operating model, 188–189,
  193
enterprise resource planning (ERP)
  integration planning, 85, 157, 165,
    167
  system transitions, employee
    experience, 210–211
enterprise value (EV)
  defined, 357n2
  valuation approaches, 93, 94f
entertainment industry mergers, 259,
  292, 296–298
Equations 11 and 12, 100–101,
  343–345, 348, 368n1
equity market value, public targets,
  283–284
EVA. *See* economic value added
  (EVA)
execution. *See* post-close execution
execution and synthesis, due diligence
  research, 66–67
executives. *See* management and
  executives

fairness
  for employees, 233–234, 257
  opinions, valuation, 93–94, 264,
    275
Ferguson, Chas, 24, 109, 129
financial accounting
  baselines, synergy planning,
    199–200, 241–242, 243, 281,
    314, 362n5
  and financial due diligence, 53–62,
    81, 84–85
  M&A performance studies, 321
  and operational due diligence, 79,
    81, 82, 84–85
  synergy tracking and reporting,
    238, 240, 241–243, 314, 315
financial due diligence, 53–62, 307
  vs. interim state, and TSAs,
    220–221
  within operational due diligence,
    81, 84–85
financial planning and analysis
  (FP&A)
  integration, 84–85, 173, 228–229
  synergy planning, 197, 199, 228,
    314
  synergy tracking and reporting,
    241–243, 242f, 314
fixed-share offers, 364n5
food and beverage industry mergers,
  40–41, 138–141, 294–295
"football field" valuation, 93, 94f
forecasting
  announcement returns and,
    337–338
  DCF valuation and, 95–96, 97
  financial, with synergy tracking,
    241–243, 242f, 294–295
free cash flows (FCF)
  assumptions, and valuation, 91,
    92, 95–96, 97, 98–100
  components, 92
  financial due diligence, 58,
    60, 61
  methodology, 99

functional operating models, 188–189, 192–193, 194–195
functional teams. *See* cross-functional teams
future growth value (FGV)
　acquisitions with premiums, 105–107, 110–115, 119, 309
　EVA model development, 347–348, 350–352
　valuation, 101–108, 110–116, 117*t*, 118*t*, 120, 309
Future Industries (case study), 116–121

gambling, 11–12
go-to-market strategy, 63, 75, 246–251
Green Tree Financial, 131–132
growth opportunities
　acquisition pathways, 33–34, 35, 36, 38, 40
　due diligence, 51
　market size and, 69–70
　self and competitor assessment, 37, 38
　shareholder value, 51
　transitions to, 246–251
growth strategy
　customer experience, 244–246, 247, 248–251, 315–316
　M&A strategy for, 1, 17–18, 29–30, 33–35, 40, 41, 305–306
　model examples, 251–253
　revenue synergy, 63, 75, 244, 246–247, 249–251,
　self-assessment, 37

headcount, synergy definitions, 202–205
Hercules, 296–298
Hilbert, Steve, 131
history, of acquisitions and mergers, 1, 3–8, 321–322

home automation systems, 34–35
Homeland Technologies (case study)
　acquisition deal detail, 267–270, 271–272, 273
　announcement of acquisition, 129
　competitor assessment, 38, 39*f*
　fact sheets, 111*t*
　offer for Affurr Industries, 109–116
　as reactor, vs. prepared acquisition, 23–24, 31
human resources (HR) departments
　integration, 84, 189, 229
　operational due diligence, 77, 81, 84–85
　operation models, 189
　transitions, and transition services agreements, 221, 229
　See also talent selection, following organization design
hypothesis development, primary research, 65–66

IDEXX, 247–249
Iger, Robert, 259
IMOs. *See under* integration steps and processes
information asymmetry, 311–312, 360*n*2
information technology (IT) departments
　integration, 84–85, 157, 167, 176–177, 228, 229
　operational due diligence, 77, 81, 84–86
　transitions, and transition services agreements, 221, 229
initial investor reactions. *See* investor reactions
institutional knowledge transfer, 235, 236–237, 315
insurance industry mergers, 136
integration steps and processes

costs and risks, 13–14, 28, 160, 162–163
governance, 161, 164–166, 169–171, 175, 177–179, 219–220, 222, 276–277
integration approach and principles, 159–169, 182–183, 222, 274–282, 312–314
integration management offices (IMOs), 20, 21, 157, 166, 169–184, 187, 190, 202, 205–206, 219, 225–230, 231, 239–240, 242–243, 280–281, 313
mistakes, 158–159, 222, 277, 280
planning basics, 154–159, 164–165, 179
post-close execution, 224, 225–230
pre-close planning, 20–21, 151–184, 231–234, 312
"rules of the road," 164, 180
synergy planning, 197–206, 239, 313–314
tailored approaches, 279–280
valuation and, 90–91
workshops and tasks, 179–181, 192–193
See also post-merger integration (PMI)
interview and survey design, 66, 67
"investment opportunities approach" (IOA), 100–101, 343–345
investor presentations, 128–138, 139–141, 283, 311
investor reactions
to delays and premiums, 108–109, 121–122, 135–137
initial: as indicative, 5–8, 123–125, 302, 323–324, 328–329
initial: as non-indicative, 5–6, 25
initial: studies and data, 5–8, 124, 323–327, 324t–325t, 328–329, 336, 337f

to M&A announcements, 123–124, 128–138, 310–312
management knowledge sharing, 311–312, 360n2
See also shareholders

Jarrell, Gregg, 124

Kessel, Steve, 33
key performance indicators (KPI)
integration planning, 154
leading indicators, 240
Kindle (e-reader), 33
knowledge transfer, 235, 236–237, 315

Lab126 (Amazon), 33, 34
layer-by-layer approach, organization design, 193–194, 231–233, 314
layoffs
communication methodology, 214
in M&As, 133–134
notification regulations and processes, 234–235
leadership. See boards; management and executives
leakage, synergy, 198–199, 314
legal departments
clean room work, 153–154
integrations, 84–85, 173
talent selection review, 234
liability and negligence, in valuation, 94, 358n3

management and executives
board questions for, 299, 310
change management, 254–255
cross-reporting relationships, 211

383

integration executives, 170, 171–173, 175, 177–179, 182, 190, 218–219, 222, 277–280
investor relations, 360n2
M&A announcements and arrangements, 140, 144, 145, 146–147, 214–215, 254–255, 360n2, 360n3
operating model changes, 162–163, 188–190
organization design, 188–197
post-close execution leaders, 225–226
prepared acquirers, 38, 40, 47–50
screening processes and challenges, 44–45
strategic planning alignment, 38, 39f, 40, 166–167
synergy leadership, 197–206, 362n3
talent selection, 230–234
See also boards; organization design
Manufacturers Hanover, 292
manufacturing firm mergers, 162–164
Market Access Matrix, 290–292, 291f
market capitalization: acquirers and sellers
case studies, 267–270
M&A data and studies, 4, 322
market intelligence and analysis
commercial due diligence use, 62, 63, 64, 67–68
primary research, 64, 65–67
marketplaces, online, 32–33
markets
change and disruption, 68, 71–72
commercial due diligence, 62–75
competitive position, 71–72
diversification, 145, 290
growth opportunities, 63–64, 67–73, 75, 246–249

prepared acquirers, case studies, 31–33, 34, 39f, 41
reassessments, 67–68, 247
sizing, 68–70
market value, corporations, 347
acquisitions with premiums, 110–114, 118, 136
EVA model development, 347–353
mergers and acquisitions' power to affect, 1–2
valuation methods, 92–98, 100, 101–103, 343–345, 347–353
Mazelsky, Jay, 248
media coverage, of acquisitions and mergers
Announcement Day management, 125, 127–128, 139, 142–144, 146, 147
pessimistic press, 1
media industry mergers, 132, 137, 292, 295, 296–298
Meet the Premium (MTP) Line, 264, 282–290, 286f
development, 283–286
failures, 296–298
successes, 294–295, 297f
usage, 287, 290, 293–298
mergers and acquisitions
acquisitions strategy and "the acquisition game," 8, 11–17, 24
anti-trust regulations, 152, 153–154, 361n1
"cascade," 18–19, 19f, 21, 303, 305
deal classifications and variations, 165, 175
due diligence, 19, 51–87
failures, 1, 2–3, 5, 132, 224–225, 296–298
lack of strategy, and effects, 2–3, 8, 14–15, 24, 281–282
myths, and reactor behavior, 25–26
process governance, 48–50, 161, 164–166, 169–171

shareholder returns, 4–6, 7f, 8, 9–10, 132, 135, 321–341
strategic choices, 38–45
studies of, and results reports, 3–8, 321–341
success factors, 17–18, 301–317
See also acquisitions; announcements and Announcement Day; integration steps and processes; post-close execution; pre-close planning; prepared acquirers; valuation
mergers and the employee experience, 209–217, 316
merger waves, 24, 25, 327
milestones and tracking, 240–241
Miller, Merton, 100–101, 343–345
mistakes
  integration processes, 158–159, 222, 277, 280
  "synergy trap," 14–15, 303
Modigliani, Franco, 100–101, 343–345
Morrison, Bob, 140
monthly recurring revenue (MRR), 60
multiples approaches, valuation, 93–94, 282–284

Nalco, 181–184, 218–220, 251–253
negligence and liability, in valuation, 94, 358n3
Nelson, Ron, 134
net operating profit after tax (NOPAT)
  calculating EVA, 99, 101, 102, 110, 111–120, 122, 309, 352–353
  valuation and improvements, 90, 102, 108, 110, 111–116, 120–122
net present value (NPV), 13, 15, 267–268, 348–351
net working capital (NWC), 60–61
Nexstar Media Group, 132, 137, 295

non-cash adjustments, 54, 58–59
Nooyi, Indra, 140
normalized profit and loss, 55, 56–59, 61–62
Norwegian Cruise Line Holdings, 144–149, 173
notification regulations, 234–235

O'Byrne, Stephen, 344
one-time revenues and expenses
  financial due diligence, 57–58
  operational due diligence, 77, 79, 81–82, 84–85, 86
  synergy definitions, 203–204, 243
operating models
  change and integration, 162–164, 189–191
  deal strategy and integration management, 152, 153, 154, 156, 160, 161–164, 165–166, 168
  enterprise operating model, 188–189, 193
  functional, 188–189, 192–193, 194–195
  improvements and growth, 244, 248–250
  interim/transitional, 210–211
  operational due diligence, 76, 79, 80, 83
  post-close execution, 226
  See also business models
operational due diligence, 19, 53, 76, 308
  for carve-outs, 84–86
  cost synergy, 76–86, 197, 308
  practical elements, 77–78
  synergy-capture diligence, 80–83
  top down/bottom up, 76, 77, 78, 79–80
organization design
  leadership and execution, 188–197, 199–200, 235, 237
  vs. operating model, 161–162

organization design *(continued)*
    process options/choices, 193–197, 231–234, 314
    roles focus, vs. people, 191–197
    sign-to-close, 193
    synergy planning teamwork, 199–200, 313–314
    to talent design/workforce transition, 230–237, 315
    visualization tools, 176
    workshops, 192–193
out-of-period adjustments, 57

pathways, acquisitions
    Amazon case study, 31–35, 41
    core vs. adjacent business, 40–41
    prepared acquirers, and strategy, 30–31, 33–35, 36–44, 49
    vs. screening criteria, 42–43
patience, of prepared acquirers, 18, 35, 41, 47, 304
payoff distribution scenarios, 11–12
peer pressure, M&As, 24, 25, 27
PepsiCo, 41, 138–141, 294–295
"persistence spread" (investor reactions), 6, 7f, 302, 324–325, 331–332, 336, 337, 337f
Pixar, 259
planning. *See* pre-close planning; strategic planning; synergy planning
Plausibility Box, 264, 282, 288–290, 289f
PMI Board Pack, 264, 274–282
positioning, competitive, 71–72
post-close execution, 315–316
    challenges and risks, 21, 223–225
    five major transitions, 226–262
    management/leaders, 225–226
    timing, 224, 225, 230, 356n12
post-merger integration (PMI)
    board work, 264, 274–282, 299
    commercial due diligence for, 75, 277

payoff distribution, 12
planning and approaches, 151–184, 264, 274–282
plans, communication, 135–138, 152
technological tools, 176–177
timetables, 170–172, 276–279
See also integration steps and processes
pre-close planning
    Day 1 readiness, 216–220, 243, 303, 314
    integration management strategy, 20, 151–184, 231–234, 312
    integration planning basics, 154–159
    integration workstreams, 20–21, 170–171, 173–174, 175, 177–181, 187–222, 313–314
    See also "Day 1"; sign-to-close
"premium at risk," 269–270
premiums
    acquisition announcements, 124, 127, 128, 129, 130–133, 134, 135–137
    in acquisitions, 4, 7f, 8, 9, 11–13, 15, 96–97, 98, 104–108, 109–122, 267–270, 309, 325, 326, 355n3
    case studies, 109–116, 116–121
    discounted cash flow valuation, 89–91, 95, 96–97
    investor reactions, 109, 121–122, 135–137
    Meet the Premium Line, 282–290, 286f
    positive and negative portfolios, trends, 325, 330
    valuation and EVA, 104–108
prepared acquirers
    benefits, 46–48
    case studies, 31–35, 40–41
    descriptions and qualities, 18, 23, 26, 29–31, 35, 36, 46, 305
    due diligence, 29, 52

guidance, 19, 29–30
M&A strategy and governance, 18, 19, 23–50, 304, 305–306
reactors' transformations, 36–46
Prestige Cruise Line Holdings, 145–149
primary research, in commercial due diligence, 64, 65–67, 72, 74
professional development. *See* training and development programs
profit and loss statements (P&L)
 financial due diligence, 55, 56–59, 61–62
 operational due diligence, 79, 81, 82, 84–85
 synergy impacts, 243–244
pro-forma adjustments, 59
project management tools, 176
promotions, employee, 261
psychological needs, 209–210, 214, 253–254, 255–257, 316

Q&A documents, 127–128
Quaker Oats Co., 40–41, 138–141, 294–295, 297f

reactors
 in acquisitions, 19, 23–29, 30, 305
 behavior myths, 24, 25–26
 transforming to "always on," 36–46
readiness. *See* "Day 1"
recognition programs, 261
Reinemund, Steve, 140
research, in commercial due diligence, 64, 65–67, 72, 74
returns to shareholders. *See* shareholder returns
revenue synergies, 204
 board decisions, 264–265, 287
 cost synergies vs., 198, 204, 244, 288

and growth, 63, 75, 198, 246–247, 249–251, 288
Meet the Premium Line, 285–288, 286f
model examples, 294–295
plausibility box, 288–290, 289f
risk profiles
 acquisition announcements, 360n3
 acquisition processes and changes, 24, 26–29, 266–267
 diversity, portfolio, 199
 reactor behaviors, 24, 26–29
 revenue vs. cost synergy, 198, 288
 Shareholder Value at Risk, 265–270
risks and risk minimization
 Day 1 issues, 218–219
 due diligence aims, 52, 64, 79, 84
 integration workstream steps, 177–178
 organization design methods, 196–197
 post-close situations, 223–225
 synergy risks, acquisitions, 271, 272–274
"roles not people" focus, 191–197
"rules of the road"
 integration, 164, 180
 synergy, 203–205
run-rate adjustments/costs
 financial due diligence, 59–60
 operational due diligence, 79, 84, 86
run rate of synergies, 243–244

sales departments
 conferences, 252
 cross-selling and bundling, 198, 247–251, 251–253
 customer experience and strategy, 73, 244–246, 248–250
 go-to-market strategy, 75, 247, 249–250

sales departments *(continued)*
   integration, 14, 84, 152, 153, 167, 206–207
schedules. *See* time management
screening, in acquisitions
   criteria, vs. pathways, 42–43
   criteria examples and application, 44–45
   M&A strategy, 37, 40, 42, 43–46, 305–306
   synergy potential, 45
secondary research, in commercial due diligence, 65
self-assessment, 36–38
shareholder returns
   to acquirers, 4–6, 7f, 8, 9–10, 323–334, 324t–325t, 328t–329t
   distribution, 337–338, 337f
   of employees, 124–125
   from M&A, 9–10, 132, 135, 321–341
   M&A data and studies, 4–5, 7f, 321–341
   measurement tools, 322
   to sellers, 10
   time period comparisons, 327–338, 328t–329t, 332t–333t, 335f
   See also Shareholder Value at Risk (SVAR)
shareholders
   acquisitions and mergers' economics, 14, 15, 266–270, 271–274
   acquisitions and mergers' negative effects, 1–3, 6–8
   acquisitions and mergers' positive effects, 6–8, 10, 48
   Announcement Day communication and reactions, 123–150
   total shareholder value added (TSVA), 10, 327, 338–341, 339t, 340t
   trackable deal data for, 124, 129, 130, 132–133
   See also investor reactions; shareholder returns

Shareholder Value at Risk (SVAR), 264, 265–274, 270t
Sheehan, Kevin, 145
sign-to-close
   clean rooms, 246
   organization design, 193
   transition services agreements, 221
smart products and systems, 34–35
Smith v. Van Gorkom (1985), 94, 358n3
Snapple, 40–41
social media
   announcements and management, 125, 144
   due diligence, 74
Sook, Perry, 132
stakeholders. *See* employees; investor reactions; shareholders
state supreme court cases, 94, 358n3
Stewart, Bennett, 344
stock and stock prices
   post-announcement drops, 2, 4–6, 7f, 8, 21, 90, 107, 124, 131–132, 137, 301
   post-announcement rises, 6–8, 132, 135, 149
   reactor behavior myths, 25
   stock market crashes, 47
stock deals. *See* all-stock deals
Stuart, Andy, 145
strategic planning
   "the acquisition game," 8, 11–16, 24, 304–305
   of communications, 125–128, 129–130, 141–149
   deal strategy, 156–175, 179–181, 293–294
   guidance, 3, 16–21, 316–317
   integration: approach, 159–169
   integration: basics, 154–159, 164–165
   M&As without, 2–3, 8, 14–15, 23, 26–27, 282, 302–303

M&A within growth strategy, 1, 17–18, 29–30, 33–35, 37, 40, 41, 305–306
pre-close integration management, 20, 151–181, 276–277
process governance, 48–50, 161, 164–166, 169–171
reactor-to-prepared acquirer shifts, 36–46, 305–306
valuation errors, 15–16, 89–90, 95–96
See also prepared acquirers; vision, strategic
subscription revenue models, 60
survey and interview design, 66, 67
surveys, readiness, 213
switching costs, 73
synergy
 acquisition and net present values, 13, 15, 267–268
 acquisition announcement discussion, 130–133, 139–140
 allure, and rush to M&A, 2, 8, 301
 boards' tools, 264–265
 cost, and operational due diligence, 76–86, 197–198
 definitions and measurement, 13, 203–305
 vs. dis-synergy, 203
 leadership teams, 197, 229–230, 234
 leakage, 198–199, 314
 nostrums, 8
 post-close execution challenges, 224–225, 315
 post-close execution methodology, 226–262
 preparation and understanding, 14–15, 130–133, 136–137, 179–180, 281–282
 retention: integration planning, 154–156, 179–180, 183
 revenue, 63, 75, 198, 204, 244, 246–247, 249–251, 294–295, 288

 rules of the road, 203–205
 in sales, 246–253
 targets, business operations, 188–189, 192–196, 197–206, 228, 231–234, 237–239, 241–242, 278, 281, 282
 tracking and reporting, 237–244, 242*f*, 264, 278, 281–282, 294–295, 314, 315
 trends and public opinion, 1, 3, 214
 valuation and approaches, 89–122, 243, 284–290
 workplans, 202, 205–206, 237–238, 239, 278, 314
synergy-capture diligence, 80–83, 197–198
"synergy-matching principle," 14–15, 198
Synergy Mix, 264–265, 290–294, 291*f*
synergy planning, 197–206
 post-close, 315
 pre-close, 313–314
 tracking and reporting transition, 199–202, 237–244
"synergy trap"
 avoidance, board, 21, 263–300
 mistakes, 14–15, 303

talent selection, following organization design, 230–234, 315
targets, synergy. *See* bottom-up synergy targets; synergy; top-down synergy targets
tax diligence, 53
teams. *See* cross-functional teams
technological change
 commercial due diligence and, 68, 74
 post-merger integration, 176–177, 219, 221, 253
 subscription models, 60
 system transitions, employee experience, 210–211
 system use decisions, 157, 165, 167

389

technology industry mergers, 162–164
terminal value (TV), 91, 95, 96
time management
  integration planning and action, 154, 169–170, 172, 175, 177–179, 180, 182, 205–206, 275, 276–279
  post-close execution, 225
  synergy work and timelines, 201–202, 205–206, 275, 278
  See also "Day 1"
time periods, shareholder return reports, 327–338, 328*t*–329*t*, 332*t*–333*t*, 335*f*
Time Warner, 292, 296–298, 334
top-down operational due diligence, 76, 79–80, 82
top-down synergy targets, 200–201, 231–233, 281–282
total shareholder value added (TSVA), 10, 327, 338–341, 339*t*, 340*t*
training and development programs
  employees, 210, 257
  sales, 235, 252
transition services agreements (TSAs)
  carve-outs and, 221, 229
  cross-functional workstreams, 188, 229
  operational due diligence, 84, 86
Trans Union Corporation, 94, 358*n*3
Tribune Media, 132, 137, 295, 297*f*
tuck-in (deal classification), 165

unallocated and allocated costs, 84, 85

valuation
  acquirers' shares, 271–272
  commercial due diligence use, 62–63

discounted cash flow (DCF), 89, 91, 92–94, 97, 121, 300, 308–309, 343
due diligence processes, 52, 308
explanations and guidance, 20, 89–122, 309
fairness opinions, 93–94, 264, 275
methods and examples, 89–90, 93–94, 95–96, 343–345
multiples approaches, 93–94, 282–284
sensitivity analysis, 96*t*
Shareholder Value at Risk, 265–270, 283–287
strategic planning errors, 15–16, 89–90, 95–96
synergy, and approaches, 89–122, 243, 284–290
value. *See* current operations value (COV); economic value added (EVA); enterprise value (EV); future growth value (FGV); net present value (NPV); terminal value (TV); total shareholder value added (TSVA); valuation
virtual assistants, 34
vision, strategic
  employee engagement, 208
  employee experience, 209, 255
  integration planning, 156–158, 162–164, 171–172, 187–188

walking away from a deal, 52, 62
watch lists
  diligence, 52, 306–307
  M&A screening strategy, 45–47, 305–306
weighted average cost of capital (WACC)

calculating EVA, 99, 101, 102, 103, 104, 358n10
DCF valuation, 91, 92, 93
stand-alone/combined companies, 110, 111, 117–118, 119, 358n10
workforce transition, 234–237, 315
working capital and capital expenditures, 54, 60–61, 92–93
workplans, synergy initiatives, 202, 205–206, 237–238, 239, 278, 314

workshops
integration planning, 175, 179–181
organization design, 192–193
workstreams. *See* cross-functional workstreams

Zipcar, 134–135, 366n21